DISCARD

READER'S DIGEST

COCINA
FANTÁSTICA
EN 30 MINUTOS

Reader's
Digest

BUENOS AIRES • MADRID • MÉXICO

COCINA FANTÁSTICA EN 30 MINUTOS
Título original de la obra: *30 Minute Cookbook*

DIVISIÓN DE LIBROS EN LENGUA CASTELLANA

——•——

Director: Gonzalo Ang

Editores: Beatriz E. Ávalos Chávez, Berenice Flores,
Arturo Ramos Pluma, Myriam Rudoy

——•——

COLABORADORES PARA ESTA EDICIÓN:

TRADUCTORA:
Gabriela Ysunza

CORRECTORES:
Julieta Arteaga, Sergio Fernández Bravo, Anouk Kelly, Adolfo T. López,
Honorata Mazzotti, Patricia Elizabeth Wocker M.

DISEÑADOR:
Rafael Arenzana

Los créditos de la página 320 forman parte de esta página.

D.R. © 2003 Grupo Editorial Reader's Digest, S. de R.L. de C.V.
Av. Lomas de Sotelo 1102, Despacho 401
Col. Loma Hermosa, Delegación Miguel Hidalgo
C.P. 11200, México, D.F.

Esta primera edición se terminó de imprimir el 14 de febrero de 2003, en los
talleres de Gráficas Monte Albán, S.A. de C.V., Fraccionamiento Agroindustrial
La Cruz, Municipio del Marqués, Querétaro, México.

ISBN 968-5460-25-6

Editado en México por Grupo Editorial Reader's Digest, S. de R.L. de C.V.

Impreso en México
Printed in Mexico

AU0261/IC – UK

FOTOGRAFÍAS: Soufflés de queso de cabra (página 2); Sopa de chícharos y
espárragos (página 3); Pechugas de pollo con manzanas (derecha); Pasta con
salsa rústica (página 6); Trucha fresca con aderezo de nuez (página 7).

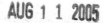

CONTENIDO

COMIDA FANTÁSTICA EN MINUTOS

La cocina creativa no es exclusiva de quienes tienen todo el tiempo necesario para preparar elaborados platillos. Las deliciosas recetas que se incluyen en este libro se pueden preparar en media hora utilizando ingredientes frescos y buenos para la salud, algunos de ellos tomados de una despensa bien surtida.

La comida que se prepara rápidamente no sólo le deja tiempo para realizar otras actividades, sino que también le ayuda a estar más sano debido a las sustancias nutritivas de los ingredientes. Éstas se conservan mejor cuando los alimentos se exponen menos tiempo a la acción del calor.

Además, la mayor ventaja es que estos platillos tienen un sabor delicioso, pues en su preparación se utilizan ingredientes de excelente sabor y calidad.

TRES PASOS PARA TENER ÉXITO

CALOR Cuando no desee perder tiempo en la cocina, el primer elemento importante es el calor. Incluso antes de lavarse las manos, encienda el horno o el asador para que empiece a calentarse.

El tiempo que necesitan los hornos domésticos para llegar a la temperatura deseada varía en gran medida. En general, se necesitan de 10 a 15 minutos para que se caliente el horno; sin embargo, si usted sabe que su horno tarda más tiempo en calentarse, procure encenderlo con la anticipación necesaria antes de iniciar el procedimiento.

Los asadores también se deben calentar previamente. Para lograr una cocción más adecuada, se aconseja graduar el termostato a su temperatura máxima para evitar la presencia de zonas frías; recuerde que hay que vigilar frecuentemente el proceso de cocción de los alimentos. Si algún alimento blando, como el filete de pescado, parece estar en peligro de quemarse, aleje la rejilla del asador de la fuente de calor.

ORGANIZACIÓN El segundo elemento clave para preparar una exquisita comida es la organización adecuada. Asegúrese de tener a la mano todos los ingredientes que necesita (un platillo se puede arruinar fácilmente si pierde tiempo buscando el aceite de ajonjolí mientras los ingredientes están a punto de quemarse en la cacerola).

Antes de comenzar a preparar una receta, primero léala con mucha atención; esto le permitirá familiarizarse con los pasos de preparación.

Después, dedique unos minutos a preparar todos los ingredientes, recipientes y utensilios que necesitará. Esto es especialmente importante cuando la receta requiere artículos que normalmente no utiliza todos los días.

Recuerde que el procesador manual, el exprimidor de limones y el rallador son elementos indispensables, pero son inútiles si se encuentran en el fondo de la alacena.

Despeje el área en la que va a trabajar. Retire los utensilios que vaya utilizando (el desorden le quitará tiempo).

TAMAÑO Un tercer elemento importante que debe conocer cualquier cocinero es el tamaño de los alimentos: entre más pequeños sean los ingredientes, más rápido se cocinarán. Cortar, picar, rebanar y rallar los alimentos que se cocinan rápidamente le ahorrará tiempo en la preparación, el cual se incluye en el tiempo total de cada receta.

INGREDIENTES BÁSICOS

SAL La cantidad de sal que se señala en las recetas es la que considere adecuada la persona que cocina. Recuerde que, por motivos de salud, los médicos recomiendan reducir el consumo de sal.

Es de suma importancia que tome en cuenta que algunos alimentos son salados por naturaleza, como es el caso del tocino, las alcaparras, las aceitunas, los productos ahumados o la salsa de soya. En recetas con dichos alimentos, es conveniente reducir en gran medida el uso de la sal.

PIMIENTA Los granos enteros de pimienta negra recién molida tienen mejor sabor que la pimienta negra o la pimienta blanca molidas.

HIERBAS Cuando no hay tiempo para que los alimentos adquieran sabor mediante una cocción lenta, las hierbas frescas son una excelente alternativa para añadir sabor, y por eso se han incluido en la mayoría de las recetas. Si no puede encontrar alguna hierba fresca, sustitúyala por una cantidad menor de la misma hierba seca.

ACERCA DE LAS RECETAS

Todas las medidas que se señalan en cucharadas son rasas. Si usted utiliza cucharas para medir, generalmente la de 15 ml equivale a 1 cucharada rasa y la de 5 ml equivale a 1 cucharadita rasa.

La mayoría de las recetas son para cuatro personas, aunque también se pueden cocinar para dos, en cuyo caso se reducirá el tiempo de preparación de cada platillo.

BALANCE NUTRIMENTAL

La comida que se prepara rápidamente también puede ser sana; estas recetas están diseñadas para ofrecer un buen balance de nutrimentos. Con el fin de ayudarle a planear una dieta benéfica para su salud, cada receta incluye un análisis nutrimental que le permite saber cuántas calorías, proteínas, grasas (incluyendo grasa saturada) vitaminas y cuántos hidratos de carbono contiene una porción promedio.

Las vitaminas y los minerales también son esenciales para llevar una dieta sana. La mayoría, como la vitamina A, son sustancias individuales; en cambio, la vitamina B es un grupo de vitaminas que incluye ácido fólico y niacina. Cuando el análisis de los nutrimentos establece que el platillo es una buena fuente de una vitamina o de un mineral, significa que la porción contiene por lo menos 30% de la cantidad que se recomienda consumir diariamente.

COMIDA SANA Para mejorar el sabor de sus platillos y que tengan el mejor valor nutrimental, utilice ingredientes frescos y aceites ricos en ácidos grasos monoinsaturados.

TÉCNICAS DE COCINA RÁPIDA

Existen muchos métodos para ahorrar tiempo que pueden acelerar el proceso de preparación de un platillo. Entre más metódico sea el proceso de preparación, más rápido terminará de cocinar. Siga estas técnicas probadas para obtener resultados rápidos y sin confusiones al último momento.

UN RÁPIDO PRINCIPIO

Cuando usted pele, limpie, corte, rebane o pique algunos ingredientes, no olvide tener a la mano todos los utensilios indispensables, como un colador para enjuagar los ingredientes y papel absorbente o bote de basura para ponerlo cerca de la tabla para picar y vaciar en él los desperdicios.

Si va a agregar varios ingredientes picados durante el proceso, póngalos en recipientes y forme una fila en el orden en que los utilizará; o bien, ponga cantidades pequeñas en un plato grande. Luego, colóquelos cerca de la estufa para que pueda alcanzarlos fácilmente.

Tenga la sal y la pimienta a la mano. En caso de que deba añadir varios condimentos a la vez, póngalos en un plato de manera que pueda agregar todo al mismo tiempo.

CORTAR Con frecuencia, resulta más rápido cortar los ingredientes con tijeras de cocina que con un cuchillo; por ejemplo, para recortar la grasa de tocino o del jamón, para picar hierbas o para recortar filetes de anchoas, tomates deshidratados, aceitunas deshuesadas o cebollitas de Cambray.

Es más fácil partir las hojas para ensalada con las manos que con un cuchillo; de esta manera se conservarán más vitaminas y minerales. Las manos limpias también son la herramienta más rápida y eficaz para desmenuzar pescado cocido, deshebrar pollo cocido y desmoronar queso.

A MANO Los dedos son la mejor herramienta para cortar hojas para ensalada, desmenuzar pescado o desmoronar queso.

ENHARINAR Para enharinar rápidamente trozos de carne o de pescado, póngalos en una bolsa de plástico junto con la harina y los condimentos y agítela. Para enharinar carne rebanada, cierna sobre ella la harina con un colador.

PELAR Tal vez no necesite perder mucho tiempo pelando verduras, pues muchas saben mejor y conservan más propiedades cuando se cocinan con cáscara. Las cáscaras gruesas de las verduras maduras deben retirarse, pero las verduras tiernas de cáscara delgada, como la de las berenjenas, las calabacitas y las papitas nuevas, no necesitan más que una buena lavada. Las berenjenas horneadas, las papas cocidas y los pimientos asados se pueden pelar rápidamente después de cocinarlos.

En el caso de las zanahorias, es recomendable quitarles la cáscara antes de cocinarlas, con el fin de evitar el riesgo de consumir algunos residuos químicos. Si desea extraer la pulpa de un aguacate para machacarla o hacerla puré, no se moleste en pelarlo: sólo debe cortar el aguacate por la mitad, retirar el hueso y, con una cuchara, sacar la pulpa.

NO NECESITA PELAR Si un aguacate se va a machacar o a moler, sólo extraiga la pulpa con una cuchara.

Para quitar la piel del ajo, sólo oprima el diente con la hoja de un cuchillo grande y la piel se desprenderá fácilmente.

PELAR Oprimir un cuchillo sobre un diente de ajo permite retirar la piel fácilmente.

Es más rápido utilizar un exprimidor de ajos que picar y hacer puré de ajo con un cuchillo. Para freír los ajos, córtelos en rebanadas usando el rallador manual. Resulta más rápido pelar las cebollas si las rebana primero en mitades, les corta los extremos y después les quita la piel.

QUITAR LA PIEL Para quitarles la piel a los duraznos, las cebollas y los jitomates, cúbralos con agua caliente y déjelos reposar durante unos 2 minutos.

Para retirarles la piel a los chiles frescos, ponga un comal o una parrilla sobre la hornilla de la estufa y áselos ligeramente; luego, envuélvalos con una servilleta de tela y métalos en una bolsa de plástico durante 5 minutos para, finalmente, quitar la piel.

Para eliminar la piel de un filete de pescado, colóquelo con la piel hacia abajo sobre una tabla para picar. Inserte un cuchillo en el extremo de la cola, con la hoja del mismo en ángulo entre la piel y la carne. Sujete la piel con una mano y deslice el cuchillo, lo más pegado posible a la carne, con unos ligeros movimientos laterales, doblando la carne conforme avanza.

QUITAR LA PIEL *La piel de un filete de pescado se elimina con un cuchillo bien afilado.*

COCINA RÁPIDA

COCER Los tubérculos, como la papa, el camote y la zanahoria, se cuecen más rápido en una cacerola grande si se acomodan en una sola capa. Agregue suficiente agua para cubrirlos y utilice una cacerola con tapa.

Si una receta pide que le añada caldo a un platillo y va a usar consomé, póngalo en una cacerola para que se caliente; de esta manera hervirá más rápidamente cuando sea necesario.

FREÍR Y ASAR Si rebana carne o pescado, corte las rebanadas del mismo tamaño y grosor para que se cuezan en el mismo tiempo; o bien, corte la carne en tiras para que se cocine más rápidamente. Forme las hamburguesas o tortitas con las manos hasta que estén ligeramente más delgadas de lo usual, para que el calor penetre con mayor facilidad y se cocinen más rápido.

DELGADAS *Aplane las hamburguesas con las manos y obtendrá un mejor resultado.*

SOPA DE PASTA

Para preparar una elegante sopa, cocine a fuego bajo una sopa de pasta en algún caldo. Los caldos ya preparados también son recomendables. Adorne con unas rodajas de limón muy delgadas, cilantro o perejil picado y unos champiñones rebanados; o bien, con tomates deshidratados recortados.

FRUTA GLASEADA

Para preparar un postre frito para 4 personas, derrita 25 g de mantequilla sin sal y 25 g de azúcar refinada en una sartén antiadherente; luego, agregue 500 g de frutas frescas rebanadas y 1 ½ cucharadas de licor de frutas. Cocine a fuego medio, bañando la fruta con la salsa, hasta que el postre esté caliente.

Cuando vaya a sofreír, caliente la sartén lo más que pueda a fuego alto, luego agregue el aceite y añada los ingredientes hasta que el aceite empiece a silbar; de esta manera la cocción será más rápida. Asegúrese de revolver los alimentos constantemente para evitar que se peguen.

AL VAPOR Cocer alimentos al vapor en lugar de cocerlos en agua o freírlos, reduce la pérdida de vitaminas. Si usted tiene dos canastillas, puede apilarlas y cocer varias verduras al mismo tiempo.

EQUIPO QUE AHORRA TIEMPO

Puede acelerar la preparación y la cocción de un alimento si elige el equipo adecuado. A continuación le presentamos una guía sobre el equipo más indispensable para la cocina rápida.

OLLAS, CACEROLAS Y SARTENES

Utilice sartenes y cacerolas del tamaño adecuado. Por ejemplo, utilizar una cacerola grande llena de agua para cocer una pequeña cantidad de verduras implica una pérdida de tiempo.

Existen algunas excepciones: utilice siempre una cacerola grande con abundante agua para cocer pasta, pues de esta manera estará lista más rápido. Asimismo, es mejor usar una sartén grande con es-

pacio suficiente cuando se va a dorar carne, ya que en una sartén pequeña las piezas de carne estarán muy cerca unas de otras y se cocerán al vapor en lugar de freírse.

También es muy importante no poner demasiados ingredientes en la sartén cuando se va a freír. Los alimentos se cocinan más rápido cuando tocan la superficie de la sartén caliente, así que elija una grande. Tardará un poco más en calentarse, pero el tiempo de cocción será menor.

Si va a freír a fuego alto, será necesario agitar la sartén vigorosamente para mantener los alimentos en movimiento: utilice una sartén con un mango largo a prueba de fuego, ya que es ideal para reali-

zar este trabajo. Una sartén de hierro de doble asa o una cacerola poco honda que quepa en el asador o en el horno es otro utensilio que ahorra tiempo, ya que usted no tendrá que pasar la comida que está en la cacerola a un molde refractario cuando requiera gratinar los alimentos.

Una plancha de hierro es ideal para cocinar rápidamente pescado, bistecs y chuletas, y más aún si la precalienta en el asador y después coloca la comida en medio para que se cocine por ambos lados. Las planchas con asas plegables son mucho más fáciles de guardar.

Un wok puede duplicar sus funciones; por ejemplo, se puede usar como cacerola, vaporera o para sofreír a fuego alto, de manera que asegúrese de comprar uno con tapa.

No todas las ollas, cacerolas y sartenes conducen el calor de igual manera. El calor hace que la comida se adhiera a la superficie; sin embargo, en el caso de las superficies antiadherentes, el calor se conduce en menor grado y no se pega la comida, por lo que no son la mejor opción si quiere cocinar rápidamente. Las cazuelas de cobre forradas de estaño, o las de acero inoxidable con base de cobre, son ideales para cocinar en poco tiempo.

Las cacerolas de hierro con una capa gruesa de esmalte conducen bien el calor, aunque son pesadas; las de acero inoxidable son mucho más ligeras y funcionan bien. Cuando lave las cacerolas y sartenes, talle bien el fondo para remover totalmente la grasa pegada.

La cacerola para cocinar pasta incluye una canastilla coladora, la cual sirve para escurrir la pasta ahí mismo sin necesidad de pasarla a otra coladera.

Cuando tiene que hornear y cuenta con poco tiempo, no hay nada como los recipientes metálicos para gratinar; éstos son mejores que los de porcelana, barro o vidrio, pues conducen mejor el calor y reducen el tiempo de cocción.

UTENSILIOS Y ARTEFACTOS

CEPILLOS Compre un cepillo de cerdas duras y utilícelo únicamente para tallar verduras.

Una brocha para repostería es la manera más rápida de barnizar alimentos; elija una de cerdas naturales, ya que las de plástico se pueden derretir con el calor. También puede utilizar la brocha para los residuos de cáscara que quedan en los pequeños orificios del rallador.

DESHUESADOR DE CEREZAS El deshuesador sencillo de cerezas ahorra tiempo en comparación al que es doble y a deshuesar manualmente; también sirve para deshuesar aceitunas.

TABLA PARA PICAR Elija una tabla grande para picar que se asiente firmemente, ya que así será más fácil picar y no se resbalará nada por las orillas. Prefiera las tablas de plástico a las de madera, ya que en éstas al hacer cortes con el cuchillo se forman fisuras en donde se pueden acumular bacterias aun después de lavarlas. Compre una tabla de buena calidad y hará una excelente inversión.

ESENCIALES Elegir el equipo correcto ayuda para cocinar en poco tiempo. Una plancha le permite asar comida rápidamente, una cacerola para cocinar pasta sirve para escurrirla en un instante, y un wok simplifica el proceso de sofreír a fuego alto.

ATRIL PARA LIBRO DE COCINA Invierta en un atril especialmente diseñado para libros de cocina, de esta manera le será más fácil mantenerlo abierto frente a usted mientras cocina.

RALLADOR Un rallador de acero inoxidable facilita el trabajo con ingredientes pequeños. Si necesita sólo una o dos zanahorias, será más rápido rallarlas manualmente que en un procesador de alimentos. En la repostería, puede ser más rápido para rallar mantequilla dura sobre la harina antes de amasarla.

ABRIDOR DE FRASCOS Una herramienta con grandes anillos que sujeta firmemente las tapas de frascos y botellas para abrirlas fácil y rápido.

AFILADOR DE CUCHILLOS Los cuchillos sin filo implican una pérdida de tiempo. Adquiera un afilador y de vez en cuando reserve unos minutos para afilar sus cuchillos y tijeras de cocina.

EXPRIMIDOR DE LIMONES Un utensilio que le permitirá exprimir el jugo directamente sobre el recipiente o la cacerola.

MACHACADOR Tener un buen machacador es esencial. Los eléctricos convierten las papas y otras verduras en tersos purés.

SECADOR CENTRÍFUGO Usar un sencillo secador centrífugo de plástico es la manera más efectiva de secar hojas para ensalada. Coloque las hojas lavadas y desinfectadas en la canastilla y hágala girar para eliminar el exceso de agua.

TAMIZADOR Los tamizadores de malla metálica son más efectivos para escurrir que los coladores.

PELADOR DE VERDURAS Un pelador para papas sirve perfectamente bien para quitarle la cáscara a otras verduras y también para cortar las verduras en forma de listón. Asimismo, sirve para retirar las hebras del apio, rallar tubérculos, chocolate y queso parmesano, entre otras cosas.

MONDADOR Un mondador de buena calidad le facilitará el trabajo de extraer ralladura de la cáscara de naranjas, limones, toronjas, etcétera.

EQUIPO ELÉCTRICO

LICUADORAS En una licuadora puede elaborar rápidamente salsas y purés.

MOLINO PARA CAFÉ Si acostumbra utilizar abundantes especias, es una buena idea invertir en un molino para café con el cual podrá pulverizarlas en segundos; éste es un proceso mucho más rápido que prensarlas con el rodillo y que molerlas en un molcajete. También puede usar el molino para reducir el pan a migas.

BATIDORA ELÉCTRICA Puede batir crema o merengue en unos cuantos segundos y ahorrarse el tiempo que le llevaría realizar este procedimiento a mano.

PROCESADOR DE ALIMENTOS Las navajas para picar, rallar y rebanar que tiene un procesador de alimentos son de gran ayuda para acelerar la preparación de ingredientes al momento de cocinar. Son especialmente útiles para picar alimentos en secuencia; por ejemplo, para preparar sopa de verduras o salsa.

Los procesadores hacen migas de pan en segundos: quite las orillas del pan de caja y conviértalo en migas. Para migas de pan seco, ponga unas rebanadas de pan en el horno a 150 °C durante una hora o hasta que estén crujientes, y luego páselas por el procesador. Guárdelas en un recipiente hermético dentro del refrigerador hasta por un mes.

PREPARE EN MINUTOS

NIEVE INSTANTÁNEA

Use el procesador de alimentos para preparar nieve instantánea: ponga una canastilla de fruta, como frambuesas, en el procesador con 1 a 2 cucharadas de azúcar glass, procéselas hasta que queden tersas y luego congele.

Con la ayuda de un procesador también puede preparar mantequillas de diferentes sabores en segundos. Si la receta requiere solamente una pequeña cantidad, usted puede preparar doble ración y guardar la otra mitad en el congelador para ahorrar tiempo en otra ocasión.

Para picar un solo ingrediente es más rápido hacerlo a mano, aunque los nuevos procesadores tienen un tazón chico que viene con una navaja adicional útil para picar hierbas y otros ingredientes pequeños, así como para hacer su propia mayonesa. Conserve siempre a la mano los discos y las navajas adicionales del procesador para que no pierda tiempo en buscarlos.

MEZCLADOR MANUAL Con este utensilio puede hacer un puré o una sopa más rápido que con un procesador de alimentos o con una licuadora, ya que se puede usar directamente en la cacerola. El resultado no es tan terso como cuando se emplea una licuadora, pero muchos cocineros prefieren la textura un poco más gruesa.

Los mezcladores manuales también son muy útiles para preparar malteadas y salsas, y para deshacer los grumos de una salsa o gravy. Se pueden usar para machacar calabaza cocida, ya que rápidamente quedará tersa y sin hebras; éstas se enredan en el aspa, así que se pueden retirar con gran facilidad.

HORNOS

HORNOS CONVENCIONALES Cuando use un horno convencional, ya sea de gas o eléctrico, vale la pena recordar que el calor que se produce en el interior no es uniforme. Siempre siga las instrucciones de precalentamiento para asegurarse de que el horno se encuentre a la temperatura necesaria en el momento de cocinar.

HORNOS DE CONVECCIÓN Un horno de convección ahorra tiempo, pues se calienta más rápido que un horno convencional. Los hornos de convección también cocinan más rápido los alimentos a temperaturas más bajas, ya que en su interior el calor circula uniformemente; por ello estos hornos son más calientes que los convencionales.

PRÁCTICOS USOS DEL MICROONDAS
(para un horno de 650 watts)

Ablande la mantequilla refrigerada
calentándola en el microondas durante aproximadamente 20 segundos.

Entibie los limones
calentándolos en el microondas unos segundos a temperatura alta, y así obtendrá más jugo.

Prepare tocino crujiente
Ponga 4 rebanadas de tocino en la rejilla para microondas sobre un trozo de papel absorbente doblado; caliente en temperatura alta durante 2 minutos, voltéelas y caliente de 1 a 2 minutos más.

Derrita chocolate
Pártalo en trocitos, póngalo en un recipiente y déjelo sin tapar. Métalo al microondas para derretirlo a temperatura moderada o baja; revíselo y revuélvalo cada 10 segundos durante el tiempo de calentamiento, ya que el chocolate aún conserva su forma cuando se ha derretido. Siga revisando y espere a que pueda revolver los últimos trocitos. Si desea derretir chocolate para un decorado rápido, póngalo en la esquina de una bolsa para microondas y derrítalo; corte la esquina de la bolsa y úsela como duya para adornar un postre o un pastel.

Tueste nueces
Coloque 25 g de nueces de la India en un recipiente para horno de microondas, y caliente en temperatura alta durante 5 minutos. Las nueces adquirirán un tostado color dorado.

HORNOS DE MICROONDAS El horno de microondas no hace nada mágico, pero acelera la preparación de los alimentos en gran medida. Muchos de ellos se cocinan en un cuarto de tiempo de lo que tardarían en estar listos en un horno convencional. Los hornos con las instrucciones más claras y con menos botones son los más prácticos.

Los alimentos que se cocinan mejor en microondas son los que requieren de calor húmedo: verduras cocidas en unas cucharadas de agua, alimentos en salsas o pescado cocido en agua. Las piezas largas y delgadas de alimentos se cocinan más rápido que las piezas cortas y gruesas.

Si duplica la cantidad de ingredientes que cocina en el microondas, el tiempo de cocción casi se duplicará también. Los hornos de microondas no doran la mayoría de los alimentos.

EL COMPRADOR INTELIGENTE

Para cada comida es importante comprar y elegir los ingredientes correctamente, sobre todo si se cuenta con poco tiempo para cocinar. Tenga cuidado al elegir sus ingredientes, ya que algunos tipos de alimentos necesitan menos tiempo de preparación que otros. También considere si vale la pena el gasto de comprar ingredientes preparados cuando los haya disponibles.

CARNE, PESCADO, VERDURAS Y FRUTAS FRESCOS

Compre con los mejores proveedores que conozca: un carnicero y un pescadero con buena reputación; o bien, en un buen supermercado.

Para preparar comidas rápidamente, evite los cortes de carne con articulaciones o partes duras que requieren de una cocción lenta y prolongada; use sólo piezas tiernas o en rebanadas delgadas.

El pescado se cocina rápidamente. Compre filetes ya cortados, y en caso de que la receta especifique usar filetes de pescado sin piel, mejor compre los que no la tengan.

Las verduras tiernas requieren menos tiempo de cocción que las más duras. Los ejotes tiernos, por ejemplo, no tienen hilos correosos, así que no perderá el tiempo quitándoselos. Las papitas nuevas tienen una cáscara muy delgada y pueden lavarse en lugar de pelarse.

La mayoría de las frutas cítricas tienen cera, la cual evita la deshidratación durante su transporte y mejora su apariencia. Si desea usar la cáscara, primero talle la fruta con agua caliente para eliminar la cera.

Aunque generalmente es más saludable evitar alimentos procesados, algunas veces vale la pena pagar un poco más por alimentos prelavados y cortados porque ahorran tiempo. Las bolsas de ensalada con hojas mixtas que vienen desinfectadas le ahorran tiempo de preparación, y no son tan caras comparadas con lo que gastaría si hiciera usted mismo la mezcla con la variedad de hojas para ensalada. Una piña pelada y rebanada o una ensalada de fruta fresca es un postre delicioso; puede escurrir la fruta y usarla para rellenar panqués.

Comprar un paquete de hongos mixtos le ahorrará el tiempo que se lleva pesar dos o más variedades separadas. Si algunos de los hongos se han dejado enteros para dar vistosidad al paquete, recuerde picarlos para que se cocinen más rápido.

Los paquetes de queso rallado, que puede usar para las pizzas, también le ahorran tiempo y esfuerzo, con excepción del queso parmesano, que sabe mejor rallado al momento de servirse.

NATURALMENTE FRESCOS
Adquiera los ingredientes más frescos, pues de ellos dependerá el sabor.

LA DESPENSA BÁSICA

Un cocinero ocupado necesita mantener un buen inventario en la alacena, con productos básicos y una generosa selección de ingredientes que sirven para dar sabor. Agrupe los ingredientes que use con más frecuencia, como las especias.

LATAS de anchoas, frijoles, aceitunas, puré de tomate y atún son productos importantes que no pueden faltar en una despensa, ya que se pueden combinar para preparar rápidamente salsas para pasta, huevos, pizzas y sopas.

Puede combinar frijoles enteros enlatados, como los bayos o negros, y garbanzos enlatados con un manojo de cilantro picado, un poco de cebolla finamente rebanada y un aderezo al ajo para lograr un platillo que funcione como plato principal al añadir atún o filetes de anchoas, enjuagados y picados.

Para obtener un delicioso paté, escurra y procese una lata de atún con media docena de aceitunas negras deshuesadas y una cucharadita de brandy; acompáñelo con galletas saladas.

El puré de tomate es de gran utilidad para la preparación de salsas rápidas, sopas y un sinnúmero de platillos. Los jitomates deshidratados pueden agregarse a las salsas para pizzas o mezclarse en algunos guisados, pastas o ciertas combinaciones de huevos revueltos.

FRUTAS Y FRUTOS SECOS Con muy poca o nula preparación, las frutas y los frutos secos hacen más sustanciosos los platos fuertes y las ensaladas, particularmente los preparados con verduras crudas ralladas. Los chabacanos, las pasas o las ciruelas pasas deshidratadas remojadas por unos minutos en un licor de frutas, como brandy o ron, son deliciosas para coronar un helado.

ACEITES Además de un aceite vegetal para freír y un buen aceite de oliva para cocinar y preparar aderezos para ensaladas, un aceite de nueces, almendras o avellanas es útil, ya que puede proporcionar un rápido toque final al rociarlo sobre las verduras cocidas, o dar sabor instantáneo a los aderezos para ensaladas. Los aceites de sabores, como el de oliva al chile o al ajo, se pueden rociar sobre verduras calientes para agregar un aromático toque final.

PREPARE EN MINUTOS

FRIJOLES MACHACADOS

¿Le hace falta una guarnición? Los frijoles de lata machacados son un excelente acompañamiento para salchichas, chuletas de cerdo, huevo o carnes frías. Para 2 personas, fría 2 dientes de ajo machacados y ½ cucharadita de chile molido en 3 cucharadas de aceite de oliva. Agregue romero, salvia o tomillo fresco picado y una lata de frijoles, con todo y líquido. Cocine durante 10 minutos, machaque ligeramente y sazone al gusto con sal y pimienta negra.

PUDÍN DE ARROZ CON PERAS

¿Quiere un postre rápido? Para 4 personas, sirva 425 g de pudín de arroz enlatado en platitos o en copas para postre y báñelos con salsa de chocolate; prepare ésta así: derrita 75 g de chocolate oscuro y mézclelo con 4 cucharadas de crema. Cubra con rebanadas de pera sin piel y adorne con rizos de chocolate recién hechos.

PASTA La pasta seca es un artículo imprescindible en la despensa, pero la pasta fresca se cocina tres veces más rápido. La pasta fresca también se puede congelar y sólo tomará un minuto o dos más cocinarla. En general, para cuatro personas necesitará 500 g de pasta fresca o 350 g de pasta seca.

Las sopas de pasta de figuras pequeñas son muy útiles en la despensa: se pueden usar para dar consistencia a una sopa, ya que se cocinan mucho más rápido. Los fideos de huevo y los fideos finos orientales también se pueden usar para dar consistencia a una sopa: rompa los fideos con las manos en pedacitos muy pequeños y añádalos a la sopa 5 minutos antes de servirla.

ARROZ El arroz precocido se cocina más rápidamente que el arroz blanco o integral. Las latas de arroz cocido, con frecuencia marcadas como "Arroz para microondas", se pueden convertir en una suculenta guarnición en cuestión de minutos.

Si está buscando un sustituto del arroz, pruebe los fideos orientales: se cocinan rápidamente y se llevan bien con la mayoría de los platillos orientales. Otra buena opción es servir pan naan con el curry en lugar de arroz; se calienta en el horno en unos segundos.

SALSAS Y PURÉS Tenga siempre en la despensa una o dos botellas de sus salsas favoritas como la inglesa, la Tabasco y la de soya, y una buena mayonesa en el refrigerador.

Las salsas de frutas que puede conseguir en supermercados y tiendas *delicatessen* son una excelente opción para preparar rápidos platillos, no sólo dulces sino también salados.

ESPECIAS Las especias enteras se conservan mejor que las molidas, aunque toma un poco de tiempo molerlas. Compre pequeñas cantidades de las especias molidas que usa con mayor frecuencia y reemplácelas tan pronto como se humedezcan.

CUBOS DE CONSOMÉ Aunque suelen ser útiles, algunos son extremadamente salados. Utilice la mitad de la cantidad que indica el empaque y pruebe el platillo. Una opción más conveniente es el consomé en polvo.

VINAGRE Utilice vinagre elaborado con vino tinto o blanco, o con sabores frutales o de hierbas, para darle un delicado toque a los aderezos para ensaladas. El vinagre balsámico, el cual es de color caramelo y ligeramente dulce, se puede usar no sólo para avivar un aderezo, sino también para disolver los jugos que quedan en una sartén después de freír carne o aves.

CONGELADOS

PAN Conserve en el congelador una hogaza de pan semicocido o roles. Antes de servir la comida, meta el pan al horno y sírvalo como si estuviera recién horneado.

HELADO Un helado de buena calidad puede ser la base de muchos postres deliciosos; para darse algunas buenas ideas consulte las páginas 288–289.

PASTA PARA REPOSTERÍA Una pasta congelada se puede utilizar para preparar un tarta rápida, como la Tarta de cangrejo y chícharos que aparece en la página 118. La pasta hojaldrada, la masa para pan y las bases para pizza ya preparadas también le ahorran tiempo durante la preparación.

CAMARONES Los que ya vienen cocidos y pelados pueden ser la base para un rápido entremés o bien para un platillo frito lleno de color y de exquisito sabor.

CALDO Guarde un poco de caldo en su congelador cuando cueza pollo, carne de res o verduras; así, lo tendrá listo cuando vaya a preparar platillos que lo requieran. Puede guardarlo en recipientes reutilizables de yogur o de helado, o puede comprar un envase de buen caldo ya preparado.

VERDURAS Las habas, los chícharos, las espinacas y los elotitos tiernos congelados se pueden cocinar directamente del congelador y añadir sabor y color a muchos platillos diferentes. Deje volar su imaginación y elabore deliciosos platillos.

INGREDIENTES DE TODO EL MUNDO

Muchas recetas incluidas en este libro están inspiradas en las cocinas de la India, el Medio Oriente, el Lejano Oriente, el sureste de Asia y México, regiones de nuestro planeta en las cuales las especias y los sabores fuertes le dan un toque especial a platillos que son todo un festín de sabor.

Probablemente, una larga lista de ingredientes exóticos puede parecerle desconcertante si usted no acostumbra preparar este tipo de comida; sin embargo, le aseguramos que vale la pena hacer la prueba. Si nota que le desagrada algún sabor en especial, simplemente elimínelo de la receta y elabore su propia versión.

INDIA

PASTA CURRY Es más fácil usar la pasta que el polvo curry, ya que su sabor es más común y más adecuado para realzar los platillos occidentales; por ejemplo, como saborizante para la mayonesa. Actualmente existe una amplia variedad de pastas curry. Si a usted le gusta la comida hindú, trate de tener siempre en la despensa una pasta curry ligera y otra picante. Cuando elija una marca, recuerde que las mezclas de especias elaboradas en la India por lo general son más picantes que las que se fabrican en otros países.

ESPECIAS Son ingredientes básicos en la cocina hindú. Las especias populares que pueden darle un verdadero sabor hindú a una variedad de platillos son las semillas de mostaza negra o de comino tostadas hasta que empiezan a explotar; añádalas a platos de verduras o ensaladas de verduras ralladas (si usa zanahorias crudas, añada un poco de jugo de limón o de lima). Las especias hindúes favoritas son el cardamomo, las semillas de cilantro y la canela, que comúnmente se añaden enteras al plato mientras se está cocinando y se dejan en él al servirlo. El cardamomo y las semillas de cilantro deben machacarse un poco antes de usarse, para realzar de ma-

PREPARE EN MINUTOS

SALSA HINDÚ

Para darle un toque especial a verduras o legumbres. Acitrone 1 diente de ajo machacado, un poco de jengibre rallado, 2 cucharaditas de semillas de comino y 1 cebolla picada. Luego agregue 400 g de jitomates picados y cocine, sin dejar de mover, durante 15 minutos hasta que la salsa espese. Añada las legumbres o las verduras justo antes de servir.

nera suave su aroma. Todas las especias se arrancian rápidamente, y generalmente es mejor comprar cantidades pequeñas.

AZAFRÁN Se puede usar para darle al arroz un color ligeramente dorado. Los estambres de azafrán enteros deben remojarse en un poco de líquido caliente para extraer su sabor; el azafrán en polvo es más práctico.

CÚRCUMA La cúrcuma molida produce un color amarillo más oscuro que el del azafrán. También se puede cocinar con espinacas.

ACOMPAÑAMIENTOS Son una parte muy importante de las comidas hindúes: puede dar los toques finales utilizando ingredientes de la alacena.

Un puño de pasas o rebanadas de mango deshidratado se pueden añadir a platillos a base de arroz o de verduras.

El chutney de mango y de otros deliciosos sabores, añaden a los platillos un intenso sabor picante.

PREPARE EN MINUTOS

RAITA DE PEPINO

Esta refrescante salsa que se sirve con curries se prepara rápidamente en un procesador de alimentos. Ralle grueso un pepino y déjelo escurrir en un tamizador alrededor de 2 minutos, para que suelte líquido. Colóquelo en un procesador de alimentos, añada un yogur natural pequeño, sal y menta fresca, o una pizca de comino molido; procese hasta que la mezcla adquiera una consistencia de crema espesa y sirva.

CHINA

SALSAS DE FRIJOLES Son útiles como dip y para cocinar. Los frijoles negros y bayos con frecuencia se usan para preparar salsas para cocinar. La salsa Hoisin se prepara con frijol de soya fermentado y es una excelente salsa para dips, aunque se conoce mejor servida con pato estilo Pekín. Todas las salsas chinas son muy saladas, úselas con moderación.

HONGOS DESHIDRATADOS Actualmente, en muchos supermercados y tiendas de alimentos orientales se consiguen diversas variedades de hongos deshidratados, como los shiitake. Enjuáguelos perfectamente antes de usarlos y luego remójelos en agua tibia. Guarde el agua que usó para remojarlos; puede colarla a través de una muselina, o de un colador forrado con papel absorbente para eliminar la tierra restante, y agregar el agua al platillo conjuntamente con los hongos rebanados.

JENGIBRE Es uno de los tres ingredientes clave de los saborizantes chinos, junto con el ajo y las cebollitas de Cambray. Si se le dificulta encontrar el jengibre fresco, puede comprarlo picado: 1 cucharadita de jengibre picado equivale a 2.5 cm de jengibre fresco.

SALSA DE SOYA Es el sabor más frecuente en la cocina del Lejano Oriente. Por ser muy salada, se usa en lugar de sal de mesa en Oriente. Para obtener el mejor sabor, busque la salsa de soya japonesa que dice "fermentada naturalmente".

ACEITE DE AJONJOLÍ TOSTADO Es un poderoso saborizante usado en cantidades muy pequeñas. No se utiliza para freír, pues se quema fácilmente. Por lo general, se agrega hasta el final de la preparación o se rocía antes de servir el platillo.

JAPÓN

MIRIN Se trata de una versión ligeramente dulce del sake, o vino de arroz. Es el saborizante favorito de los japoneses y puede encontrarse en las tiendas orientales. Se puede sustituir por jerez dulce.

VINAGRE DE ARROZ Tiene un sabor muy delicado, y puede añadir un toque especial a un aderezo para ensaladas verdes o verduras frías.

WASABI Algunas veces se le conoce como raíz fuerte japonesa; tiene un sabor fuerte y se lleva bien con el pescado a la parrilla. Se vende en tubos en forma de pasta o en polvo, para mezclarse con agua, como el polvo de mostaza.

SURESTE DE ASIA

CREMA DE COCO Está hecha con la carne del coco, y con frecuencia se utiliza en el sureste asiático para cocinar guisados de verduras, curries y budines. Se puede comprar en forma de cubos deshidratados, los cuales se pueden disolver en agua caliente o en un líquido enlatado listo para usarse. La crema de coco generalmente se vende en empaques de cartón. Las formas líquidas son más rápidas de usar que los cubos.

HIERBA DE LIMÓN (LEMONGRASS) Es uno de los saborizantes favoritos de la cocina tailandesa; le añade un sutil sabor y un aroma cítrico a sopas y curries. La parte superior correosa y abierta del tallo se desecha, y la mitad inferior debe ser partida en rodajas. Antes de usarse, la hierba de limón deshidratada se remoja en agua caliente hasta que esté tierna. También hay hierba de limón molida, con la que se acorta el tiempo de preparación. Una cucharadita equivale a un tallo.

TAMARINDO Se usa como sabor ácido en algunos platillos del sureste de Asia y de la India. Se seca en bloques, los cuales necesitan ser remojados; también se vende como concentrado, el cual es más rápido de usarse ya que se puede añadir directamente a los platillos.

SALSA DE PESCADO ESTILO TAILANDÉS Llamada *nam pla* o *nuoc mam,* se usa como saborizante en platillos preparados; también se puede utilizar como dip, diluyéndola en agua. Elija una salsa de color jerez y revise que en la etiqueta aparezca el pescado como ingrediente principal.

EL MEDIO ORIENTE

TRIGO QUEBRADO Y ALCUZCUZ En el Medio Oriente y en el norte de África son tan populares como el arroz y mucho más rápidos de preparar, ya que sólo necesitan remojarse en agua caliente.

Para dar a los platillos de arroz un sabor del Medio Oriente, añada vainas de cardamomo ligeramente quebradas, una rajita de canela de unos 3 cm y 2 o 3 clavos de olor enteros mientras se cocina. Deseche las especias enteras antes de servirlo.

HARISSA Es una pasta de chile picante que se sazona con cilantro, comino, ajo y menta, la cual se vende en tubos o en latas. Tradicionalmente se sirve con alcuzcuz.

AGUA DE AZAHAR Y AGUA DE ROSAS Evocan el Medio Oriente más intensamente que cualquier otro sabor. Suavemente perfumadas, se agregan a crema o a rellenos de nuez y dátil para preparar platillos dulces, o bien a verduras como las espinacas y las zanahorias. Se pueden adquirir en tiendas orientales e hindú-

PREPARE EN MINUTOS

HUMMUS INSTANTÁNEO

Si usted tiene en la despensa latas de garbanzos y salsa tahini puede preparar un hummus instantáneo. Ponga en el procesador de alimentos los garbanzos de una lata, escurridos, junto con 2 cucharadas de salsa tahini, 1 diente de ajo, el jugo de un limón y sal. Procese hasta que la mezcla quede tersa. Si es necesario, añada un poco de agua. Sirva con pan pita, palitos de pan o con verduras rebanadas.

es y en algunos supermercados grandes. No compre "esencia", pues tiene un sabor demasiado artificial.

TAHINI Es una pasta de aceite con sabor a nueces hecha a base de semillas de ajonjolí; para diluirla, puede utilizarse jugo de limón, leche o agua, y se puede sazonar para preparar una rápida salsa o un aderezo para ensaladas.

MÉXICO

CHILES Se consiguen fácilmente y se pueden encontrar diversas variedades en diferentes presentaciones: frescos, secos, en polvo y hasta enlatados. Se usan para dar sabor a los platillos mexicanos, junto con el cilantro fresco y el jugo de limón. Para ahorrar tiempo en la preparación de los chiles frescos, cómprelos secos o en hojuelas deshidratadas, o use salsa Tabasco o pimienta de Cayena, para dar un poco más de sabor.

SALSAS En los supermercados se pueden encontrar salsas de muy variados ingredientes y en diferentes presentaciones: enlatadas, embotelladas o frescas.

TOQUES FINALES EN UN DOS POR TRES

Al servir los alimentos, tome en cuenta el color, la textura y la presentación. Sólo necesita unos segundos para transformar el platillo más simple, de manera que seduzca la vista y el paladar.

PRESENTACIÓN

La sopa se puede adornar con hierbas picadas o con un poco del ingrediente principal picado como, por ejemplo, unas tiritas de champiñones. También puede agregar una cucharada de crema espesa en cada plato de sopa y trazar un remolino con el filo de un cuchillo.

El color es tan importante para una salsa como el sabor. Los jitomates deshidratados recortados o las aceitunas negras picadas realzan muchas salsas de color pálido. Un poco de queso azul desmoronado o un poco de nueces picadas lucen bien si las esparce sobre una ensalada de hojas color verde oscuro. También puede variar su método de presentación; las salsas con frecuencia se ven mejor si se vierten con cuidado en el plato y después se coloca encima la carne o el pescado.

Como guarnición de un platillo, elija verduras que contrasten o complementen los colores del platillo principal; pruebe una combinación de crujiente brócoli verde en los guisados hechos a base de jitomates, o zanahorias de un anaranjado vivo con platillos que tengan espinacas verdes.

Mientras cocina, reserve algunos ingredientes enteros que sean atractivos a la vista. Guarde algunos camarones pelados para adornar platillos de mariscos, o unas ramitas de hierbas frescas para colocarlas junto a la carne o el pescado asados, y una fresa entera o una fruta fresca cortada en rebanadas pequeñas para decorar los postres.

Un toque de azúcar glass o chocolate en polvo cernido con un tamizador es una elegante manera de decorar un postre. Recuerde que el azúcar glass se derrite rápidamente, así que procure siempre aplicarla justo antes de servir. La fruta fresca, como el mango en rebanadas, con un poco de jugo de limón, siempre luce apetitosa con un poco de azúcar glass y con algunas frambuesas esparcidas y unas hojitas de menta fresca.

ADORNOS

Las galletas, las nueces y las ralladuras de cítricos son una atractiva cubierta para helados. Use almendras tostadas y garapiñadas, trozos de cacahuates, galletas de almendras, pasas remojadas en ron caliente, nueces tostadas o ralladura de naranja, limón o lima. Los rizos de chocolate oscuro hechos con un pelador de papas también son muy atractivos a la vista.

Migas de pan
fritas en un poco de aceite o mantequilla hasta que doren, utilizadas para decorar platillos a base de verduras o de pasta; añaden sabor y color. Se pueden preparar fácilmente en un procesador de alimentos (consulte las páginas 14–15).

Crutones
es el crujiente toque para sopas o ensaladas que se prepara en minutos. Corte el pan en cubitos, fríalos en un poco de aceite de oliva y póngales un poco de ajo para darles más sabor.

Nueces y semillas
como hojuelas de almendras, piñones o semillas de ajonjolí, tostadas unos segundos para que queden doradas, son atractivas a la vista y añaden un toque de sabor a muchos platillos.

Cebollas
rebanadas y fritas añaden un sabor intenso, y sirven de adorno para platillos a base de arroz o de huevo. El tocino frito se puede desmoronar sobre ensaladas, platillos a base de granos y sopas cremosas. Éste se consigue desmoronado en algunos supermercados.

La ralladura de naranja o de limón
picada finamente o mondada puede añadir un rápido toque de color a platillos preparados a la parrilla o a la carne frita; también luce muy bien sobre postres cremosos.

Los berros
son un brillante adorno un poco menos común que una ramita de perejil. Unos cuantos berros pueden tomar el lugar de un plato de ensalada, y se llevan especialmente bien con carnes a la parrilla. Aunque se combinen con los jugos del plato, los berros conservan su textura crujiente y su característico sabor.

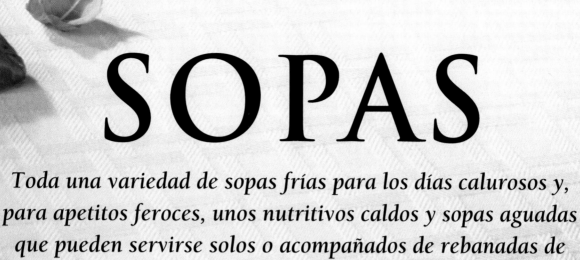

SOPAS

Toda una variedad de sopas frías para los días calurosos y, para apetitos feroces, unos nutritivos caldos y sopas aguadas que pueden servirse solos o acompañados de rebanadas de baguette o de bolillo.

SOPA FRÍA DE PEPINO

Esta sopa resulta ideal para un caluroso día de verano, pues no requiere cocción.
Simplemente prepare los ingredientes, mézclelos y disfrute su sabor.

TIEMPO: **15 MINUTOS** PORCIONES: **4**

---

1 pepino grande, limpio

4 cucharadas de hojas de menta fresca, picada

500 g de yogur natural

150 ml de crema

2 cucharadas de vinagre de vino blanco

Sal y pimienta negra

Para adornar: **4 ramitos de menta**

1 Enfríe en el congelador cuatro tazones para sopa. Corte las puntas del pepino y después rállelo con todo y cáscara sobre un tazón grande.

2 Incorpore la menta al tazón del pepino. Mezcle ligeramente y luego agregue el yogur, la crema y el vinagre. Revuelva bien. Sazone con sal y pimienta y mezcle nuevamente.

3 Sirva la sopa en los tazones fríos. Si lo desea, agregue uno o dos cubitos de hielo a cada porción. Adorne con los ramitos de menta.

VARIACIÓN
Si desea obtener un sabor más fuerte, utilice crema ácida y vinagre al estragón en lugar de vinagre de vino blanco; de esta manera, la sopa adquiere un delicado sabor a hierbas. Si desea hacer más nutritiva la sopa, agregue a cada tazón 6 camarones de coctel, cocidos y pelados, y añada un poco de cebollín finamente picado y unos cuantos crutones.

INFORMACIÓN NUTRIMENTAL: calorías: 235, hidratos de carbono: 6.5 g, proteínas: 10 g, grasa: 19 g (grasa saturada: 11 g); buena fuente de vitaminas A, E , de complejo B y calcio.

GAZPACHO

Ésta es una de las muchas variantes que existen de la deliciosa y refrescante sopa española que se conoce como gazpacho.

TIEMPO: 30 MINUTOS PORCIONES: 4–6

1 rebanada gruesa de baguette o bolillo duro, sin corteza	2 dientes de ajo grandes
6 cucharadas de aceite de oliva extra virgen	1 cebolla morada
	1 pepino grande, sin cáscara
4 cucharadas de vinagre de vino tinto	1 pimiento rojo, desvenado
Sal y pimienta negra	1 pimiento verde, desvenado
1 cucharada de páprika picante o de pimentón	1 pimiento amarillo, desvenado
	1 chile verde fresco, desvenado
600 g de jitomates, pelados y picados, con su jugo	6 hojas de albahaca o menta
	300 ml de agua helada
	12 cubos de hielo (opcional)

Para adornar: 1 diente de ajo, un poco de aceite de oliva y crutones

1 Ponga el pan en un procesador de alimentos y conviértalo en migas.

2 En un tazón grande, ponga el aceite, el vinagre y un poco de sal y mezcle hasta obtener una emulsión cremosa. Agregue la páprika y las migas de pan y revuelva muy bien.

3 Incorpore los jitomates con su jugo y mezcle ligeramente.

4 Pele el ajo y la cebolla; en un procesador de alimentos, píquelos e incorpórelos a la mezcla de migas. Pele el pepino y píquelo finamente. Lave muy bien los pimientos y el chile, retíreles las semillas y las venas y agréguelos al tazón.

5 Desinfecte las hojas de albahaca, o de menta, desmenúcelas y agréguelas. Revuelva bien, pruebe y sazone con sal y pimienta negra. El sabor debe ser fuerte, refrescante y picante.

6 Incorpore suficiente agua helada y revuelva hasta obtener una sopa de consistencia espesa. Meta el gazpacho al refrigerador o añada cubitos de hielo para enfriarlo. Sirva de inmedito.

7 Si desea decorar el gazpacho con crutones, corte 3 rebanadas de pan en cubitos. En una sartén, caliente un poco de aceite a fuego medio, añada un diente de ajo y acitrónelo; agregue los cubitos de pan y revuelva con frecuencia hasta que estén ligeramente dorados.

VARIACIÓN

Unos minutos antes de servir, ponga un poco de vodka en un recipiente y colóquelo en el congelador. Al momento de llevar a la mesa, añada 1 cucharadita de vodka a cada ración de gazpacho.

*INFORMACIÓN NUTRIMENTAL, **si son 4 porciones:** calorías: 261, hidratos de carbono: 21 g, proteínas: 6 g, grasa: 18 g (grasa saturada: 3 g); buena fuente de vitaminas A, C, E, complejo B y ácido fólico.*

CONSEJO

Si desea reducir el tiempo de preparación de esta receta, pique todos los ingredientes en un procesador de alimentos.

SOPA DE AGUACATE Y COCO

En esta sopa fría de consistencia cremosa, los sabores del chile, coco y cilantro combinan de maravilla con el sabor del aguacate maduro y del yogur.

TIEMPO: 15 MINUTOS PORCIONES: 4

½ cubo de consomé de verduras
4 cebollitas de Cambray, sin puntas
1 diente de ajo grande
1 chile verde fresco
1 manojo de cilantro
2 aguacates medianos maduros
300 g de yogur natural semidescremado
150 ml de crema de coco
1 cucharada de aceite de oliva
Una pizca de azúcar
1 limón
Sal y pimienta negra

1 En un tazón, disuelva el cubo de consomé en un poco de agua caliente y añada agua helada hasta obtener 300 mililitros.

2 Pique las cebollitas, pele el ajo y macháquelo. Desvene el chile y píquelo. Reserve estos ingredientes.

3 Lave el cilantro; aparte algunas hojas, y pique el resto.

4 Parta los aguacates por la mitad, quíteles el hueso y muela la pulpa en la licuadora. Agregue el consomé, las cebollitas, el ajo, el chile, el cilantro, el yogur, la crema de coco, el aceite de oliva, el azúcar y 1 cucharada de jugo de limón. Licue todo hasta que obtener una mezcla tersa y aterciopelada.

5 Sazone al gusto y meta al refrigerador. Al servir, adorne con las hojas de cilantro que apartó y con pimienta negra molida.

SUGERENCIA PARA SERVIR
Añada un par de cubos de hielo a cada tazón.

INFORMACIÓN NUTRIMENTAL: calorías: 322, hidratos de carbono: 6 g, proteínas: 7 g, grasa: 30 g (grasa saturada: 9 g); buena fuente de vitaminas C, E y complejo B.

SOPA DE PIMIENTO ROJO Y NARANJA

Una sopa especial para deleitar los sentidos. Los pimientos rojos le dan un alegre colorido, en tanto que su delicado aroma y sabor se lo proporcionan el agua de azahar y el jugo de naranja fresco.

TIEMPO: 30 MINUTOS PORCIONES: 4

| 2 cucharadas de aceite de oliva |
| 1 kg de pimientos rojos |
| Sal |
| 3 naranjas jugosas |
| 1 cucharada de agua de azahar |

Para adornar: ralladura de naranja, perejil picado o crutones

1 En una cacerola grande, caliente el aceite a fuego medio. Desvene los pimientos y córtelos en cuartos, a lo largo y, luego, en tiras gruesas. Fría los pimientos y añada sal al gusto.
2 Lave las naranjas. Ralle la cáscara de una de ellas e incorpore la ralladura a la cacerola donde están los pimientos.
3 Tape la cacerola y cocine a fuego alto hasta que el vapor empiece a escaparse por debajo de la tapa. Baje la llama y cocine a fuego bajo unos 15 minutos, revolviendo de vez en cuando, o hasta que los pimientos se cocinen en su propio jugo.
4 Mientras tanto, en una taza para medir, exprima las naranjas hasta obtener 175 ml de jugo. Incorpore el agua de azahar y revuelva perfectamente.
5 Cuando los pimientos estén bien cocidos, licúelos o páselos por un procesador de alimentos hasta obtener un puré terso.
6 Incorpore la mezcla de jugo de naranja a la licuadora o procesador de alimentos y licue una vez más.
7 Caliente la sopa en una cacerola. Sirva y, si lo desea, adorne con ralladura de naranja, perejil picado y crutones.

VARIACIÓN
Puede variar el tipo de naranjas que utilice e, incluso, añadir un poco de jugo de mandarina. Esta sopa resulta ideal si la sirve fría en días calurosos.

INFORMACIÓN NUTRIMENTAL: calorías: 130, hidratos de carbono: 17 g, proteínas: 2 g, grasa: 6 g (grasa saturada: 1 g); buena fuente de vitaminas A, C, E y complejo B.

CONSEJO

El agua de azahar especial para cocinar se puede conseguir en algunos supermercados, tiendas delicatessen o de especialidades hindúes. La que venden en las farmacias no resulta adecuada para cocinar.

SOPA DE CHAMPIÑONES Y CARNE

Sustanciosa por naturaleza, esta sopa de rápida preparación resulta extremadamente nutritiva, y si se aumenta la cantidad de bolitas de carne, se transforma en un plato completo.

TIEMPO: 25 MINUTOS PORCIONES: 4

---

400 g de jitomates, sin piel
¼ de cebolla
Sal y pimienta
1 litro de caldo de pollo
⅓ de chile de árbol, desvenado
⅓ cucharadita de hierbas finas
⅛ cucharadita de estragón
250 g de carne magra molida
1 cucharada de pan molido
1 huevo
1 cucharadita de aceite vegetal
200 g de champiñones fileteados

4 flores de calabaza frescas
½ cucharadita de cebollín

1 Licue los jitomates con la cebolla y sal y pimienta al gusto. En una cacerola, caliente el caldo de pollo a fuego medio durante unos 5 minutos, añada el jitomate molido, el chile, las hierbas finas y el estragón.
2 Salpimiente la carne molida, mézclela con el pan molido y el huevo, y forme con ella bolitas pequeñas. En una sartén, caliente el aceite, añada las bolitas de carne y sofríalas durante 1 minuto; añada los champiñones y cocine 3 minutos más.
3 Incorpore todos los ingredientes al caldo y cocine durante 5 minutos.
4 En el centro del plato de cada porción de sopa, ponga una flor de calabaza con los pétalos extendidos, y espolvoree un poco de cebollín.

*INFORMACIÓN NUTRIMENTAL, **si son 4 porciones:** calorías: 314, hidratos de carbono: 11 g, proteínas: 21 g, grasa: 19 g (grasa saturada: 7 g), buena fuente de vitamina A, niacina y ácido fólico.*

SOPA DE EJOTES

Un trío lleno de sabor: ejotes, habas y frijoles aportan sus deliciosos sabores para hacer de esta sopa un platillo muy especial.

TIEMPO: 30 MINUTOS PORCIONES: 4–6

2 cucharadas de aceite de oliva
1 diente de ajo grande
1 cebolla pequeña
1 litro de caldo de verduras
225 g de ejotes delgados
350 g de habas precocidas, sin piel
425 g de frijoles bayos, cocidos
Sal y pimienta negra
Para adornar: un manojo de cebollines

1 En una cacerola grande, caliente el aceite de oliva a fuego medio. Pele el ajo y la cebolla; machaque el primero, y agréguelos para acitronarlos. En otra cacerola, caliente el caldo.

2 Retire las puntas de los ejotes y córtelos en trozos de 2.5 cm. Añada las habas y los ejotes a la cacerola del aceite y cocine unos 3 minutos.

3 Añada el caldo a la cacerola de los ejotes y cocine durante 5 minutos; baje la llama, y deje hervir a fuego bajo durante 10 minutos.

4 Retire la cacerola del fuego e incorpore los frijoles con un poco de su caldo. Revuelva bien.

5 Licue la mitad de la sopa hasta obtener un puré, y luego colóquela en la cacerola. Salpimiente al gusto y caliente nuevamente. Pique los cebollines con todo y sus florecitas, y espolvoree con ellos la sopa.

VARIACIÓN

Adorne con menta o perejil.

INFORMACIÓN NUTRIMENTAL, si son 4 porciones: calorías: 233, hidratos de carbono: 29 g, proteínas: 13 g, grasa: 8 g (grasa saturada: 1 g); buena fuente de vitaminas C, E, complejo B y ácido fólico.

SOPA DE COL, PAPA Y PEPPERONI

Esta versión de la sopa portuguesa conocida como caldo verde, contiene papa y col o espinacas, y se realza con los deliciosos sabores del ajo, el eneldo y el pepperoni.

TIEMPO: 25 MINUTOS PORCIONES: 4

| 550 g de papas blancas |
| 1 litro de agua |
| 2 dientes de ajo, sin piel |
| 350 g de hojas de col o de espinacas frescas, cortadas en tiritas |
| ½ cucharadita de eneldo seco |
| Sal y pimienta negra |
| 85 g de rodajas de pepperoni |
| 2 cucharadas de aceite de oliva extra virgen |
| *Para servir:* baguette o crutones |

1 Pele las papas y pártalas en rebanadas delgadas. En una cacerola mediana, coloque las rebanadas de papa y cúbralas con 1 litro de agua. Incorpore los dientes de ajo y cocine a fuego medio durante 15 minutos. Retire la espuma blanca que se forma durante la cocción, con el fin de obtener un caldo cristalino.

2 Mientras tanto, lave la col y córtela en tiritas.

3 Retire la cacerola del fuego y machaque finamente las papas dentro de la misma cacerola.

4 Incorpore las hojas de col, o de espinaca, y el eneldo seco. Cocine a fuego medio hasta que la sopa suelte el hervor, y luego baje la llama. Deje hervir durante aproximadamente 7 minutos, o hasta que la sopa esté bien sazonada.

5 Retire la cacerola del fuego y machaque ligeramente los ingredientes sin sacarlos de la cacerola.

6 Sazone la sopa con sal y pimienta al gusto y sírvala en platos hondos. Agregue las rodajitas de pepperoni.

7 Vierta un chorrito de aceite de oliva en forma de zigzag sobre cada porción, y sirva.

VARIACIÓN

Si usted lo desea, coloque unos cuantos crutones al centro de cada porción de sopa; o bien, agregue una rebanada delgada de baguette tostada.

INFORMACIÓN NUTRIMENTAL, si son 4 porciones: calorías: 469, hidratos de carbono: 68 g, proteínas: 14 g, grasa: 16 g (grasa saturada: 4 g); buena fuente de vitaminas del complejo B, C y E y de ácido fólico.

SOPA AROMÁTICA DE ZANAHORIA

El garam masala, que utiliza esta receta, se prepara si se muelen y tuestan 1 raja grande de canela, ½ cucharada de semillas de comino, ½ cucharada de semillas de cilantro, 5 granos de pimienta negra, 1 hoja de laurel y 4 clavos de olor.

TIEMPO: 30 MINUTOS PORCIONES: 4–6

1 litro de caldo de verduras
1 cebolla mediana
1 papa mediana
500 g de zanahorias
2 dientes de ajo grandes
Sal y pimienta negra
1 chile verde fresco
5 cm de raíz de jengibre
2 cucharadas de aceite de oliva
1 limón
1 cucharadita de garam masala
1 cucharadita de aceite de ajonjolí tostado

Para adornar: hojas de cilantro fresco, cáscara de limón o de lima, o crutones

1 En una cacerola, caliente el caldo a fuego medio. Mientras, pele la cebolla, la papa y las zanahorias y córtelas en trozos chicos; pele los dientes de ajo y píquelos.

2 Cuando el caldo suelte el hervor, agregue las verduras, el ajo y la sal. Cocine durante 5 minutos y baje la llama; tape parcialmente la cacerola y cocine durante 20 minutos más.

3 Mientras, desvene y pique el chile, y pele y pique el jengibre.

4 En una sartén pequeña, añada el aceite de oliva y fría a fuego bajo el chile y el jengibre durante 1 minuto. Agregue el garam masala y el jugo de limón; cocine a fuego medio durante 1 minuto más.

5 Incorpore a la sartén el aceite de ajonjolí y revuelva hasta que la mezcla adquiera la consistencia de una salsa. Retire la sartén del fuego y reserve la mezcla.

6 Cuando las verduras estén blanditas, agregue la salsa de jengibre y licue todo hasta obtener un puré líquido. Regrese la mezcla a la cacerola y sazone al gusto con pimienta negra. Cuando la sopa esté bien caliente, sirva.

INFORMACIÓN NUTRIMENTAL, si son 4 porciones: calorías: 149, hidratos de carbono: 19 g, proteínas: 3 g, grasa: 9 g (grasa saturada: 1 g); buena fuente de vitaminas A, C, E y complejo B.

SOPA DE CHÍCHAROS Y ESPÁRRAGOS

Esta apetitosa sopa, ideal para la primavera, aprovecha el sabor de los espárragos frescos. Los trozos de tocino frito y los crutones crujientes añaden un delicioso sabor.

TIEMPO: 30 MINUTOS   PORCIONES: 4

---

600 ml de caldo de pollo o de verduras

9 cebollitas de Cambray, sin rabo

450 g de chícharos precocidos

150 g de espárragos tiernos

Sal y pimienta negra

3 tiras de tocino magro, sin corteza

2 cucharadas de aceite vegetal

2 rebanadas de pan blanco del día anterior

3 cucharadas de crema

---

1 Caliente el caldo en una cacerola y añada las cebollitas en trozos junto con los chícharos. Cocine a fuego alto hasta que suelte el hervor.

2 Corte las puntas de los espárragos y resérvelas. Corte los tallos en trozos y añádalos a la cacerola junto con una pizca de sal. Baje la llama, tape la cacerola y cocine a fuego bajo durante 15 minutos o hasta que los espárragos estén blandos.

3 Mientras, corte el tocino en trocitos y fríalos en una sartén con un poco de aceite. Una vez fritos, póngalos sobre una servilleta de papel, y reserve la grasa que haya soltado.

4 Parta el pan en cubitos. En una sartén, ponga un poco de aceite; añada el pan y fría los cubitos hasta que estén dorados; luego, póngalos sobre una servilleta de papel.

5 Cuando los chícharos y los espárragos estén cocidos, licue o procese la sopa a punto de puré.

6 Añada las puntas de espárragos a la sopa y cocine a fuego bajo durante 5 minutos o hasta que estén blandas.

7 Vierta la sopa en tazones y decore cada porción con trocitos de tocino, unos cuantos crutones, un poco de crema y pimienta negra recién molida.

INFORMACIÓN NUTRIMENTAL: calorías: 330, hidratos de carbono: 24 g , proteínas: 13 g, grasa: 21 g (grasa saturada: 9 g); buena fuente de vitaminas C, E, complejo B y ácido fólico.

SOPA DE JITOMATE Y LENTEJAS ROJAS

Un adorno poco común de color verde y blanco: queso crema salpicado con albahaca fresca, para agregar un toque festivo a esta sopa de sabor y color intensos.

TIEMPO: 30 MINUTOS PORCIONES: 4

600 ml de caldo de pollo
o de verduras

2 cucharadas de aceite de oliva

3 chalotes

2 dientes de ajo

Ramitas de albahaca fresca

115 g de lentejas rojas

400 g de jitomates, sin piel ni
semillas, picados

100 g de queso crema suave

Sal y pimienta negra

1 En una cacerola, caliente el caldo. En otra cacerola, caliente el aceite. Pele los chalotes y los ajos, píquelos y fríalos durante unos 5 minutos o hasta que estén blandos.
2 Pique finamente la albahaca hasta obtener 1 cucharada.
3 Añada las lentejas y el jitomate a la cacerola del caldo. Tápela y cocine a fuego bajo durante 10 minutos; añada la mitad de la albahaca y cocine unos 5 minutos más o hasta que las lentejas estén cocidas.

4 Bata el queso crema en un tazón pequeño hasta que se ablande. Agregue el resto de la albahaca y revuelva bien. Reserve esta mezcla.
5 Licue la sopa a punto de puré y sazone con sal y pimienta al gusto. Al servir, adorne con la mezcla de queso y hojas de albahaca.

INFORMACIÓN NUTRIMENTAL: calorías: 280, hidratos de carbono: 20 g, proteínas: 10 g, grasa: 18 g (grasa saturada: 8 g); buena fuente de vitaminas A, C, E y complejo B.

SOPA DE PAPA Y MANZANA

Esta fragante sopa de invierno tiene la consistencia cremosa del yogur y el sutil sabor de las especias, con un suave matiz de manzana.

TIEMPO: 30 MINUTOS   PORCIONES: 4–6

850 ml de caldo de verduras
550 g de papas blancas
1 manzana Rome Beauty grande, sin cáscara y descorazonada
1 cucharada de aceite de girasol
1 cebolla mediana
1 diente de ajo
· Sal
300 ml de leche
¼ de cucharadita de curry
⅛ de cucharadita de comino molido
5 cucharadas de yogur natural
Para adornar: hojitas de cilantro

1 En una cacerola, vierta el caldo de verduras y cocine a fuego bajo durante 8 minutos. Mientras, pele y parta en cubos las papas y la manzana.

2 Pele la cebolla y pártala en rodajas; en una cacerola con aceite, acitrone la cebolla durante unos 2 minutos. Añada el ajo picado y cocine durante 1 minuto más.

3 Incorpore el caldo a la cacerola en la que acitronó el ajo y la cebolla, y añada la manzana, las papas y sal al gusto. Cocine durante 3 minutos. Tape la cacerola y cocine a fuego bajo durante 15 minutos.

4 Retire la cacerola del fuego y agregue la leche, el curry, el comino y sal al gusto. Licue la sopa y viértala en la cacerola. Cocine durante 5 minutos más, revolviendo ligeramente.

5 Sirva la sopa en tazones. Coloque en el centro de cada porción un poco de yogur, y luego trace sobre éste un par de líneas curvas para formar una figura. Agregue unas cuantas hojitas de cilantro, y sirva.

INFORMACIÓN NUTRIMENTAL: calorías: 208, hidratos de carbono: 28 g, proteínas: 9 g, grasa: 7 g (grasa saturada: 2 g); buena fuente de vitaminas A, C y magnesio.

CONSEJO

Si usa un procesador de alimentos o una licuadora que no acepten alimentos calientes, enfríe la sopa agregando un poco de leche fría.

CALDO DE POLLO ESTILO ORIENTAL

Las setas, la lechuga, la pimienta de Cayena y el cilantro fresco le dan sabor a esta sopa oriental, que lleva como base caldo de pollo y se enriquece con fideos y hebras de huevo batido.

TIEMPO: 15 MINUTOS PORCIONES: 4

---

1 litro de caldo de pollo

¼ de cucharadita de pimienta de Cayena

100 g de setas, de preferencia shiitake, rebanadas finamente

70 g de corazones de lechuga

1 huevo grande ligeramente batido

Un manojo de cilantro

40 g de fideos orientales, quebrados

---

1 En una cacerola, caliente el caldo y añada la pimienta de Cayena.

2 Mientras tanto, limpie y parta las setas en rebanadas delgadas. Si es necesario, quite y deseche las hojas exteriores de la lechuga y píquelas finamente. Bata el huevo y resérvelo. Pique el cilantro hasta obtener 1 cucharada.

3 Cuando el caldo suelte el hervor, agregue las setas, baje la llama y cocine a fuego bajo durante 2 minutos. Incorpore los fideos orientales y cocine otros 3 minutos. Añada la lechuga y suba la llama para que hierva el caldo.

4 Retire la cacerola del fuego y añada el huevo poco a poco, revolviendo ligeramente. Agregue el cilantro y sirva de inmediato.

VARIACIÓN

Si desea, puede utilizar champiñones comunes en lugar de setas, y puede usar berros en vez de lechuga.

INFORMACIÓN NUTRIMENTAL: calorías: 80, hidratos de carbono: 8 g, proteínas: 6 g, grasa: 2 g (grasa saturada: 1 g); buena fuente de vitaminas E y complejo B.

SOPA FRANCESA DE VERDURAS

Esta elegante combinación de verduras tiernas, frescas y guisadas, aunadas a un rico caldo con sabor a jitomate, resulta ideal para iniciar un menú especial para agasajar a la familia.

TIEMPO: 30 MINUTOS PORCIONES: 4

25 g de mantequilla
2 dientes de ajo
2 chalotes
1 kg de jitomates, picados
400 ml de caldo de pollo o de verduras
1 cucharadita de albahaca dulce seca
Sal y pimienta negra
200 g de papitas nuevas
12 zanahorias pequeñas
6 rábanos grandes
100 g de chícharos chinos
12 puntas de espárragos
125 ml de crema
8 hojas grandes de albahaca
Para adornar: queso parmesano o Cheddar maduro, opcional

1 En una cacerola, ponga a hervir agua. En una olla grande, derrita la mantequilla a fuego bajo. Pele el ajo y los chalotes, píquelos y acitrónelos en la mantequilla durante 3 minutos, revolviendo constantemente.

2 Añada al caldo el jitomate picado, con todo y su jugo, junto con la albahaca seca y un poco de sal y pimienta. Tape la cacerola y cocine a fuego bajo durante 15 minutos.

3 Mientras tanto, pele y parta las papitas nuevas en mitades y colóquelas en otra cacerola. Cúbralas con agua hirviendo y cocínelas a fuego moderado.

4 Pele y parta las zanahorias en trozos. Cuando las papas lleven unos 5 minutos de cocción, agregue las zanahorias.

5 Parta los rábanos en cubos e incorpórelos a la cacerola de las papas y las zanahorias. Enjuague las puntas de espárragos. Lave, limpie y corte a la mitad los chícharos y agregue todas estas verduras a la cacerola.

6 Deje hervir hasta que las verduras estén blandas. Mientras tanto, lave las hojas de albahaca y córtelas en tiritas muy delgadas; ralle el queso, y resérvelo.

7 Escurra las verduras y añádalas a la cacerola del caldo de jitomate. Baje la llama e incorpore la crema y las hojas de albahaca.

8 Sazone con sal y pimienta al gusto. Sirva la sopa inmediatamente. Si va a adornar con queso, póngalo en un tazón para espolvorearlo sobre la sopa.

VARIACIÓN
Para hacer una sopa todavía más sustanciosa, añada pollo cocido deshebrado.

INFORMACIÓN NUTRIMENTAL: calorías: 224, hidratos de carbono: 22 g, proteínas: 8 g, grasa: 12 g (grasa saturada: 7 g); buena fuente de vitaminas A, C, E, complejo B y ácido fólico.

TORTITAS DE PAPA CON SALMÓN AHUMADO

ENTREMESES Y BOTANAS

Salmón ahumado, mangos y queso de cabra son algunos de los ingredientes que conforman estos deliciosos entremeses y botanas para agasajar a la familia y a los invitados.

HIGADITOS DE POLLO CON UVAS

Los higaditos de pollo se visten de gala al combinarse con jugosas uvas, tomillo fresco y un chorrito de jerez.

TIEMPO: 20 MINUTOS PORCIONES: 4

---
500 g de hígados de pollo frescos
---
1 chalote
---
1 diente de ajo
---
10 pasitas

Un manojo grande de tomillo fresco
---
1 cucharada de aceite de oliva

Sal y pimienta negra
---
2 cucharadas de jerez seco
---
175 g de uvas blancas y rosadas pequeñas, sin semilla
---
2 rebanadas grandes de pan blanco

Para adornar: un manojito de perejil

1 Lave los higaditos bajo el chorro de agua fría y elimine los nervios con unas tijeras de cocina.

2 Corte los higaditos en trozo, y séquelos con mucho cuidado con una servilleta de tela, en lugar de una papel.

3 Pele el ajo y el chalote. En un molcajete, o un mortero, macháquelos junto con las pasitas, y deje la mezcla a un lado.

4 Lave y seque el tomillo y el perejil. Deshoje el tomillo hasta obtener 2 cucharadas. Pique el perejil y resérvelo para adornar.

5 En una sartén grande, caliente el aceite de oliva y fría los hígados de pollo a fuego medio, revolviendo constantemente para evitar que se peguen.

6 Incorpore la mezcla de chalote, ajo y pasitas a la sartén donde están los hígados. Agregue el tomillo y suficiente pimienta negra.

7 Baje la llama y cocine de 3 a 4 minutos, moviendo constantemente para evitar que el guiso se queme.

8 Agregue el jerez, las uvas y sazone con sal al gusto. Fría los

hígados durante otro minuto más y retire la sartén del fuego; tape la cacerola, y mantenga tibio el guisado.

9 Mientras tanto, tueste el pan y corte cada rebanada en cuatro triángulos.

10 Sirva los higaditos en platos individuales y espolvoréelos con el perejil. Acompañe con el pan tostado.

VARIACIÓN

Añada 225 ml de crema o de yogur descremado a los higaditos y sírvalos como salsa para acompañar una deliciosa pasta cocida.

INFORMACIÓN NUTRIMENTAL: calorías: 242, hidratos de carbono: 20 g, proteínas: 25 g, grasa: 6 g (grasa saturada: 1 g); buena fuente de vitaminas A, C, complejo B, ácido fólico, hierro y cinc.

ENSALADA TROPICAL CON ADEREZO DE LIMÓN

Una ensalada realmente especial que combina el delicioso aguacate con papaya dulce y berros picantes, aderezados con una aromática combinacion a base de limón.

TIEMPO: **20 MINUTOS** PORCIONES: **4**

Para la ensalada:
Un manojo de berros, limpios

2 aguacates maduros, pero firmes

2 papayas hawaianas maduras, pero firmes

Para el aderezo:
1 limón

Sal y pimienta negra

¼ de cucharadita de azúcar

4 cucharadas de aceite de oliva extra virgen

4 cucharadas de aceite de girasol

1 Primero prepare el aderezo. Lave el limón y ralle la cáscara finamente. Exprímalo hasta obtener 2 cucharadas de jugo y colóquelo, junto con la cáscara, en un tazón pequeño. Incorpore sal, pimienta, el azúcar y los aceites y bata la mezcla. Si es necesario añada más jugo de limón. Reserve el aderezo.

2 Corte los aguacates por la mitad y quíteles los huesos; luego, retíreles la cáscara y córtelos en rebanadas, a lo ancho. Quíteles la cáscara y las semillas a las papayas, y pártalas en rebanadas, a lo largo.

3 Lave y seque los berros y forme una cama con ellos sobre cuatro platos para ensalada; acomode encima de cada uno las rebanadas de aguacate y de papaya, y bañe la ensalada con el aderezo.

VARIACIÓN
Puede sustituir las papayas por mangos, y los berros, por hojas de espinacas tiernas.

INFORMACIÓN NUTRIMENTAL: calorías: 472, hidratos de carbono: 20 g, proteinas: 4 g, grasa: 42 g (grasa saturada: 7 g); buena fuente de vitaminas A, C y complejo B.

JAMÓN SERRANO CON PERAS Y PARMESANO

*Servida sobre una cama de hojas selectas, esta combinación es un excelente entremés o almuerzo ligero.
Use aceite de oliva extra virgen afrutado, pues su sabor particular realmente alegrará este platillo.*

TIEMPO: 12 MINUTOS   PORCIONES: 4

1 limón
4 peras para postre pequeñas
Sal y pimienta negra
85 g de hojas mixtas para ensalada
12 rebanadas delgadas de jamón serrano (200 g)
Un trozo de 75 g de queso parmesano
4 cucharadas de aceite de oliva extra virgen

1 Exprima el limón y vierta el jugo en un tazón para mezclar. Lave, seque, descorazone las peras y córtelas en cuartos y luego, en rebanadas a lo largo; añádalas al tazón del jugo y sazónelas ligeramente con pimienta negra.

2 Corte las hojas de ensalada en trozos medianos. Forme una cama de hojas en cada plato. Coloque encima las rebanadas de pera marinadas y las rebanadas de jamón. Agregue sal al gusto.

3 Con un rallador, haga rebanadas muy delgadas de queso parmesano y póngalas sobre la ensalada (vea el recuadro de la derecha). Rocíe encima el aceite de oliva extra virgen, y sirva inmediatamente.

INFORMACIÓN NUTRIMENTAL: calorías: 405, hidratos de carbono: 11 g, proteínas: 20 g, grasa: 31 g (grasa saturada: 11 g); buena fuente de vitamina E, complejo B y calcio.

HÁGALO FÁCILMENTE

Compre un trozo de queso parmesano más grande de lo que necesita, para que al rebanarlo con el pelador pueda sujetarlo firmemente.

SOUFFLÉS DE QUESO DE CABRA

Estos soufflés se elaboran con queso de sabor fuerte y se cubren con nueces tostadas. Además de ser atractivos a la vista y al paladar, son fáciles de hacer y se pueden servir fríos o calientes.

TIEMPO: 30 MINUTOS   PORCIONES: 4

50 g de avellanas, almendras o nueces molidas
25 g de mantequilla a temperatura ambiente
15 g de harina
5 cucharadas de leche
Sal y pimienta negra
100 g de queso de cabra firme
1 yema
3 claras de huevo

1 Precaliente el horno a 190 °C. En una cacerola, ponga a hervir agua. Coloque las nueces molidas en una sartén seca y tuéstelas ligeramente.

2 Con la mitad de la mantequilla, engrase cuatro moldes para hornear de 200 ml. Distribuya las nueces molidas en los cuatro moldes, y agítelos hasta que las paredes y el fondo estén cubiertos de manera uniforme.

3 En una cacerola, derrita la mantequilla restante y fría la harina, sin dejar de mover, durante unos 30 segundos. Retire la cacerola del fuego y agregue la leche sin dejar de mover. Ponga la cacerola en la estufa y cocine a fuego bajo hasta que la salsa espese. Sazone con sal y pimienta al gusto.

4 Corte el queso de cabra en cubitos y añada un poco más de la mitad a la salsa; revuelva bien. Cuando el queso esté casi derretido, retire la cacerola del fuego y añada la yema, revolviendo.

5 Bata las claras a punto de turrón y coloque una tercera parte en la cacerola; incorpore con movimientos envolventes. Añada el resto de las claras batidas e incorpore con movimientos suaves.

6 Reparta el resto de los cubitos de queso en los cuatro moldes y cúbralos con la mezcla para soufflé. Coloque los moldes en una bandeja profunda para hornear y vierta agua de manera que llegue más o menos hasta la mitad de los moldes. Hornee en la parte superior del horno durante aproximadamente 10 minutos, o hasta que los soufflés suban y estén dorados. Sírvalos calientes, recién horneados.

INFORMACIÓN NUTRIMENTAL: calorías: 285, hidratos de carbono: 5 g, proteínas: 13 g, grasa: 24 g (grasa saturada: 10 g); buena fuente de vitamina E y complejo B.

CONSEJO

Use moldes delgados para hornear en lugar de los tradicionales de cerámica, que son más gruesos.

DOS FORMAS DE USAR EL QUESO: (*arriba*) JAMÓN SERRANO CON PERAS Y PARMESANO; (*abajo*) SOUFFLÉS DE QUESO DE CABRA.

ENSALADA DE QUESO DE CABRA Y BERROS

Esta ensalada de queso de cabra asado sobre una cama de tocino y berros se acompaña con un aderezo de ajo y mostaza. Este platillo seguramente abrirá el apetito de sus comensales.

TIEMPO: 20 MINUTOS PORCIONES: 4

250 g de tocino con poca grasa
1 cucharada de aceite vegetal
200 g de queso de cabra suave, de forma redonda
100 g de berros

Para el aderezo:

1 diente de ajo
1 cucharadita de mostaza tipo Dijon
2 cucharaditas de vinagre de vino
2 cucharadas de aceite de oliva extra virgen
Sal y pimienta negra

1 Precaliente el horno a 240 °C. Elimine la grasa del tocino y córtelo en cuadritos. En una cacerola con el aceite, sofría el tocino durante unos 2 minutos y luego retírele el exceso de grasa con servilletas de papel.

2 Para preparar el aderezo, pele el ajo y macháquelo en un tazón pequeño; luego añada la mostaza, el vinagre y el aceite de oliva, y revuelva bien. Sazone con sal y pimienta al gusto.

3 Forre una bandeja para hornear con papel de aluminio. Corte el queso en cuatro rodajas gruesas y colóquelas en la bandeja. Hornee durante 5 minutos o hasta que el queso empiece a derretirse y esté ligeramente dorado.

4 Mientras tanto, lave y seque los berros y, en una ensaladera, mézclelos con el tocino. Vierta el aderezo y revuelva ligeramente. Divida la ensalada en cuatro platos extendidos.

5 Saque el queso del horno y coloque una porción en el centro de cada plato. Sirva inmediatamente.

INFORMACIÓN NUTRIMENTAL: calorías: 364, hidratos de carbono: 3 g, proteínas: 17 g, grasa: 28 g (grasa saturada: 12 g); buena fuente de vitamina C, calcio y fósforo.

VOLOVANES DE CEBOLLA Y CHALOTE CON ENSALADA

La cebolla morada y los chalotes son idóneos para hornearse rápidamente sin perder su sabor y consistencia crujiente.

TIEMPO: 30 MINUTOS PORCIONES: 4

2 cebollas moradas pequeñas
4 chalotes grandes
250 g de pasta hojaldrada
1 huevo
12 ramitas de tomillo fresco
4 cucharadas de aceite de oliva
Sal y pimienta negra

Para la ensalada:

85 g de hojas de espinacas tiernas
85 g de berros
25 g de nueces, en mitades
35 g de queso crema
3 cucharadas de crema batida
1 cucharada de aceite de nuez
1 cucharadita de vinagre

HÁGALO FÁCILMENTE

Una cuchara de madera facilita el trabajo de suavizar e integrar el queso crema y la crema, para preparar el aderezo de la ensalada.

1 Precaliente el horno a 220 °C. Pele las cebollas y los chalotes. Parta las cebollas en rebanadas delgadas, y los chalotes, en cuartos. Resérvelos.

2 Ponga la pasta hojaldrada sobre una superficie enharinada y divídala en dos mitades. Con cada mitad forme un rectángulo de 30 x 15 cm. Corte dos círculos de cada rectángulo, utilizando un plato de unos 15 cm de diámetro. Ponga los círculos en una bandeja grande para hornear.

3 Bata el huevo y barnice con él los círculos de hojaldre, cuidando que no se escurra por las orillas.

4 Coloque un puñado de cebolla y chalote en el centro de cada círculo, dejando libre una orilla de unos 2 cm. Ponga tres ramitas de tomillo sobre cada porción de cebolla y de chalote.

5 Barnice ligeramente las cebollas y los chalotes con aceite de oliva y sazone con sal y pimienta al gusto. Meta al horno los volovanes y hornéelos durante aproximadamente 20 minutos, o hasta que estén esponjados y dorados.

6 Mientras tanto, prepare la ensalada. Lave, seque y pique las hojas de espinaca y los berros y póngalos en una ensaladera. Pique las nueces y añádalas a la ensalada.

7 Ponga el queso crema en un recipiente pequeño. Vierta la crema batida y revuelva bien (vea el recuadro superior). Después, añada el aceite de nuez y el vinagre y mézclelos; sazone con pimienta negra al gusto y un poco de sal. Vierta el aderezo sobre la ensalada y revuélvala ligeramente.

8 Cuando los volovanes estén listos, sírvalos en platos individuales y acompáñelos con una porción de ensalada previamente aderezada.

VARIACIÓN

Si desea variar el sabor, también puede utilizar queso Camembert o cualquier otro queso blando de su preferencia.

INFORMACIÓN NUTRIMENTAL: calorías: 545, hidratos de carbono: 49 g, proteínas: 15 g, grasa: 34 g (grasa saturada: 8 g); buena fuente de vitaminas A, C, E, complejo B, ácido fólico y calcio.

Huevos revueltos estilo hindú

Muy diferentes de los tradicionales huevos para el desayuno, estos originales huevos revueltos se sazonan con sabores orientales y se cubren con crujiente cebolla dorada.

TIEMPO: 25 MINUTOS PORCIONES: 2

Aceite
1 cebolla mediana
50 g de mantequilla
1 trozo de 2.5 cm de jengibre fresco
2 chiles verdes
4 huevos
2 cucharadas de cilantro, desinfectado y picado finamente
¼ de cucharadita de cúrcuma
Sal y pimienta negra
Para servir: chutney de mango

1 En una sartén pequeña, caliente 5 cm de aceite. Pele la cebolla y pártala por la mitad. Rebane finamente una mitad, y fríala a fuego bajo hasta que esté dorada. Pique finamente el resto de la cebolla.

2 En otra cacerola, derrita la mantequilla y añádale un chorrito de aceite para evitar que se queme. Agregue la cebolla picada y acitrónela, moviendo constantemente, a fuego bajo durante 5 minutos, o hasta que esté blandita.

3 Quítele la piel al jengibre y rállelo. Corte los chiles por la mitad y desvénelos, y píquelos finamente. Incorpore los chiles a la cacerola en la que se acitronó la cebolla picada y cocine durante 1 minuto. Retire la cacerola del fuego.

4 Bata ligeramente los huevos en un recipiente; añada cúrcuma, sal y pimienta, y revuelva bien. Vierta la mezcla en la cacerola de la cebolla picada y cocine a fuego bajo durante 3 minutos, o hasta que los huevos estén cocidos.

5 Incorpore el cilantro, revuelva y sirva en platos extendidos. Coloque encima de cada porción algunas rodajas de cebolla dorada. Acompañe con chutney de mango.

INFORMACIÓN NUTRIMENTAL: calorías: 666, hidratos de carbono: 15 g, proteínas: 23 g, grasa: 58 g (grasa saturada: 20 g); buena fuente de vitaminas A, E, complejo B, ácido fólico, hierro y cinc.

TORTITAS DE PAPA CON SALMÓN AHUMADO

La sencilla tortita de papa se transforma en un sofisticado entremés cuando se combina con cebolla y se corona con crema espesa y finas tiras de salmón ahumado.

TIEMPO: 30 MINUTOS   PORCIONES: 4–6

500 g de papas blancas
1 cebolla mediana, finamente picada
1 huevo
2 cucharadas de harina integral
Sal y pimienta negra
Aceite de girasol
200 g de salmón ahumado
150 ml de crema agria, espesa

Para adornar: ramitas de eneldo fresco o de perejil

1 Precaliente el horno a temperatura baja. Pele las papas y rállelas. Ponga la papa rallada y la cebolla picada en un colador, y presione fuertemente con una cuchara para que escurra la mayor cantidad de líquido posible.

2 Pase las papas y la cebolla a un recipiente; agregue el huevo, la harina, la sal y la pimienta, y mezcle muy bien.

3 Vierta el aceite en una sartén hasta una altura de unos 8 mm y caliente a fuego alto.

4 Coloque una cucharada de la mezcla de papa en el aceite y aplánela para formar una tortita de unos 5 cm de diámetro. Agregue más cucharadas de la mezcla de papa y fría entre cuatro y seis tortitas a la vez durante aproximadamente 1 minuto, o hasta que estén doradas por ambos lados.

5 Retire las tortitas de la sartén, póngalas sobre papel absorbente y manténgalas calientes en el horno mientras cocina el resto.

6 Corte el salmón en tiritas. Lave y seque el eneldo, o el perejil. Sirva cada tortita cubierta de crema agria, agregue unas tiritas de salmón y adorne con eneldo o perejil.

INFORMACIÓN NUTRIMENTAL, SI SON 4 POR-CIONES: calorías: 342, hidratos de carbono: 28 g, proteínas: 20 g, grasa: 18 g (grasa saturada: 6 g); buena fuente de vitaminas C, E, complejo B, ácido fólico y selenio.

CONSEJO

Los recortes de salmón ahumado ahorran tiempo, ya que no necesitan picarse; saben tan bien como el salmón ahumado que viene en filetes y son más baratos.

HUEVOS BENEDICTINOS RÁPIDOS

Una sencilla mezcla de mayonesa, crema espesa, raíz fuerte y hierbas es una lujosa alternativa para la clásica salsa holandesa de los auténticos huevos benedictinos.

TIEMPO: 25 MINUTOS   PORCIONES: 4

Unas ramitas de albahaca, cebollines, perejil y tomillo

125 ml de doble crema espesa

125 ml de mayonesa

1 cucharadita de salsa de raíz fuerte

2 bísquets

4 rebanadas gruesas de jamón de pierna (vea el recuadro de Consejo, pág. siguiente)

4 huevos

Sal y pimienta negra

1 Precaliente el horno eléctrico a temperatura alta. Lave, seque y pique finamente las hierbas; reserve un poco de perejil para adornar.

2 En una cacerola, mezcle las hierbas con la crema, la mayonesa y la salsa de raíz fuerte. Caliente la mezcla ligeramente sin permitir que hierva. Retire la cacerola del fuego, tápela y manténgala caliente.

3 Corte los bísquets por la mitad y dórelos por ambos lados en el horno. Apague el horno, coloque una rebanada de jamón de pierna sobre cada bísquet y déjelos unos minutos en el horno para que se calienten ligeramente.

4 Prepare los huevos en un recipiente para escalfar huevos.

5 Ponga en cada plato una mitad de bísquet con jamón y coloque encima un huevo escalfado. Bañe los huevos con la salsa, agregue sal y pimienta al gusto y, finalmente, decore con un poco de perejil picado.

CONSEJO

El jamón de pierna que se corta de la pieza tiene un sabor suculento y una textura seca, los cuales son infinitamente superiores a los del jamón que se consigue ya rebanado en paquete.

VARIACIÓN

Para lograr un sabor más acentuado, puede freír ligeramente el jamón en un poco de aceite de oliva.

INFORMACIÓN NUTRIMENTAL: *calorías: 638, hidratos de carbono: 21 g, proteínas: 23 g, grasa: 52 g (grasa saturada: 17 g); buena fuente de vitaminas A, E, complejo B y selenio.*

PATÉ DE QUESO Y JEREZ

Las hierbas frescas y el jerez dulce le dan sabor a dos quesos fuertes en una pasta cremosa que se puede servir como botana o guarnición.

TIEMPO: 10 MINUTOS PORCIONES: 4

75 g de queso de cabra, o de oveja, duro
75 g de queso Roquefort
Un manojito de cebollines
6 hojas de salvia fresca
1 diente de ajo
4 cucharadas de jerez dulce

Para servir: tostadas Melba, palitos o panecillos de avena

1 Quíteles la corteza a los quesos. Limpie, lave y seque los cebollines y la salvia y pele el ajo. Ponga los quesos, los cebollines, la salvia y el ajo en un procesador de alimentos o en la licuadora, y muela hasta formar una pasta gruesa.

2 Añada el jerez y licue. Vierta la mezcla en un plato. Si no la va a usar inmediatamente, cúbrala con envoltura autoadherible transparente y guárdela en un lugar fresco, pero no la refrigere.

VARIACIÓN

Varíe los quesos y las hierbas al gusto; o bien, use brandy en lugar de jerez.

INFORMACIÓN NUTRIMENTAL: *calorías: 171, hidratos de carbono: 2 g, proteínas: 9 g, grasa: 13 g (grasa saturada: 8 g); buena fuente de vitamina E.*

PATÉ DE BERENJENA

Delicado paté de berenjena con hierbas y especias, ideal para iniciar una comida o para servirse como botana.

TIEMPO: 30 MINUTOS PORCIONES: 4

2 cucharadas de aceite de oliva
1 cebolla mediana
1 berenjena grande, firme
10 jitomates deshidratados en conserva
6 pepinillos pequeños
3 dientes de ajo, sin piel
Unas ramitas de tomillo, fresco
Unas ramitas de perejil, fresco
1 cucharadita de mostaza de grano entero
1 cucharadita de vinagre balsámico
2 cucharaditas de alcaparras
1 baguette rebanada, tostada
Sal y pimienta negra

1 En una sartén, caliente ligeramente el aceite. Pele la cebolla, píquela finamente y fríala durante 5 minutos, o hasta que esté blandita.

2 Lave la berenjena y pártala en cubos de 1 cm. Añádalos a la cebolla y sofría sin dejar de mover, a fuego moderado, unos 10 minutos, o hasta que estén blandos.

3 Escurra y pique los jitomates y los pepinillos y añádalos a la berenjena. Pele el ajo y macháquelo sobre la berenjena.

4 Enjuague y seque el tomillo y el perejil. Deshójelos y pique las hojas. Reserve un poco de perejil, para adornar, y agregue el resto de las hierbas a la sartén junto con la mostaza, el vinagre y las alcaparras. Deje cocer a fuego bajo durante 5 minutos, moviendo constantemente.

5 Sazone la mezcla de la berenjena con sal y pimienta al gusto, y macháquela.

6 Sirva el paté en platos individuales, espolvoree con el perejil y acompañe con el pan.

INFORMACIÓN NUTRIMENTAL: calorías: 357, hidratos de carbono: 55 g, proteínas: 10 g, grasa: 12 g (grasa saturada: 1 g); buena fuente de vitaminas C, E, complejo B y selenio.

CONSEJO

Este paté sabe bien frío o caliente; se puede preparar con anticipación y servir refrigerado, o bien recalentarse justo antes de servirse.

BRUSCHETTA DE VERDURAS A LA PARRILLA

Asar a la parrilla realza los sabores dulces de una variedad de verduras que después se apilan sobre un pan crujiente untado con ajo y jitomate para darle un toque muy original.

TIEMPO: 30 MINUTOS PORCIONES: 4

1 pimiento rojo mediano
1 pimiento amarillo mediano
2 calabacitas pequeñas
1 cabeza de hinojo mediana
1 cebolla morada
5 cucharadas de aceite de oliva
2 dientes de ajo
1 jitomate pequeño
1 baguette
Sal y pimienta negra
6 hojas grandes de albahaca

1 Precaliente el asador a temperatura alta. Lave y desvene los pimientos, y pártalos a lo largo. Lave las calabacitas, córteles las puntas, y pártalas en diagonal. Lave el hinojo, quítele las puntas y rebánelo a lo largo. Pele la cebolla y pártala en rodajas.

2 Cubra la rejilla del asador con una sola capa de verduras, colocando los pimientos con la piel hacia abajo. Barnícelas con aceite de oliva y áselas sólo por un lado, hasta que las verduras estén ligeramente doradas, pero firmes.

3 Mientras tanto, pele los ajos y lave los jitomates, y parta ambos por la mitad. Corte el pan por la mitad y, luego, en cuartos; tuéstelo por ambos lados.

4 Unte cada rebanada de pan con el ajo y el jitomate, luego apile las verduras asadas en cada rebanada.

Salpique el resto del aceite sobre las verduras, y salpimiente al gusto. Enjuague, seque y parta con las manos las hojas de albahaca y colóquelas sobre las bruschettas.

INFORMACIÓN NUTRIMENTAL: calorías: 224, hidratos de carbono: 26 g, proteínas: 11 g, grasa: 16 g (grasa saturada: 2 g); buena fuente de vitaminas A, C, E, complejo B y ácido fólico.

71

RELLENOS PARA SÁNDWICHES

La maravillosa variedad de panes que hay actualmente en los mercados hace que la gran invención inglesa, el sándwich, sea aún más apetecible. Sólo se necesita un poco de imaginación.

Todos tenemos nuestro relleno de sándwich favorito: jamón con lechuga y mostaza; rosbif con tocino; huevos con salchichas, o tocino, lechuga y jitomate. Pero con un poco de imaginación, usted puede hacer algunos cambios.

En lugar de usar mantequilla o margarina, unte el pan con mayonesa, pesto, pasta de jitomates deshidratados o algún nuevo y delicioso chutney.

Aquí le presentamos seis rellenos originales que combinan ingredientes poco comunes para convertir una botana en un festín.

HUMMUS Y DÁTILES NATURALES

Tueste ligeramente un pan pita por ambos lados; luego, ábralo, úntele hummus y coloque de cuatro a cinco dátiles, abiertos y deshuesados, y unas hojas de cilantro fresco picado para preparar un sándwich vegetariano.

CREMA DE CACAHUATE CON ARÁNDANOS

A dos rebanadas de pan multigrano únteles crema de cacahuate con trocitos. Agregue un poco de jalea de arándano, comprada o hecha en casa, a una de las rebanadas, y luego agregue mucha lechuga romana rebanada y apio picado. Póngale sal y pimienta al gusto, y cubra con la otra rebanada.

QUESO BRIE CON UVAS

Corte una baguette en dos o tres pedazos y abra cada uno a lo largo, sin cortarlos completamente. Corte rebanadas delgadas de queso Brie y colóquelas sobre las rebanadas de baguette. Muela un poco de pimienta sobre el queso. Corte por la mitad algunas uvas sin semilla, blancas o rojas, y acomódelas sobre el queso. Ponga las tapas del pan y decore cada plato con un pequeño racimo de uvas.

SALMÓN AHUMADO CON PEPINO Y QUESO CREMA

Abra por la mitad un bagel, bísquet o cualquier otro tipo de pan, y tuéstelo durante 1 minuto, por cada lado. Úntele queso crema a una mitad del pan; póngale rebanadas de salmón ahumado dobladas; cúbralas con rodajas de pepino muy delgadas, y espolvoree una pizca de eneldo picado. Muela un poco de pimienta negra sobre el relleno y cubra con la otra mitad del pan.

PAVO, AGUACATE Y PESTO

Parta cuatro *croissants* a la mitad y únteles un poco de pesto. Corte rebanadas delgadas de aguacate y acomódelas sobre las mitades de los *croissants*. Cúbralas con rebanadas muy delgadas de pavo y coloque algunas rebanadas de jitomates deshidratados sobre el pavo. Sazone con un poco de sal y pimienta, coloque las tapas y sirva.

PURÉ DE FRAMBUESA CON PLÁTANO

Finalmente, para hacer un grandioso sándwich dulce, tueste algunas rebanadas de pan y rellénelas con plátano machacado con frambuesas (frescas o descongeladas).

RELLENOS DE FRUTAS PARA SÁNDWICHES: *(izquierda)* QUESO BRIE CON UVAS; *(centro)* CREMA DE CACAHUATE CON ARÁNDANOS; *(derecha)* HUMMUS Y DÁTILES NATURALES; *(abajo, izquierda)* PAVO, AGUACATE Y PESTO.

CROQUETAS DE PAPA

En la India, estas aromáticas y exquisitas croquetas de papa condimentadas, conocidas como
aloo tiki, *se comen calientes o frías con chutney de menta o salsa catsup.*

**TIEMPO: 30 MINUTOS RINDE:
8 CROQUETAS**

500 g de papas
Sal
1 cebolla mediana
¼ de cucharadita de chile en polvo
1 cucharada de garam masala (vea pág. 35)
1 limón
Un manojo de cilantro fresco
3 cucharadas de aceite vegetal
15 g de mantequilla

1 Pele y parta las papas en cubos, póngalas en una olla y cúbralas con agua fría con sal. Tape y caliente a fuego alto hasta que hiervan, y coci-ne a fuego medio por 10 minutos, o hasta que las papas estén tiernas.

2 Pele y ralle la cebolla sobre una capa doble de papel absorbente; ponga otro papel encima, y presione para sacarle algo de líquido; luego, póngala en un recipiente. Agregue el chile, el garam masala y una pizca de sal, y revuelva.

3 Exprima el limón y añada el jugo a la cebolla. Lave el cilantro y reserve unas ramitas; pique el resto, y añádalas al recipiente. Escurra las papas, agréguelas a las cebollas y macháquelas. Forme con esa mezcla ocho croquetas.

4 En una sartén, caliente el aceite y la mantequilla. Agregue las croquetas y fríalas de 2 a 3 minutos de cada lado.

5 Escúrralas sobre papel absorbente y adórnelas con el cilantro que reservó y con el chutney.

INFORMACIÓN NUTRIMENTAL, SI SON 2: calorías: 194, hidratos de carbono: 21 g, proteínas: 3 g, grasa: 12 g (grasa saturada: 3 g); buena fuente de vitamina C y complejo B.

CONSEJO

Estas ricas croquetas también se pueden preparar con anticipación usando restos de papa de otras recetas.

BOCADILLOS DE PESTO Y QUESO DE CABRA

Bocadillos asados a la parrilla, con pesto rojo condimentado y queso de cabra derretido,
combinan con una original ensalada de jitomate.

TIEMPO: 15 MINUTOS PORCIONES: 4

8 jitomates pequeños

12 jitomates deshidratados en aceite

3 cucharadas de aceite de oliva

1 cucharada de vinagre balsámico

Sal y pimienta negra

1 baguette

5 cucharadas de pesto rojo
(vea recuadro de Consejo, pág. 112)

175 g de queso de cabra suave

1 Precaliente el asador a temperatura alta. Lave, seque y parta los jitomates en rodajas delgadas, y distribúyalas en cuatro platos. Escurra y parta en rebanadas muy delgadas los jitomates deshidratados, y luego póngalos sobre los frescos.

2 Rocíe el aceite de oliva y el vinagre balsámico sobre los jitomates y sazone con sal y pimienta al gusto.

3 Para hacer los bocadillos, parta la baguette en 12 rebanadas diagonales. Unte cada una con el pesto rojo, ponga 1 cucharada de queso de cabra sobre cada rebanada y sazone con pimienta.

4 Ponga los bocadillos en una bandeja para asar, y áselos 2 minutos.

5 Ponga tres bocadillos junto a la ensalada de jitomates de cada plato.

INFORMACIÓN NUTRIMENTAL: calorías: 567, hidratos de carbono: 27 g, proteínas: 17 g, grasa: 44 g (grasa saturada: 11 g); buena fuente de vitaminas A, C, E y complejo B.

CONSEJO

Los bocadillos de queso se pueden preparar por anticipado. Guárdelos en el refrigerador y caliéntelos al momento de servir.

TRES ENTREMESES SENCILLOS

CREMA DE AGUACATE Y BERROS

La combinación de aguacate cremoso con berros calientes da como resultado un puré que puede comerse a cucharadas o servirse como dip.

TIEMPO: 18 MINUTOS PORCIONES: 4

Un manojo de berros
Unas ramas de perejil
Rabos de cebollitas de Cambray
1 diente de ajo
1 limón
Unas hojas de albahaca
4 cucharadas de aceite de oliva
2 aguacates grandes
Sal y pimienta negra
1 cucharada de granos de pimienta verde en escabeche

1 Deseche los tallos de los berros, y enjuague y seque las hojas. Lave y seque el perejil y deshójelo.
2 Lave y pique los rabos de las cebollitas, y muélalos junto con los berros y el perejil en la licuadora.
3 Pele el ajo y macháquelo sobre la mezcla de perejil y berros. Lave muy bien el limón, ralle la cáscara y añádala a la mezcla junto con el jugo del limón. Enjuague y seque las hojas de albahaca; pique algunas y déjelas aparte para adornar. Agregue el resto a la mezcla junto con el aceite de oliva.
4 Parta los aguacates por la mitad y quíteles el hueso. Con una cuchara, extráigales la pulpa y añádala a la licuadora; sazone la mezcla con sal y pimienta al gusto y licue hasta obener una pasta tersa y homogénea.
5 Ponga varias cucharadas de la mezcla dentro de las cáscaras de aguacate; espolvoree con los granos de pimienta y la albahaca picada, y sirva.

INFORMACIÓN NUTRIMENTAL: calorías: 321, hidratos de carbono: 2 g, proteínas: 3 g, grasa: 33 g (grasa saturada: 6 g); buena fuente de vitaminas C, E y complejo B.

DIP DE HIERBAS FRESCAS CON CREPAS DE GARBANZO

Un festín de hierbas veraniegas se combinan en este dip con sabor a limón, servido con deliciosos panecillos.

TIEMPO: 30 MINUTOS PORCIONES: 4

Para el dip de hierbas:
Unas ramas de albahaca, cebollines, eneldo y/o perejil
200 ml de crema
½ limón
1 diente de ajo pequeño
Sal y pimienta negra
Para las crepas:
115 g de harina de garbanzo
115 g de harina de trigo
2 cucharadas de aceite de oliva
400 ml de agua tibia

1 Para preparar el dip de hierbas, lave, seque y pique finamente suficientes hierbas para obtener 4 cucharadas. Ponga las hierbas en un recipiente pequeño con la crema y 1 cucharada de jugo de limón. Pele y machaque el ajo en el dip, mezcle y salpimiente al gusto.
2 Para preparar las crepas, coloque las harinas en un recipiente. Añada el aceite y el agua gradualmente, mientras bate hasta que la pasta obtener una pasta homogénea y tersa; después, póngala en una taza para medir.
3 Caliente a fuego alto una sartén antiadherente, y agregue 45 ml de la pasta, inclinando la sartén para cubrir el fondo de manera uniforme. Voltee la crepa cuando esté ligeramente dorada, y cuézala del otro lado.
4 Pase la crepa a un plato y enróllela. Repita la operación y sirva las crepas con el dip.

INFORMACIÓN NUTRIMENTAL: calorías: 429, hidratos de carbono: 38 g, proteínas: 10 g, grasa: 27 g (grasa saturada: 14 g); buena fuente de vitamina E y complejo B.

PATÉ DE SALMÓN

El queso crema con un toque de salsa picante hace un paté de salmón casi instantáneo. Ideal como entremés, también podría ser el relleno de un elegante sándwich.

TIEMPO: 30 MINUTOS PORCIONES: 4

Un manojo de cebollines
Un manojo de eneldo fresco
Un manojo de perejil fresco
425 g de salmón enlatado, sin espinas
150 g de queso crema
1 limón
1 cucharadita de salsa Tabasco
Sal y pimienta negra
Para servir: pan negro, pan tostado, galletas saladas o bísquets

1 Enjuague, seque y pique los cebollines, el eneldo y el perejil y mézclelos en un tazón pequeño.
2 En un tazón, mezcle el salmón con el queso crema.
3 Exprima el limón y añada el jugo a la mezcla de salmón, poco a poco. Agregue la salsa Tabasco y las hierbas y muela la mezcla en la licuadora, o con el procesador manual, hasta obtener un puré terso.
4 Sazone con sal y pimienta al gusto y con más jugo de limón, y ponga el paté en un recipiente o en moldes individuales. Refrigere durante unos 15 minutos.
5 Sirva el paté con pan, tostadas o galletas saladas.

INFORMACIÓN NUTRIMENTAL: calorías: 362, hidratos de carbono: 16 g, proteínas: 22 g, grasa: 24 g (grasa saturada: 12 g); buena fuente de vitaminas A, E, complejo B y selenio.

TRES CREMOSOS ENTREMESES SALADOS:
(arriba, izquierda) CREMA DE AGUACATE Y BERROS; *(centro)* PATÉ DE SALMÓN; *(abajo)* DIP DE HIERBAS FRESCAS CON CREPAS DE GARBANZO.

MANZANA CON QUESO A LA PARRILLA

Parta en rebanadas gruesas una hogaza de buen pan integral, para preparar esta versión frutal de queso con pan tostado.

TIEMPO: 15 MINUTOS PORCIONES: 4

---

2 manzanas rojas pequeñas

4 rebanadas gruesas de pan integral cortadas de una hogaza grande

150 g de queso Cheddar o Emmental

Un poco de mantequilla

8 hojas de salvia

Pimienta negra

---

1 Precaliente el asador, o el horno eléctrico, a la temperatura más alta. Lave las manzanas, quíteles el corazón y pártalas en rebanadas finas.

2 Tueste el pan por un lado en la bandeja del asador. Mientras tanto, ralle finamente el queso.

3 Voltee el pan y unte el lado no tostado con mantequilla. Coloque rebanadas de manzana en cada pan y cúbralas con queso. Caliente durante unos 5 minutos o hasta que el queso se derrita.

4 Lave y pique finamente la salvia. Cuando las tostadas estén listas, espolvoréelas con la salvia picada y la pimienta negra, y sirva de inmediato.

INFORMACIÓN NUTRIMENTAL: calorías: 357, hidratos de carbono: 26 g, proteínas: 14 g, grasa: 23 g (grasa saturada: 14 g); buena fuente de vitaminas A, E, complejo B, calcio y selenio.

CONSEJO

Estas tostadas adquieren un sabor diferente dependiendo del queso que use. Aunque el queso Cheddar y el Emmental se derriten bien y tienen un peculiar sabor; también puede usar manchego.

HUEVOS CON CANGREJO

Horneados y servidos en refinados moldes, estos huevos sobre una cama de carne de cangrejo son deliciosos.

TIEMPO: 25 MINUTOS   PORCIONES: 4

Un poco de mantequilla
175 g de imitación de carne de cangrejo (surimi)
4 cucharaditas de brandy
4 huevos
Sal y pimienta negra
4 cucharadas de crema
Pimienta de Cayena
Para adornar: unas ramas de perejil
Para servir: pan tostado, mantequilla para untar

1 Precaliente el horno a 190 °C. Con mantequilla, engrase ligeramente cuatro moldes individuales.

2 Ponga una cuarta parte de la carne de cangrejo en el fondo de cada molde y rocíe cada uno con 1 cucharadita de brandy.

3 Con mucho cuidado, rompa un huevo en cada molde. Sazone con sal y pimienta, y luego vierta 1 cucharada de crema alrededor de cada yema. Espolvoree encima un poco de pimienta de Cayena.

4 Coloque los moldes en una charola para hornear y métalos al horno durante unos 10 minutos, o hasta que las claras estén cocidas pero las yemas sin cocerse totalmente.

5 Mientras tanto, enjuague, seque y pique finamente el perejil. Prepare el pan tostado y úntele mantequilla.

6 Sirva los huevos calientes, en sus moldes; espolvoréelos con el perejil, y acompañe con el pan tostado.

VARIACIÓN

Utilice tiritas de salmón y unas gotas de jerez, en lugar del cangrejo y del brandy; o bien, use 2 filetes de anchoas picados con un poco de tomillo picado y unas gotas de brandy.

INFORMACIÓN NUTRIMENTAL: calorías: 293, hidratos de carbono: 25 g, proteínas: 19 g, grasa: 13 g (grasa saturada 5 g); buena fuente de vitaminas A, E, complejo B, selenio y cinc.

CONSEJO

Un poco de brandy le da un excelente sabor a la carne de cangrejo y a algunos otros mariscos.

PIZZAS DE PAN PITA

Cuando no tenga tiempo para preparar la pasta para pizza, pruebe estas interesantes alternativas hechas con pan pita cubierto de salsa de jitomate y chile, tres quesos y una mezcla de ricas verduras.

TIEMPO: 27 MINUTOS PORCIONES: 2

Aceite para engrasar
2 piezas de pan pita integral
3 cucharadas de puré de tomate
½ cucharadita de salsa Tabasco
75 g de queso mozzarella y 75 g de queso Cheddar
1 cebolla morada mediana
2 jitomates medianos
½ pimiento rojo, o verde, grande
1 diente de ajo
1 cucharada de aceite de oliva
4 aceitunas negras

Para adornar: unas ramas de mejorana y albahaca frescas, 25 g de queso parmesano

1 Precaliente el horno a 190 °C. Engrase una bandeja para hornear con un poco de aceite. Con un cuchillo, abra los panes pita y pártalos a la mitad.

2 Mezcle el puré de tomate con la salsa Tabasco. Unte un poco de esta mezcla a cada mitad de pan pita, y acomódelas en la bandeja para hornear.

3 Ralle los quesos mozzarella y Cheddar juntos y espolvoréelos sobre los panes.

4 Pele y parta la cebolla en rodajas delgadas. Lave y seque los jitomates y el pimiento. Parta el jitomate en rodajas. Quítele las semillas al pimiento y píquelo finamente. Ponga la cebolla y los jitomates sobre el queso y coloque encima el pimiento picado.

5 Pele el ajo; en un recipiente, macháquelo y mézclelo con el aceite de oliva, y ponga un poco sobre las pizzas. Ponga una aceituna en el centro de cada porción y hornee durante unos 10 minutos.

6 Mientras tanto, enjuague y seque las hierbas; deshójelas, y póngalas en un tazón. Ralle el queso parmesano sobre ellas y mezcle.

7 Saque los panes pita del horno; espolvoréelos con la mezcla de hierbas y queso parmesano, y sirva.

VARIACIÓN

En lugar de pan pita integral, que es una base blanda para la pizza, use pan pita blanco, que adquiere una textura más crujiente al hornearse.

INFORMACIÓN NUTRIMENTAL: calorías: 628, hidratos de carbono: 53 g, proteínas: 27 g, grasa: 36 g (grasa saturada: 13 g); buena fuente de vitaminas A, C, E, complejo B, ácido fólico, calcio y cinc.

ENSALADA DE MELÓN Y CAMARONES

ENSALADAS

El refrescante sabor de las hojas y hierbas de verano, y el aroma de aceites y especias, son todo un tesoro de ingredientes especiales para preparar una deliciosa variedad de ensaladas.

ENSALADA DE SALMÓN Y ESPÁRRAGOS

Un aderezo aterciopelado de mango, yogur y mostaza, con un sutil toque de anís, le dan al salmón recién cocinado un suntuoso sabor, muy adecuado para una cena veraniega.

TIEMPO: 25 MINUTOS PORCIONES: 4

4 filetes de salmón (675 g)
1 cucharada de aceite de oliva
200 g de espárragos
1 tallo de apio grande
250 g hojas mixtas para ensalada

Para el aderezo:
2 mangos grandes
4 cebollines
100 g de yogur natural
1 cucharadita de mostaza de grano entero
1 cucharada de Pernod
Pimienta negra

1 En una cacerola, ponga a hervir agua. Retírele la piel y las espinas al salmón y pártalo en cubos grandes. En una sartén, ponga el aceite de oliva, agregue el salmón y fríalo

durante unos 3 minutos, o hasta que se cueza y dore un poco. Páselo a una toalla de papel, para que absorba el aceite.

2 Lave los espárragos y córteles las puntas, y luego pártalos en trozos de unos 4 cm; cúbralos con el agua hirviendo y blanquéelos durante 2 minutos. Enjuáguelos bajo el chorro de agua fría y escúrralos.

3 Para preparar el aderezo, pele y parta los mangos en cubos, y póngalos en la licuadora; añada los cebollines, previamente lavados, el yogur, la mostaza y el Pernod, y licue todo a punto de puré. Agregue pimienta al gusto.

4 Lave y pique finamente el apio y póngalo en un recipiente junto con el salmón y los espárragos. Añada el aderezo, revuelva ligeramente, cuidando que no se rompa el salmón.

5 Corte, lave y seque las hojas para ensalada, acomódelas en cuatro platos y agregue la mezcla de salmón.

VARIACIÓN

Puede utilizar vermut blanco como sustituto del sabor anisado del Pernod.

INFORMACIÓN NUTRIMENTAL: calorías: 576, hidratos de carbono: 33 g, proteínas: 48 g, grasa: 28 g (grasa saturada: 5 g); buena fuente de vitaminas A, C, E, complejo B, ácido fólico, selenio y cinc.

CONSEJO

El aderezo se puede preparar con anticipación, al igual que el pescado. Al momento de servir, se prepara la ensalada.

ENSALADA DE ARROZ SILVESTRE E HINOJO

Uvas, naranja y pasitas añaden dulzura a una ensalada muy original, con los sabores naturales del arroz silvestre, las avellanas picadas y un aderezo de aceite de nueces, hierbas y vinagre de vino blanco.

TIEMPO: 30 MINUTOS PORCIONES: 4

175 g de mezcla de arroz silvestre y arroz de grano largo instantáneo

Sal

250 g de pepino

250 g de hinojo

6 cebollitas de Cambray

125 g de uvas rojas sin semilla

50 g de avellanas sin cáscara

25 g de pasitas

Para el aderezo:

1 naranja

3 ramas de perifollo o de perejil

2 ramas de estragón y de perejil

6 cucharadas de aceite de avellanas

1 cucharada de vinagre de vino

Sal y pimienta negra

Para adornar: 4 ramas de estragón

1 En una cacerola, caliente 425 ml de agua. Agregue el arroz y un poco de sal. Tape la cacerola y cueza a fuego bajo unos 20 minutos, o hasta que el arroz esté cocido y haya absorbido toda el agua.

2 Mientras tanto, pele y parta en cubitos el pepino; lave el hinojo y quítele las puntas, y rebane finamente las cebollitas de Cambray. Parta las uvas en mitades y coloque todo en una ensaladera. Pique las avellanas y mézclelas con las pasas.

3 Lave y seque la naranja y ralle la cáscara sobre la ensalada.

4 Para hacer el aderezo, exprima la naranja para obtener 3 cucharadas de jugo, y viértalo en un recipiente pequeño. Lave y pique finamente las hierbas y agréguelas al jugo junto con el aceite y el vinagre. Mezcle y agregue sal y pimienta al gusto.

5 Enjuague el arroz bajo el chorro de agua fría, escúrralo y mézclelo con la ensalada; bañe con el aderezo, y adorne con ramas de estragón.

INFORMACIÓN NUTRIMENTAL: calorías: 459, hidratos de carbono: 50 g, proteínas: 7 g, grasa: 26 g (grasa saturada: 2 g); buena fuente de vitaminas C, E y complejo B.

CONSEJO

Esta original y sabrosa ensalada se puede preparar con anticipación y servirse como guarnición para platillos con pollo.

ENSALADA DE CARNE ESTILO TAILANDÉS

En esta ensalada, que también puede ser platillo principal, se combinan la carne magra de res y una variedad de crujientes verduras frescas con los fragantes sabores orientales del limón y de las hierbas de sabor fuerte.

TIEMPO: 30 MINUTOS PORCIONES: 4

350 g de hojas de lechuga fresca
175 g de pepino
2 zanahorias medianas
115 g de germinado de soya fresco
1 diente de ajo
500 g de bistecs crudos de res
Un manojo de cilantro fresco
Un manojo de albahaca
2 cucharaditas de aceite vegetal

2 limones
1 cucharada de salsa de chile dulce
2 cucharadas de aceite de oliva

1 Lave la lechuga y el pepino; pique finamente la primera y parta en cubos el segundo. Pele las zanahorias y rállelas. Lave y escurra el germinado de soya. Ponga todo en un platón.

2 Pele y machaque el ajo; corte los bistecs en tiritas delgadas y apártela.

Enjuague y seque las hierbas, y píquelas finamente. Resérvelas.

3 En una sartén grande con aceite, acitrone el ajo durante unos 30 segundos o hasta que esté dorado.

4 Añada la carne a la sartén y cocine a fuego alto de 1 a 2 minutos, moviendo continuamente, para mantener las tiras separadas y evitar que se peguen. Luego, retire la carne de la sartén y póngala con

cuidado sobre la ensalada de verduras.

5 Exprima 2 cucharadas de jugo de limón y agréguelo a la sartén con las hierbas, el aceite de oliva y la salsa picante. Cocine durante 1 minuto, moviendo constantemente.

6 Vierta este aderezo sobre la carne y la ensalada, revuelva ligeramente y sirva de inmediato.

INFORMACIÓN NUTRIMENTAL: calorías: 272, hidratos de carbono: 7 g, proteínas: 29 g, grasa: 14 g (grasa saturada: 4 g); buena fuente de vitaminas A, C, E, complejo B y ácido fólico.

ENSALADA GRIEGA

Esta variación de la clásica ensalada mediterránea mezcla tomates cherry con queso feta salado y aceitunas.

TIEMPO: 15 MINUTOS PORCIONES: 4

20 tomates cherry
1 pepino
375 g de queso feta griego
4 cucharadas de aceite de oliva
1/2 limón
12 aceitunas negras
Pimienta negra

1 Lave y parta los tomates cherry por la mitad y póngalos en un platón. Parta el pepino por la mitad a lo largo, con todo y cáscara, y luego parta cada mitad en rebanadas de aproximadamente 1 cm, y añádalas a los tomates.

2 Desmorone el queso feta sobre el platón. Rocíe con el aceite de oliva y 1 cucharada de jugo de limón. Agregue las aceitunas negras y pimienta al gusto. Revuelva y sirva.

INFORMACIÓN NUTRIMENTAL: calorías: 365, hidratos de carbono: 5 g, proteínas: 16 g, grasa: 31 g (grasa saturada: 15 g); buena fuente de vitaminas A, C, E, complejo B y calcio.

ENSALADA TAILANDESA CON COCO

La crema de coco, la crema de cacahuate y la salsa picante se combinan con el limón para preparar el aderezo de esta ensalada oriental de verduras frescas y hojas chinas.

TIEMPO: 25 MINUTOS PORCIONES: 4

200 g de hojas chinas

3 tallos de apio medianos

2 zanahorias medianas

200 g de elotitos miniatura

4 cebollitas de Cambray

Para el aderezo:

2 limones

5 cucharadas de crema de coco

3 cucharadas de crema de cacahuate

½ cucharadita de salsa picante

1 cucharadita de salsa de pescado estilo tailandés o de salsa de soya ligera, opcional

Sal y pimienta negra

1 Lave, escurra y, con las manos, corte las hojas chinas en trozos, y póngalas en una ensaladera.

2 Lave y corte el apio y las zanahorias en tiritas muy delgadas y colóquelas en la ensaladera.

3 Corte diagonalmente los elotitos y las cebollitas de Cambray y añádalos a la ensaladera.

4 Para preparar el aderezo de coco, exprima 3 cucharadas de jugo de limón y viértalo en un frasco con tapa. Agregue la crema de coco, la crema de cacahuate, la salsa picante, la salsa de soya o de pescado, si va a usarla, y sazone. Cierre el frasco y agítelo; pruebe, y rectifique la sazón.

5 Bañe la ensalada con el aderezo, revuélvala perfectamente y sirva de inmediato.

INFORMACIÓN NUTRIMENTAL: calorías: 165, hidratos de carbono: 15 g, proteínas: 6 g, grasa: 9 g (grasa saturada: 2 g); buena fuente de vitaminas A, C, E, complejo B y ácido fólico.

CONSEJO

La col china, u hojas chinas, es similar a una lechuga larga y pálida. Si no la consigue, puede utilizar lechuga romanita.

MOZZARELLA CON ADEREZO DE JITOMATE

Una sencilla ensalada de queso mozzarella y de hojas de lechuga se enriquece con un aderezo de jitomate y hierbas frescas, que también se puede usar como salsa para pastas o para pizza.

TIEMPO: 15 MINUTOS   PORCIONES: 4

125 g de hojas mixtas para ensalada

500 g de queso mozzarella fresco

Para el aderezo:

150 g de jitomates deshidratados, en aceite

Un manojito de albahaca

Un manojito de perejil

Un manojo de mejorana o de orégano

1 cucharada de vinagre balsámico

1 cucharada de alcaparras

1 diente de ajo, opcional

Pimienta negra

1 Para preparar el aderezo, ponga los jitomates deshidratados en el procesador de alimentos o en la licuadora. Vierta 150 ml del aceite de los jitomates en una taza de medir. Si es necesario, complete la medida con aceite de oliva.

2 Incorpore las hierbas, el vinagre y las alcaparras al procesador. Si lo desea, pele el ajo y agréguelo junto con el aceite. Procese o licue hasta obtener un puré espeso; o bien, procese los ingredientes en un tazón con un mezclador manual.

3 Sazone el aderezo con pimienta. No debe necesitar sal, ya que las alcaparras son saladas.

4 Corte, enjuague y seque las hojas mixtas para ensalada, y luego acomódelas en cuatro platos.

5 Rebane el queso mozzarella y acomódelo sobre las hojas de ensalada. Bañe con el aderezo que preparó y sirva.

VARIACIÓN

El queso Bocconcini (pequeñas bolitas de mozzarella) resulta una atractiva y sabrosa alternativa para queso en rebanadas.

INFORMACIÓN NUTRIMENTAL: calorías: 520, hidratos de carbono: 7 g, proteínas: 33 g, grasa: 40 g (grasa saturada: 17 g); buena fuente de vitaminas A, E, complejo B y calcio.

ENSALADA CALIENTE DE PECHUGA DE PATO

Crujientes manzanas y lechuga son la deliciosa base para la pechuga de pato frita, rebanada y servida caliente con un aderezo al vino tinto.

TIEMPO: 30 MINUTOS PORCIONES: 4

4 pechugas de pato deshuesadas, de unos 175 g cada una

Sal y pimienta negra

2 corazones de lechuga

50 g de radicchio o de escarola

75 g de berros

1 cebolla morada pequeña

1 manzana roja para postre

1 cucharada de aceite de oliva

3 cucharadas de vino tinto

Para el aderezo:
Unas ramas de menta fresca o de perejil

1 diente de ajo

Sal y pimienta negra

1 cucharadita de azúcar refinada

2 cucharaditas de mostaza tipo Dijon o de grano entero

2 cucharadas de vino tinto

3 cucharadas de aceite de oliva

1 Retire el tendón de cada pechuga de pato. Sazónelas generosamente con sal y pimienta negra, y déjelas a un lado.

2 Para preparar el aderezo, lave, seque y pique la menta o el perejil, y póngala en una ensaladera. Pele el ajo, macháquelo y añádalo a la ensaladera. Sazone con sal y pimienta; agregue el azúcar, la mostaza, el vino tinto y el aceite de oliva, y mezcle hasta tener una emulsión cremosa.

3 Lave y seque las hojas de lechuga y de radicchio. Pártalas en pedacitos y añádalas al aderezo de la ensalada. Deshoje y lave los berros. Rebane finamente la cebolla morada. Lave, seque y descorazone la manzana; córtela en cuartos y, luego, en rebanadas, y añádalas a la ensaladera. Revuelva ligeramente.

4 Quítele la piel a las pechugas y, en una sartén con aceite de oliva, fríalas a fuego medio unos 5 minutos de cada lado, o hasta que estén doradas por fuera, pero aún rosadas por dentro. Si las prefiere bien cocidas, fríalas unos minutos más.

5 Saque las pechugas de la sartén, póngalas en un plato y espere a que se enfríen un poco. Mientras tanto, vacíe el exceso de grasa de la sartén, suba la llama, añada el vino tinto y espere a que suelte el hervor, sin dejar de mover y raspando los residuos del fondo de la sartén.

6 Corte las pechugas de pato en rebanadas diagonales muy delgadas y añádalas a la ensalada. Vierta el jugo de la sartén sobre la ensalada, revuelva y sirva.

VARIACIÓN

Las pechugas de pato se pueden sustituir por pechugas de pollo, utilizando vino blanco en lugar de tinto.

INFORMACIÓN NUTRIMENTAL: calorías: 397, hidratos de carbono: 8 g, proteínas: 36 g, grasa: 23 g (grasa saturada: 5 g); buena fuente de vitaminas C, E, complejo B, ácido fólico, hierro y cinc.

ENSALADA DE FRIJOLES Y ALCACHOFA

Una ensalada muy especial, para agasajar a sus invitados en las ocasiones especiales. En esta receta, usted puede dejar volar su imaginación y hacer deliciosas variaciones.

TIEMPO: 25 MINUTOS PORCIONES: 4

250 g de ejotes
280 g de corazones de alcachofa, frescos o de lata
75 g de cebollitas de Cambray frescas
1 lechuga romanita
440 g de frijoles negros cocidos, sin caldo y bien escurridos
440 g de frijoles bayos cocidos, sin caldo y bien escurridos
150 g de champiñones, limpios y finamente fileteados

Para el aderezo:

225 g de yogur natural
½ limón
1 cucharadita de mostaza tipo Dijon
Un manojito de albahaca fresca
Sal y pimienta negra

1 Ponga a hervir agua en una cacerola. Lave los ejotes, quíteles las puntas y pártalos por la mitad. Agréguelos a la cacerola y cocínelos durante 6 minutos, o hasta que estén blandos; luego, enjuáguelos bajo el chorro de agua fría y escúrralos bien.
2 Parta en cuartos los corazones de alcachofa y las cebollitas de Cambray, en rodajitas.
3 Para hacer el aderezo, en un tazón mezcle el yogur, la mostaza y agregue sal y pimienta al gusto; exprima el limón y vierta el jugo en la mezcla. Añada un poco de albahaca finamente picada y revuelva bien.
4 Lave la lechuga, deshójela y ponga las hojas en una ensaladera. Mezcle los ejotes, los frijoles, los champiñones, los corazones de alcachofa y las cebollitas de Cambray; incor-

pore el aderezo y revuelva suavemente. Vierta esta mezcla sobre las hojas de lechuga y adorne con unas ramitas de albahaca.

VARIACIÓN
Se puede agregar queso en cubitos, tiras de jamón, pollo, pavo o camarones pelados.

INFORMACIÓN NUTRIMENTAL: calorías: 542, hidratos de carbono: 57 g, proteínas: 31 g, grasa: 21 g (grasa saturada: 4 g); buena fuente de vitaminas C, complejo B y ácido fólico.

ENSALADA DE MELÓN Y CAMARONES

El melón y el aguacate se combinan con camarones para elaborar una deliciosa ensalada de verano que satisface el apetito.

TIEMPO: 20 MINUTOS PORCIONES: 6

Unas ramitas de cilantro

1 melón

2 aguacates

50 g de hojas mixtas para ensalada

350 g de camarones cocidos

Para el aderezo:

1 chalote pequeño

125 ml de crema

2 cucharadas de aceite de oliva

1 cucharada de vinagre de manzana

Una pizca de azúcar

Sal y pimienta negra

1 Para preparar el aderezo, lave y pique finamente el chalote y póngalo en un recipiente. Añada la crema, el aceite de oliva, el vinagre y el azúcar. Agite bien, sazone con sal y pimienta, y reserve.

2 Lave el cilantro y deshójelo. Parta el melón en cuartos y deseche las semillas. Quítele la cáscara y pártalo a lo largo en rebanadas delgadas.

3 Parta los aguacates por la mitad; quíteles el hueso y la cáscara, y córtelos a lo largo en rebanadas delgadas, del mismo grosor que las del melón.

4 Corte las hojas mixtas para ensalada, lávelas y séquelas; divídalas en seis platos. Acomode las rebanadas de melón y de aguacate de forma atractiva entre las hojas. Coloque algunos camarones en cada plato, y luego bañe cada una de las ensaladas con el aderezo. Adorne con las hojas de cilantro y sirva.

INFORMACIÓN NUTRIMENTAL: calorías: 324, hidratos de carbono: 7 g, proteínas: 16 g, grasa: 26 g (grasa saturada: 9 g); buena fuente de vitaminas C, E y complejo B.

ENSALADA DE ACHICORIA Y PERA

Esta ensalada sencilla, pero elegante, combina las frutas del huerto con queso, nueces y hojas, y constituye una lujosa entrada para una comida especial.

TIEMPO: 15 MINUTOS PORCIONES: 4

---

12 mitades de nueces de Castilla

---

3 cabezas de achicoria, deshojadas y sin corazón

---

2 peras

---

85 g de queso Roquefort

Para adornar: **hojitas de perejil o de estragón**

Para el aderezo:

1 cucharada de vinagre de vino

Sal

---

2 cucharadas de aceite de oliva extra virgen

---

3 cucharadas de aceite de nuez

---

1   Quíteles la piel a los trozos de nuez (vea recuadro, derecha). Píquelas, y déjelas a un lado.

2   Lave, seque y acomode las hojas de achicoria en platos individuales. Parta las peras en cuartos y luego en rebanadas, y acomódelas sobre las hojas de achicoria.

3   Desmorone el queso sobre los platos y añada las nueces picadas. Enjuague y seque las hojas de perejil o las de estragón, y resérvelas.

4   Para hacer el aderezo, ponga en un recipiente el vinagre, la sal y ambos aceites, y mezcle bien; luego, vierta un poco de aderezo sobre cada ensalada y espolvoree las hojas de perejil.

INFORMACIÓN NUTRIMENTAL: calorías: 306, hidratos de carbono: 9 g, proteínas: 6 g, grasa: 28 g (grasa saturada: 7 g); buena fuente de vitaminas del complejo B.

HÁGALO FÁCILMENTE

Las nueces de Castilla frescas, que se consiguen en otoño, tienen un incomparable sabor y deben sentirse pesadas. Para prepararlas, rompa las cáscaras, saque las nueces y quíteles la delgada piel oscura.

ENSALADA NIÇOISE

Como sencillo almuerzo o como cena ligera, esta clásica ensalada provenzal acepta todas las variaciones que le sugiera su imaginación. Pruebe con diferentes ingredientes y elabore su versión personal.

TIEMPO: **25** MINUTOS PORCIONES: **4**

4 huevos

400 g de atún enlatado, escurrido

1 cebolla morada mediana

50 g de filetes de anchoas enlatados

50 g de alcaparras

115 g de aceitunas negras sin hueso

3 corazones de lechuga

175 g de tomates cherry

Para los crutones:

2 rebanadas gruesas de pan integral

1 diente de ajo

2 cucharadas de aceite de oliva

Para el aderezo:

½ cucharadita de azúcar refinada

1 diente de ajo, machacado

1 cucharada de vinagre de vino blanco

Sal

2 cucharaditas de mostaza tipo Dijon

3 cucharadas de aceite de oliva extra virgen

1 En una cacerola con agua, ponga los huevos y cocínelos a fuego medio hasta que el agua suelte el hervor. Baje la llama y cocine a fuego bajo durante unos 4 minutos. Retire la cacerola del fuego, tápela y deje reposar los huevos.

2 Para preparar los crutones, parta el pan en cubos de 1 cm. Pele y machaque el ajo; en una sartén con aceite, acitrónelo a fuego medio, y añada los cubitos de pan hasta que doren.

3 Para hacer el aderezo, ponga en una ensaladera el azúcar; pele el ajo y macháquelo en ella; añada el vinagre, sal al gusto, la mostaza y el aceite de oliva, y revuelva bien.

4 Desmenuce el atún en el aderezo. Pele y rebane finamente la cebolla y añádala a la ensaladera con las anchoas y su aceite, las alcaparras y las aceitunas. Revuelva ligeramente.

5 Lave y parta en trozos los corazones de lechuga y añádalos a la mezcla de atún. Lave y parta por la mitad los tomates e incorpórelos.

6 Quíteles el cascarón a los huevos y pártalos en cuartos, a lo largo. Revuelva la ensalada para que todas las hojas se cubran con el aderezo, y agregue el huevo. Sirva los crutones en un plato aparte.

VARIACIÓN

Al agregar los tomates cherry, también puede incorporar corazones de alcachofa, pimiento rojo cortado en rebanadas o ejotes cocidos al vapor.

INFORMACIÓN NUTRIMENTAL: calorías: 525, hidratos de carbono: 17 g, proteínas 33 g, grasa: 37 g (grasa saturada: 6 g); buena fuente de vitaminas A, C, E, complejo B, ácido fólico, selenio y cinc.

CONSEJO

Las anchoas son muy saladas, por eso añada muy poca sal a esta ensalada. Si usa sal de cocina, recuerde que su sabor es más suave que el de la sal de mesa.

ENSALADA DE HABAS Y CAMARONES

Una alegre ensalada de habas y camarones espolvoreada con menta fresca, realzada con cubos de queso feta y un aderezo fuerte y refrescante de limón y ajo.

TIEMPO: 20 MINUTOS PORCIONES: 4

500 g de habas precocidas
2 ramas de menta fresca
200 g de queso feta griego
200 g de camarones cocidos

Para el aderezo:

2 cucharadas de jugo de limón
6 cucharadas de aceite de oliva extra virgen
1 diente de ajo
Sal y pimienta negra

1 En una cacerola, hierva agua. En una olla, ponga las habas y una ramita de menta, previamente lavada. Añada el agua hirviendo y cocine a fuego bajo durante unos 6 minutos. Escurra perfectamente las habas.

2 Escurra el queso y pártalo en cubitos; póngalos en una ensaladera y agregue los camarones.

3 Para preparar el aderezo, en un recipiente coloque el jugo de limón y el aceite de oliva; pele el ajo, y macháquelo en el recipiente. Revuelva

bien. Pique finamente la menta restante y añádala al aderezo. Mezcle bien. Luego, salpimiente al gusto.

4 Añada a la ensaladera las habas escurridas e incorpore el aderezo. Adorne con rebanadas del resto del limón.

INFORMACIÓN NUTRIMENTAL: calorías: 428, hidratos de carbono: 16 g, proteínas: 29 g, grasa: 28 g (grasa saturada: 9 g); buena fuente de vitaminas C, E, complejo B, calcio y cinc.

ENSALADA DE GERMINADO DE SOYA

Una nutritiva mezcla de verduras crujientes, queso blanco salado, cítricos frescos y avellanas tostadas con un aderezo picante de naranja y aceite de nuez, logran una fabulosa ensalada para los meses de invierno.

TIEMPO: **20 MINUTOS** PORCIONES: **4**

1 trozo de 5 cm de pepino
2 tallos de apio
350 g de germinado de soya
100 g de avellanas
1 naranja
150 g de queso feta griego
Para adornar: berros frescos

Para el aderezo:

1 naranja
2 cucharadas de aceite de nuez
Sal y pimienta negra
1 cucharadita de mostaza de grano entero

1 Precaliente el horno a 200 °C y ponga a hervir agua en una cacerola.

2 Lave y parta en trocitos el apio y el pepino y colóquelos en una ensaladera.

3 Ponga el germinado de soya en el agua hirviendo y blanquéelo durante 1 minuto; luego, escúrralo y enjuáguelo.

4 Pique las avellanas, póngalas en una bandeja para hornear y métalas en el horno durante 3 minutos, o hasta que estén doradas.

5 Pele muy bien la naranja; sepárela en gajos, y agréguelos a la ensaladera.

6 Para preparar el aderezo, exprima el jugo de la otra naranja en un recipiente pequeño; añada el aceite de nuez y la mostaza; agregue sal y pimienta negra al gusto, y revuelva muy bien.

7 Escurra bien el queso y desmorónelo sobre la ensalada. Después, incorpore el germinado de soya y las avellanas. Bañe la ensalada con el aderezo que preparó, revuelva ligeramente y adorne con los berros, previamente lavados.

INFORMACIÓN NUTRIMENTAL: calorías: 352, hidratos de carbono: 9 g, proteínas: 13 g, grasa: 30 g (grasa saturada: 7 g); buena fuente de vitaminas C, E, complejo B, ácido fólico y calcio.

ENSALADAS PARA GUARNICIÓN

ENSALADA DE CHÍCHAROS JAPONESES Y JENGIBRE EN ESCABECHE

El sabor fuerte del jengibre en escabeche, mezclado con yogur natural, convierte a esta simple ensalada en una guarnición especial para platillos de carne o pollo.

TIEMPO: 15 MINUTOS PORCIONES: 4

| 350 g chícharos japoneses |
| Sal |
| Un manojo de cebollines, limpios |

Para el aderezo:

| 50 g jengibre en escabeche (sushi) (vea el recuadro de Consejo) |
| 3 cucharadas de yogur natural |
| Pimienta negra |

1 En una cacerola, hierva agua. Corte las puntas de los chícharos japoneses y lávelos. Añádalos a la cacerola con un poco de sal. Espere a que vuelva a hervir y cocine durante 2 minutos, o hasta que estén blandos. Escúrralos.
2 Para hacer el aderezo, ponga el jengibre con todo y líquido en una ensaladera. Agregue el yogur y pimienta negra al gusto y mezcle.
3 Incorpore los chícharos japoneses; revuelva, y ponga encima los cebollines.
VARIACIÓN
Sustituya el jengibre por granos de pimienta verde.

INFORMACIÓN NUTRIMENTAL: calorías: 60, hidratos de carbono: 7 g, proteínas: 5 g, grasa: 1 g (grasa saturada: 0.6 g); buena fuente de vitaminas C, E y complejo B.

CONSEJO

El jengibre en escabeche cortado en rebanadas finas, algunas veces llamado jengibre sushi, se sirve con platos japoneses y se puede encontrar en la sección de importaciones de algunos supermercados.

ENSALADA DE ZANAHORIA

Una ensalada sencilla con un delicioso aderezo cítrico realzado con jengibre y endulzado con miel, es una excelente guarnición para un pescado a la parrilla.

TIEMPO: 30 MINUTOS PORCIONES: 4

| 140 g de uvas blancas sin semilla |
| 400 g de zanahorias tiernas |
| Sal |
| ½ cucharadita de miel o azúcar |
| 50 g de cacahuates o nueces |

Para el aderezo:

| 1 trozo de 5 cm de raíz de jengibre |
| 1 limón |
| 1 naranja |
| 225 ml de crema agria o de yogur natural |

1 En una cacerola, ponga a hervir un poco de agua. Coloque las uvas en un recipiente pequeño; luego, cúbralas con el agua hirviendo, y resérvelas.
2 Para preparar el aderezo de cítricos, quítele la piel al jengibre y rállelo en un recipiente pequeño.
3 Lave el limón y la naranja. Sobre el recipiente del jengibre, ralle finamente la mitad de la cáscara de la naranja y la mitad de la cáscara de limón. Exprima el jugo de la mitad de cada uno y añádalo al tazón del jengibre. Agregue la crema o el yogur y mezcle. Deje el aderezo a un lado.
4 Quíteles la piel a las zanahorias y rállelas en una ensaladera; posteriormente, escurra las uvas e incorpórelas.
5 Vierta el aderezo en la mezcla de zanahorias y uvas, sazone con sal y agregue miel o azúcar al gusto. Finalmente, al servir añada las nueces.

INFORMACIÓN NUTRIMENTAL: calorías: 315, hidratos de carbono: 35 g, proteínas: 7 g, grasa: 18 g (grasa saturada: 8 g); buena fuente de vitaminas A, E y complejo B.

ENSALADA DE ESCAROLA Y PEPINO

La escarola, la achicoria y el radicchio forman una ensalada agridulce que resulta deliciosa para acompañar un platillo principal, como faisán asado.

TIEMPO: 10 MINUTOS PORCIONES: 4

| 1 cabeza de escarola, |
| 1 cabeza de achicoria |
| 1 cabeza de col morada o de radicchio |
| 250 g de pepino |
| 1 cebolla morada pequeña |
| 50 g de nueces en mitades |

Para el aderezo:

| 1 diente de ajo |
| 3 cucharadas de aceite de nuez |
| 1 cucharada de vinagre de vino |
| Sal y pimienta negra |

1 Lave y seque las hojas de la escarola, la achicoria y la col morada; mézclelas, y póngalas en una ensaladera grande.
2 Lave y retire la cáscara del pepino y pártalo en rebanadas delgadas. Pele la cebolla y rebánela finamente. En una ensaladera, ponga el pepino y la cebolla y añada las nueces.
3 Para preparar el aderezo, pele el ajo y macháquelo en un recipiente pequeño; añada el aceite de nuez y el vinagre de vino; salpimiente al gusto, y mezcle bien.
4 Antes de servir la ensalada, báñela con el aderezo de nuez y revuelva ligeramente.

INFORMACIÓN NUTRIMENTAL: calorías: 187, hidratos de carbono: 5 g, proteínas: 4 g, grasa: 17 g (grasa saturada: 2 g); buena fuente de complejo B.

ENSALADAS VERSÁTILES:
(*arriba*) ESCAROLA Y PEPINO; (*centro*)
CHÍCHAROS JAPONESES Y JENGIBRE EN
ESCABECHE; (*abajo*) ZANAHORIA .

ENSALADA CÉSAR

Las anchoas añaden sabor extra a esta ensalada César que combina con buen gusto lechuga, queso parmesano y crutones crujientes, bañados con un aderezo de aceite de oliva, huevo y jugo de limón.

TIEMPO: 25 MINUTOS PORCIONES: 4

2 cabezas de lechuga
5 rebanadas gruesas de pan blanco
2 cucharadas de aceite de nuez
8 cucharadas de aceite de oliva
2 dientes de ajo
1 huevo
8 filetes de anchoas
1 limón
Sal y pimienta negra
85 g de queso parmesano

1 Deshoje las lechugas, desinfecte las hojas, séquelas y póngalas en una ensaladera.

2 Ponga a hervir agua en una olla.

3 Para preparar los crutones, quítele la corteza al pan y córtelo en cubitos de 1 cm. Caliente en una sartén el aceite de nuez con 2 cucharadas de aceite de oliva. Pele y añada el ajo y los cubitos de pan, y fríalos hasta que estén dorados. Escurra los crutones sobre papel absorbente.

4 Cuando el agua suelte el hervor, añada el huevo y déjelo durante 1 minuto; sáquelo, y resérvelo. Pique los filetes de anchoas, y resérvelos.

5 Para preparar el aderezo, exprima 2 cucharadas de jugo de limón, mézclelo con el aceite de oliva restante y sazone con sal y pimienta; después, agregue el huevo y bata.

6 Bañe la lechuga con el aderezo y revuelva; luego, añada las anchoas y los crutones, y revuelva de nuevo.

7 Corte tiras delgadas de queso parmesano, colóquelas sobre la ensalada y sirva.

INFORMACIÓN NUTRIMENTAL: *calorías: 523, hidratos de carbono: 27 g, proteínas: 18 g, grasa: 39 g (grasa saturada: 9 g); buena fuente de vitamina E, complejo B, ácido fólico, calcio y selenio.*

ENSALADA DE PEPINO, RÁBANO Y MELÓN

Una maravillosa combinación de frutas, verduras y crujientes almendras, mezclada con un aderezo de miel y aceite de nuez, se convertirá en una de las favoritas de toda la familia.

TIEMPO: **20 MINUTOS** PORCIONES: **4**

500 g de melón dulce
100 g de pepino
Sal
Aceite de oliva
25 g de hojuelas de almendra
100 g de germinado de soya
150 g de rábanos, sin rabos
4 cebollitas de Cambray, sin rabos
1 manojito de berros

Para el aderezo:

1 ½ cucharaditas de miel clara
3 cucharadas de aceite de nuez
1 cucharada de vinagre de manzana
Pimienta negra

1 Retire las semillas del melón y del pepino y córtelos en cubitos. Póngalos en un colador grande y agregue un poco de sal. Revuelva bien. Tape el colador con un plato pequeño y escurra el líquido.

2 En una sartén con un poco de aceite, sofría las almendras hasta que estén doradas, y séquelas con una toalla de papel.

3 Lave el germinado y escúrralo. Lave los rábanos y las cebollitas; parta los rábanos en cuartos y rebane las cebollitas y, en una ensaladera, mézclelos.

4 En un tazón, mezcle bien los ingredientes del aderezo y bañe la ensalada con él.

5 Coloque los berros en un platón extendido. Ponga encima el melón y el pepino, añada la ensalada de germinado. Revuelva suavemente; agregue las almendras, y sirva.

INFORMACIÓN NUTRIMENTAL: calorías: 231, hidratos de carbono: 15 g, proteínas: 4 g, grasa: 18 g (grasa saturada: 2 g); buena fuente de vitaminas C, E y complejo B.

ENSALADA DE PAPAS ESTILO CAJÚN

El pimiento verde, el apio y la cebolla son protagonistas de la cocina cajún y constituyen la base de muchos platillos, incluyendo esta sustancial ensalada, ideal para días de campo y parrilladas.

TIEMPO: 30 MINUTOS PORCIONES: 4

500 g de papitas nuevas

Sal y pimienta negra

1 pimiento verde pequeño

2 tallos de apio

1 cebolla morada pequeña

Para el aderezo:

150 ml de mayonesa

2 cucharaditas de mostaza tipo Dijon

Un chorrito de salsa Tabasco

1 En una cacerola, ponga a hervir agua. Mientras, pele las papitas y añádalas con un poco de sal. Cocine a fuego bajo de 15 a 20 minutos, o hasta que las papas estén cocidas.

2 Lave y desvene el pimiento pártalo en tiritas y póngalas en una ensaladera. Lave y rebane finamente los tallos de apio y añádalos a la ensaladera. Guarde las hojas para adornar. Rebane la cebolla a lo largo y añádala.

3 Para preparar el aderezo, en un recipiente pequeño mezcle la mayonesa y la mostaza con un poco de salsa Tabasco.

4 Escurra las papas y agréguelas a la ensalada. Bañe con el aderezo, muela pimienta sobre la ensalada y mezcle muy bien. Adorne con las hojas de apio.

VARIACIÓN

Para preparar un platillo completo, añada un huevo duro, picado finamente.

INFORMACIÓN NUTRIMENTAL: calorías: 346, hidratos de carbono: 19 g, proteínas: 3 g, grasa: 29 g (grasa saturada: 4 g); buena fuente de vitaminas C, E y complejo B.

CONSEJO

Al elegir las papitas nuevas, fíjese muy bien que su piel sea lisa y tersa para estar seguro de que realmente están frescas.

ENSALADA DE ESPINACA Y ELOTITOS

Una combinación realmente espectacular: espinacas frescas, elotitos y aguacate, con un exquisito aderezo que será la delicia de sus comensales.

TIEMPO: 15 MINUTOS PORCIONES: 4

100 g de elotitos
Sal
85 g de hojas de berros
225 g de hojas de espinaca tierna

Para el aderezo:

1 aguacate, de unos 115 g
1 diente de ajo
3 cucharadas de aceite de oliva extra virgen
1 cucharada de vinagre de vino
1 cucharadita de azúcar
1 cucharadita de salsa Tabasco

1 En una cacerola pequeña, ponga a hervir agua. Parta los elotitos por la mitad y colóquelos en el agua hirviendo, con un poco de sal. Hierva a fuego bajo durante 1 minuto y escúrralos.

2 Mientras tanto, prepare el aderezo. Parta el aguacate por la mitad, quítele el hueso, con una cuchara extraiga la pulpa y póngala en una ensaladera grande.

3 Pele el ajo y macháquelo en un recipiente; añada el aceite, el vinagre, el azúcar y la salsa Tabasco. Sazone con sal al gusto, y revuelva.

Parte del aguacate se mezclará con el aceite, pero su sabor se conservará.

4 Añada al aderezo los elotitos bien escurridos; agregue las hojas de espinaca y los berros; revuelva suavemente, y sirva.

VARIACIÓN

Utilice oruga en lugar de berros.

INFORMACIÓN NUTRIMENTAL: calorías: 174, hidratos de carbono: 8 g, proteínas: 3 g, grasa: 15 g (grasa saturada: 3 g); buena fuente de vitaminas A, C, E, complejo B y ácido fólico.

LENGUADO A LA PARRILLA CON CALABAZAS A LA MANTEQUILLA

PESCADOS Y MARISCOS

Desde el lenguado a la parrilla hasta el rape al vermut,
desde los sencillos trozos de huachinango hasta los mariscos
estilo tailandés, presentamos tentadoras recetas fáciles
de preparar en las que se utiliza una gran variedad de
pescados y mariscos.

TRUCHA FRESCA CON ADEREZO DE NUEZ

Una sencilla trucha a la parrilla puede transformarse con la ayuda de hierbas y nueces, vinagre y una pizca de páprika.

TIEMPO: 25 MINUTOS PORCIONES: 4

2 cucharaditas de aceite vegetal

4 filetes de trucha, de 175 g cada uno

¼ cucharadita de páprika

10 mitades de nueces

125 g de oruga, de berros o de hojas mixtas para ensalada

Para el aderezo:

1 chalote

Unas ramas de eneldo fresco o de hojas de apio

2 cucharadas de vinagre de jerez o de vinagre condimentado de arroz

6 cucharadas de aceite de nuez

Sal y pimienta negra

1 Precaliente el asador a la temperatura más alta. Para preparar el aderezo, pele y pique finamente el chalote y colóquelo en un recipiente pequeño. Lave y pique el eneldo y añádalo al chalote, junto con el vinagre y el aceite de nuez. Agregue sal y pimienta al gusto. Mezcle los ingredientes y reserve.

2 Engrase una bandeja para asar con la mitad del aceite vegetal y coloque los filetes de trucha con la piel hacia abajo. Sazónelos con sal y páprika. Ase los filetes de 5 a 8 minutos por un solo lado, o hasta que la carne se vea opaca al centro y ligeramente dorada en las orillas.

3 Mientras se cuecen los filetes, caliente el resto del aceite vegetal en una sartén chica y sofría las nueces, moviéndolas constantemente para que se doren un poco, pero cuide que no se quemen. Séquelas con papel absorbente, y luego píquelas en trozos grandes.

4 Enjuague y seque las hojas de oruga, o de berros, y acomódelas en cuatro platos. Coloque un filete de trucha en cada uno. Agite el aderezo y bañe con él las truchas. Esparza las nueces en cada plato.

SUGERENCIA PARA SERVIR

Las papitas nuevas se llevan bien con los sabores suaves de este platillo. Cocínelas con anticipación.

INFORMACIÓN NUTRIMENTAL: calorías: 451, hidratos de carbono: 1 g, proteínas: 37 g, grasa: 33 g (grasa saturada: 4 g); buena fuente de vitaminas B y C.

TORTITAS DE MARISCOS BALTIMORE

Estas deliciosas tortitas de cangrejo y camarón se condimentan con mostaza, salsa inglesa y una pizca de pimienta de Cayena; luego se cubren con una capa de pan molido, y se fríen ligeramente.

TIEMPO: 30 MINUTOS PORCIONES: 4

2 rebanadas de pan duro (unos 125 g)
100 ml de leche
200 g de carne de cangrejo fresca
200 g de camarones cocidos, sin cáscara
2 huevos
2 cucharaditas de mostaza tipo Dijon
2 cucharaditas de salsa inglesa
60 g de almendras picadas
Una pizca de pimienta de Cayena
1 cucharada de mayonesa
Una rama de perejil fresco

Para el empanizado:

40 g de harina
150 g de pan molido
Aceite de girasol para freír

1 Remoje las dos rebanadas de pan en un recipiente con la leche, durante 5 minutos. Desmenuce la carne de cangrejo y póngala en una ensaladera; pique los camarones y agréguelos al cangrejo.

2 Separe las claras de los huevos y añada a la ensaladera las yemas, la mostaza, la salsa inglesa, las almendras, la pimienta de Cayena y la mayonesa. Pique perejil para obtener 1 cucharada y añádalo a la ensaladera.

3 Elimine el exceso de leche del pan, incorpórelo a la ensaladera, y revuelva hasta que la mezcla se ablande. Si queda demasiado húmeda, agregue un poco de pan molido.

4 Para el empanizado, ponga la harina en un plato y el pan molido en otro. Bata las claras a punto de turrón con una cucharada de agua. Divida la mezcla de cangrejo en ocho porciones y forme las tortitas. Enharínelas y sacuda el exceso, luego páselas por las claras y después, por el pan molido.

5 En una sartén grande, ponga una capa de aceite de 1 cm y caliente a fuego alto. Fría las tortitas unos 3 minutos por cada lado, o hasta que estén doradas; después, escúrralas sobre papel absorbente y sirva dos en cada plato.

SUGERENCIA PARA SERVIR
Sirva con rebanadas de limón, salsa tártara, lechuga y jitomates.

INFORMACIÓN NUTRIMENTAL: calorías: 595, hidratos de carbono: 56 g, proteínas: 38 g, grasa: 26 g (grasa saturada: 4 g); buena fuente de vitamina E, complejo B, calcio, selenio y cinc.

PIZZAS DE SALMÓN CON YOGUR Y ENELDO

Aunque el salmón es un ingrediente poco usual en la preparación de pizzas, descubrirá en esta receta que aún hay muchas combinaciones nuevas bajo el sol.

TIEMPO: 30 MINUTOS PORCIONES: 4

2 filetes de salmón sin piel (unos 325 g en total)
2 jitomates grandes
1 cebolla chica
2 bases para pizza delgadas de 25 cm de diámetro
Sal y pimienta negra
8 ramitas de eneldo fresco
150 g de yogur griego
Para servir: 4 cucharadas de chutney de mango, opcional

1 Precaliente el horno a 220 °C. Quítele todas las espinas al salmón y luego pártalo en cubitos.

2 Lave y parta los jitomates en trocitos, y pele y pique finamente la cebolla. Coloque las bases para pizza en bandejas para hornear. Sobre las bases distribuya los jitomates y la cebolla. Acomode el salmón y salpimiente al gusto.

3 Hornee de 15 a 20 minutos, o hasta que las pizzas estén ligeramente doradas.

4 Reserve unas ramitas de eneldo para adornar y pique finamente el resto; mézclelo con el yogur y con un poco de pimienta.

5 Saque las pizzas del horno, añada el yogur y adorne con las ramitas de eneldo.

6 Corte cada pizza en cuartos y sirva dos raciones por persona. Acompañe con chutney de mango, si lo desea.

INFORMACIÓN NUTRIMENTAL: calorías: 509, hidratos de carbono: 37 g, proteínas: 25 g, grasa: 29 g (grasa saturada: 15 g); buena fuente de vitamina E y complejo B.

CONSEJO

El salmón es muy grasoso y, por este motivo, las pizzas no necesitan barnizarse con aceite antes de meterlas en el horno.

CANGREJO CON MAYONESA PICANTE

La carne fresca de cangrejo se combina con requesón, pimiento dulce, chile y cebolla para servir un almuerzo sustancioso y atractivo a la vista.

TIEMPO: 20 MINUTOS   PORCIONES: 4

1 chile verde
1 pimiento verde chico
1 cebolla morada chica
3 cebollitas de Cambray, sin rabos
550 g de carne de cangrejo cocida
85 g de requesón
Sal y pimienta negra
1 cucharadita de hojuelas de chile seco
300 ml de mayonesa estilo francés
4 rebanadas de pan blanco

1 Precaliente el asador, pues lo va a necesitar para tostar el pan.

2 Lave, desvene y rebane finamente el pimiento y el chile. Pele y parta la cebolla morada en rebanaditas. Lave y rebane las cebollitas de Cambray, incluyendo trozos de la parte verde. Coloque todo en una ensaladera.

3 Añada la carne de cangrejo a la ensaladera junto con el requesón, y mezcle. Sazone con sal y pimienta al gusto, y revuelva los ingredientes hasta mezclarlos bien.

4 Mezcle las hojuelas de chile con la mayonesa y sazone con sal y pimienta. Ponga la mayonesa en un tazón para servir y resérvela.

5 Tueste las rebanadas de pan, pártalas en triángulos y acomódelas en un platón. Ponga la mezcla de cangrejo en el centro del platón y llévelo a la mesa junto con el recipiente de la mayonesa picante que preparó.

6 Permita que cada persona se sirva el cangrejo, lo unte sobre los panes y lo aderece con la mayonesa.

INFORMACIÓN NUTRIMENTAL: *calorías: 821, hidratos de carbono: 22 g, proteínas: 33 g, grasa: 68 g (grasa saturada: 11 g); buena fuente de vitaminas C, E, complejo B, selenio y cinc.*

MEDALLONES DE BACALAO A LA CREMA

Los medallones de pescado se cocinan fácilmente en el horno, mientras usted prepara la suculenta guarnición de brócoli.

TIEMPO: **30 MINUTOS** PORCIONES: **4**

4 medallones de bacalao fresco, de unos 175 g cada uno
2 cucharadas de aceite de oliva
Sal y pimienta negra
1 chalote
350 g de ramitos de brócoli
10 ramitos de estragón fresco
225 ml de crema espesa

1 Precaliente el horno a 180 °C. Barnice los medallones de bacalao con 1 cucharada de aceite y sazónelos bien.

2 Corte cuatro trozos de papel de aluminio para envolver los medallones y coloque un medallón en el centro de cada trozo de papel y envuélvalo, dejando adentro un poco de aire. Selle cada paquete; póngalos en una bandeja para hornear, y métalos en el horno durante 15 minutos.

3 Mientras, quítele la piel al chalote y píquelo en trocitos. Lave el brócoli y córtelo en ramitos.

4 En una sartén, caliente el resto del aceite y acitrone el chalote.

5 Ponga a calentar 150 ml de agua, agregue el brócoli y espere a que hierva. Tape la sartén y cocine a fuego bajo unos 5 minutos, o hasta que el brócoli esté ligeramente blando. Destape y suba la flama; y espere hasta que quede muy poca agua en la sartén.

6 Lave el estragón y reserve cuatro ramitos para adornar; deshoje el resto, y añádalo al brócoli. Agréguele la crema, revolviendo; sazone con sal y pimienta al gusto, y manténgalo caliente.

7 Saque los paquetes de bacalao del horno, desenvuélvalos y colóquelos en cuatro platos previamente calentados. Sirva el brócoli sobre el pescado y adorne con el estragón.

SUGERENCIA PARA SERVIR
Acompañe este platillo con una ensalada y rebanadas de baguette.

INFORMACIÓN NUTRIMENTAL: calorías: 473, hidratos de carbono: 3 g, proteínas: 37 g, grasa: 35 g (grasa saturada: 18 g); buena fuente de vitaminas A, C, E, complejo B, ácido fólico y selenio.

PLAKI DE HUACHINANGO HORNEADO

El plaki es un platillo horneado con una salsa espesa que se prepara de muchas maneras a lo largo de toda Grecia. Ésta es una versión más sencilla que la original, pero deliciosa.

TIEMPO: 30 MINUTOS PORCIONES: 4–6

2 cucharadas de aceite de oliva
1 cebolla mediana
1 pimiento verde
6 jitomates medianos
1 diente de ajo
750 g de filetes de huachinango, sin piel
1 ½ limones
Un ramo de perejil fresco
3 cucharadas de vino blanco seco
3 cucharadas de puré de tomate
Sal y pimienta negra

1 En una cacerola grande, caliente el aceite de oliva. Lave y seque la cebolla, pélela y pártala en rebanadas delgadas. Lave, seque y desvene el pimiento, luego córtelo en tiritas. Lave y rebane los jitomates.

2 Ponga las verduras en la cacerola, pele el ajo y macháquelo ahí.

Tape y cocine a fuego alto durante unos 8 minutos, revolviendo de vez en cuando, para que las verduras no se peguen.

3 Mientras, corte el filete de huachinango en cubos de unos 5 cm y rocíelos con el jugo de medio limón. Lave, seque, pique el perejil y resérvelo.

4 Añada el vino y el puré de tomate a las verduras. Lave el limón entero, córtelo por la mitad y luego en rebanadas delgadas; después, forme una capa sobre las verduras.

5 Coloque el pescado sobre las rebanadas de limón. Sazone con sal y pimienta, y espolvoree con el perejil. Baje la flama a fuego moderado, tape la cacerola y cocine durante unos 10 minutos; destape y cocine 5 minutos más. El pescado estará cocido cuando la carne se vea opaca y se desmenuce fácilmente.

SUGERENCIA PARA SERVIR
Sirva con baguette o con arroz cocido al vapor y una ensalada verde con queso feta o queso de cabra suave y aceitunas negras.

VARIACIÓN
Se pueden utilizar otros tipos de pescado, como robalo o cualquier variedad de carne blanca.

INFORMACIÓN NUTRIMENTAL, SI SON 4 PORCIONES: calorías: 256, hidratos de carbono: 11 g, proteínas: 35 g, grasa: 8 g (grasa saturada: 1 g); buena fuente de vitaminas A, C, E y complejo B.

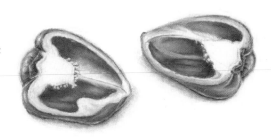

HUACHINANGO AL HORNO CON PESTO

Para una cena familiar, le recomendamos este pescado fresco con un delicioso sabor a pesto de hierbas, acompañado con puré de papa al ajo.

TIEMPO: 30 MINUTOS PORCIONES: 4

650 g de papas blancas
Sal y pimienta negra
4 trozos gruesos de filete de huachinango, de 175 g cada uno
1 cucharada de pesto verde o rojo
1 cucharada de aceite de oliva
1 diente de ajo
50 g de mantequilla
50 ml de crema
Para adornar: 4 ramos de albahaca

1 Precaliente el horno a 200 °C. En una olla, ponga a hervir agua.
2 Pele y corte las papas en cubos de 2 cm y colóquelos en una cacerola; cúbralos con el agua que hirvió y agregue sal. Tape la cacerola y espere a que el agua vuelva a hervir. Cocine de 10 a 15 minutos, o hasta que los cubos de papa estén bien cocidos.
3 Mientras, forre una bandeja para asar con papel de aluminio. Seque muy bien el huachinango con papel absorbente y coloque los filetes sobre la bandeja.
4 Unte pesto de manera uniforme en cada trozo de pescado y sazone. Rocíe con un poco de aceite de oliva y hornee en la rejilla superior del horno de 15 a 20 minutos, o hasta que pueda desmenuzar la carne fácilmente.
5 Escurra las papas y regréselas a la cacerola. Pele y machaque el ajo junto con las papas y haga un puré.
6 Añada la mantequilla y la crema y vuelva a calentar a fuego lento. Sirva con el pescado y adorne con la albahaca.

INFORMACIÓN NUTRIMENTAL: calorías: 431, hidratos de carbono: 23 g, proteínas: 37 g, grasa: 22 g (saturada: 10 g); buena fuente de vitaminas C, E y complejo B.

CONSEJO

El pesto es una variedad de salsa italiana que se hace machacando en un molcajete albahaca fresca, piñones, ajo, aceite de oliva y queso parmesano. El pesto rojo incluye tomates deshidratados.

ARENQUE FRITO

Los frescos filetes de arenque forman sándwiches de huevo revuelto, cebolla morada picada y eneldo para crear un platillo sencillo y económico, pero lleno de sabor.

TIEMPO: 20 MINUTOS PORCIONES: 4

4 arenques grandes, fileteados
1 huevo
Sal y pimienta negra
1 cebolla morada grande
Un manojo de eneldo fresco
Harina
Aceite

1 Lave los filetes y séquelos. En un recipiente pequeño, bata el huevo con sal y pimienta.

2 Pele la cebolla, parta dos rodajas del centro y resérvelas para adornar. Pique finamente el resto; de igual manera, lave y pique el eneldo hasta obtener 1 cucharada, y aparte 4 ramitos para adornar.

3 Esparza suficiente harina sobre una mesa de cocina y ponga encima de ella la mitad de los filetes; cada filete debe ir con la piel hacia abajo. Barnícelos todos con el huevo sazonado; después divida la cebolla picada y el eneldo entre los filetes, y extiéndalos por toda la parte del centro de cada uno.

4 Barnice el lado carnoso de los filetes restantes con el huevo y acomódelos sobre los filetes con el relleno, con la carne hacia abajo, para formar sándwiches. Oprima suavemente y espolvoree con harina; retire después el exceso.

5 En una sartén grande, caliente suficiente aceite y coloque con mucho cuidado los sándwiches de arenque; después fríalos a fuego medio de 2 a 3 minutos, o hasta que estén ligeramente dorados. Voltee con cuidado los filetes y fríalos otros 2 o 3 minutos, o hasta que la carne esté bien cocida.

6 Escurra los arenques sobre papel absorbente, luego sírvalos y adórnelos con los aros de cebolla y las ramitas de eneldo.

SUGERENCIA PARA SERVIR
Sírvalos con papas y betabeles cocidos; también puede servirlos con rodajas de manzana asadas.

INFORMACIÓN NUTRIMENTAL: calorías: 520, hidratos de carbono: 5 g, proteínas: 45 g, grasa: 36 g (grasa saturada: 9 g); buena fuente de vitamina E, complejo B y cinc.

CONSEJO

El arenque debe estar muy fresco. Fíjese que el pescado sea de un color plateado reluciente y que tenga ojos brillantes, y cómprelo el mismo día que vaya a cocinarlo.

PESCADO CON MANTEQUILLA DE SABORES

SALMÓN CON MANTEQUILLA DE HIERBAS Y LIMÓN

Esta aromática mantequilla contiene jengibre, cilantro y limón.

TIEMPO: 30 MINUTOS PORCIONES: 4

5 cm de jengibre fresco

12 ramitas de cilantro fresco

2 limones sin semilla

125 g de mantequilla

Sal y pimienta negra

Pimienta de Cayena

2 cucharadas de aceite de girasol

4 filetes de salmón, de 175 g cada uno

1 Precaliente el horno a 220 °C. Pele y rebane el jengibre y póngalo en una licuadora, o en un procesador de alimentos. Reserve algunas ramitas de cilantro para adornar, pique el resto y añádalo al jengibre. Parta un limón en rebanadas y resérvelo para adornar. Ralle la cáscara del otro, exprímalo y añada la ralladura y el jugo a la licuadora; luego incorpore la mantequilla, la sal, la pimienta negra y la de Cayena. Licue todos los ingredientes.
2 Forme un salchichón con la mezcla, enróllelo en papel de aluminio y métalo en el congelador.
3 Mientras tanto, engrase ligeramente con aceite una bandeja para hornear, distribuya en ella los filetes de salmón y barnícelos con el resto del aceite. Añada sal y hornee durante aproximadamente 8 minutos, o hasta que la carne se desmenuce fácilmente.
4 Saque la mantequilla del refrigerador y córtela en rodajas.
5 Coloque el pescado en cuatro platos y ponga una rodaja de mantequilla sobre cada uno. Adorne con el limón y el cilantro.

INFORMACIÓN NUTRIMENTAL: calorías: 624, hidratos de carbono: 2 g (azúcar: 0.4 g), proteínas: 26 g, grasa: 57 g (grasa saturada: 33 g); buena fuente de vitaminas A y E.

ATÚN CON MANTEQUILLA NEGRA

Oriente y Occidente se unen en esta original receta.

TIEMPO: 25 MINUTOS PORCIONES: 4

1 cucharadita de semillas de ajonjolí

½ limón

Unas ramas de albahaca, de cilantro, de perejil y de cebollines

125 g de mantequilla sin sal

1 cucharada de salsa de soya

3 gotas de salsa Tabasco

4 postas de atún, de 175 g cada una

1 cucharada de aceite de oliva o de girasol

1 Ase en seco las semillas de ajonjolí, hasta que estén ligeramente doradas.
2 Exprima 1 cucharadita de limón y viértalas sobre las semillas de ajonjolí. Lave muy bien las hierbas, séquelas y píquelas finamente; reserve algunas ramitas para adornar. Revuelva las hierbas ya picadas con el ajonjolí, la mantequilla, la soya y la salsa Tabasco.
3 Forme un salchichón con la mantequilla condimentada, envuélvala en papel de aluminio y métala en el congelador.
4 Caliente una parrilla o una sartén a fuego medio. Barnice ambos lados del atún con el aceite y áselas o fríalas durante unos 3 o 4 minutos de cada lado.
5 Saque la mantequilla del congelador y córtela en rodajas. Sirva las postas de atún en cuatro platos, coloque una rodaja sobre cada una, y adorne con las ramitas de hierbas.
SUGERENCIA PARA SERVIR
Los rábanos, las colecitas de Bruselas, los berros o un puré de papa pueden servir de guarnición.

INFORMACIÓN NUTRIMENTAL: calorías: 512, hidratos de carbono: 1 g (azúcar: 0.8 g), proteínas 42 g, grasa: 38 g (grasa saturada: 19 g); buena fuente de vitaminas A, B_{12}, niacina, magnesio y fósforo.

HALIBUT CON MANTEQUILLA DE RAÍZ FUERTE

El picante sabor de la mantequilla de cebollines y raíz fuerte es un estimulante toque final para el pescado sancochado.

TIEMPO: 25 MINUTOS PORCIONES: 4

Un manojo de cebollines frescos

1 ½ cucharadas de salsa picante de raíz fuerte

125 g de mantequilla

4 filetes de halibut, de 175 g cada uno

Sal y pimienta negra

2 cucharaditas de aceite de maíz

1 Pique finamente 2 cucharadas de cebollines y póngalas en un recipiente pequeño. Añada la salsa de raíz fuerte y toda la mantequilla, excepto unos 15 gramos.
2 Forme un salchichón con la mezcla de mantequilla, envuélvalo con papel de aluminio y métalo en el congelador.
3 Frote los filetes de halibut con papel absorbente y sazónelos por ambos lados con sal y pimienta al gusto. Caliente el resto de la mantequilla y del aceite en una sartén. Cocine el pescado a fuego alto durante unos 5 minutos, o hasta que se desmenuce fácilmente.
4 Saque la mantequilla del congelador y pártala en rodajas. Coloque una porción de pescado en cada plato, y encima ponga una rodaja de mantequilla.

INFORMACIÓN NUTRIMENTAL: calorías: 438, hidratos de carbono (de azúcar): 1 g, proteínas: 38 g, grasa: 31 g (grasa saturada: 18 g); buena fuente de vitaminas A, E, y del complejo B .

TRES APETITOSOS PESCADOS:
(*arriba*) HALIBUT CON MANTEQUILLA DE RAÍZ FUERTE; (*centro*) ATÚN CON MANTEQUILLA NEGRA; (*abajo*) SALMÓN CON MANTEQUILLA DE HIERBAS Y LIMÓN.

HUACHINANGO AL HORNO

Estos filetes de huachinango con nueces, espolvoreados con chalotes y vinagre, simplemente se hornean. El sencillo adorno de alcaparras y pepinillos picados añade un sabor adicional.

TIEMPO: 30 MINUTOS PORCIONES: 4

2 chalotes
3 pepinillos dulces
85 g de mantequilla
100 g de nueces quebradas
1 kg de filetes de huachinango, gruesos y largos
2 cucharadas de vinagre balsámico o de jerez
Sal y pimienta negra
2 cucharadas de alcaparras

1 Precaliente el horno a 190 °C. Pele y pique los chalotes y los pepinillos, y póngalos aparte.

2 Engrase con un poco de mantequilla una bandeja para hornear, lo suficientemente honda para acomodar los filetes en una sola capa. Enjuague el huachinango, después corte cada filete en dos, póngalos en la bandeja y úntelos con la mantequilla restante.

3 Esparza los chalotes picados y las nueces quebradas sobre los filetes y rocíelos con el vinagre, ya sea el balsámico o el de jerez.

4 Sazone con sal y pimienta al gusto. Hornee durante 20 minutos aproximadamente, o hasta que el pescado esté bien cocido.

5 Antes de servir, esparza los pepinillos y las alcaparras sobre los filetes de pescado, y por último báñelos con el jugo que soltaron en el horno.

SUGERENCIA PARA SERVIR

Antes de hornear el pescado, ponga sobre los filetes algunas rebanadas de jitomate. Las papitas nuevas, hervidas o cocidas al vapor, pueden ser una excelente guarnición.

INFORMACIÓN NUTRIMENTAL: calorías: 479, hidratos de carbono: 9 g, proteínas: 41 g, grasa: 30 g (grasa saturada: 10 g); buena fuente de vitaminas A y fósforo.

SALMÓN CON SALSA DE FRUTAS

Los filetes de salmón asado adquieren un sabor tropical cuando se sirven con una original salsa de mango y papaya, adornada con limón, jengibre y refrescante menta.

TIEMPO: 25 MINUTOS PORCIONES: 4

4 filetes de salmón con piel, de 175 g cada uno

1 cucharada de aceite de oliva

Para la salsa:

1 mango pequeño

1 papaya pequeña

2.5 cm de raíz de jengibre fresco

Hojas de menta

1 limón sin semilla

Sal y pimienta negra

1 Precaliente el asador a temperatura media y cubra la rejilla con papel de aluminio.

2 Para la salsa, corte el mango por la mitad y extraiga la pulpa; píquela finamente y póngala en un recipiente. Parta la papaya por la mitad, quítele las semillas, pique finamente la pulpa y agréguela al mango.

3 Quite la piel al jengibre y rállelo en el recipiente. Añada la menta, previamente lavada y picada.

4 Ralle finamente algunas tiras de cáscara de limón para el adorno, ralle el resto y agréguelo a la salsa. Exprima el jugo, añada la mitad al tazón y reserve el resto. Salpimiente la salsa y mezcle bien.

5 Coloque los filetes de salmón, con la piel hacia abajo, sobre la rejilla del asador. Barnícelos muy bien con el aceite de oliva, luego sazónelos y salpíquelos con el jugo de limón restante. Déjelos asar de 6 a 8 minutos, o hasta que la carne esté bien cocida.

6 Adorne con las tiras de cáscara de limón y acompañe con la salsa.

SUGERENCIA PARA SERVIR
Sirva con una ensalada verde.

INFORMACIÓN NUTRIMENTAL: calorías: 424, hidratos de carbono: 15 g, proteínas: 26 g, grasa: 29 g (grasa saturada: 15 g); buena fuente de vitaminas A, C y E.

CONSEJO

Si lo desea, puede utilizar filetes de salmón sin piel, aunque ésta es una riquísima fuente de ácidos grasos omega 3 y omega 6.

FRESCOS DE LA LATA

Una alacena bien surtida es la mejor arma contra esos antojos repentinos; los grandes chefs también han recurrido alguna vez al abrelatas en caso de emergencia. El pescado enlatado es la base para una gran variedad de comida, desde tostadas rápidas hasta elaborados platillos principales.

BRUSCHETTA DE SARDINAS Y JITOMATES
Las sardinas sobre pan tostado adquieren un nuevo sabor.
2 PORCIONES:

   1 baguette
   1 diente de ajo
   3 jitomates maduros firmes
   Sal y pimienta negra
   Aceite de oliva
   115 g de sardinas enlatadas
   Albahaca, oruga o berros
   Jugo de limón o vinagre
      balsámico (opcional)

Tueste cuatro rebanadas de pan, luego unte una de las superficies de cada una con el ajo cortado por la mitad. Parta los jitomates en trozos, acomódelos sobre la bruschetta, sazone y rocíelos generosamente con el aceite de oliva. Escurra las sardinas y póngalas sobre los jitomates. Esparza hojas de albahaca, oruga o berros alrededor del plato. Si considera que el pescado tiene demasiado aceite, añada unas gotas de limón o de vinagre balsámico.

OSTIONES AHUMADOS CON PAPAS
Los ostiones ahumados enlatados no necesitan cocinarse y le añaden un delicioso sabor a este sencillo platillo.
2 PORCIONES:

   1 diente de ajo
   2 cucharadas de aceite de oliva
   400 g de papitas nuevas
   Una manojo de cebollitas de
      Cambray o de cebollines
   100 g de ostiones ahumados
      enlatados
   4 jitomates deshidratados
   Sal y pimienta negra

Pele y rebane el ajo en tiras gruesas y sofríalo ligeramente en una sartén grande con aceite de oliva, de 3 a 4 minutos. Pele y parta las papas en cubos de 1 cm. Saque el ajo de la sartén y tírelo, añada las papas en una sola capa y sofríalas a fuego alto hasta que estén doradas. Enjuague las cebollitas de Cambray, o los cebollines, córteles las puntas y píquelas. Escurra los ostiones y pártalos por la mitad, luego escurra y pique los jitomates deshidratados. Cuando las papas estén casi cocidas, añada las cebollitas y cocine durante 1 minuto. Agregue los ostiones y los jitomates y cocine, sin dejar de mover, durante 2 minutos. Sazone y sirva.

EMPANADAS DE SALMÓN
La pasta filo es un delicioso aliado para preparar esta receta.
2 PORCIONES COMO PLATILLO PRINCIPAL,
4 COMO ENTREMÉS:

   50 g de mantequilla
   25 g de harina
   225 ml de leche
   200 g de salmón enlatado
   175 g de puntas de espárragos
      enlatadas, escurridas
   Una rama de eneldo fresco
   Sal y pimienta negra
   2 hojas de pasta filo

Precaliente el horno a 190 °C. En una cacerola, coloque la mitad de la mantequilla, la harina y la leche y cocine a fuego medio para hacer una salsa espesa. Guise durante 1 minuto y luego viértala en un recipiente. Escurra el salmón y desmenuce la carne en la salsa. Añada las puntas de espárragos. Espolvoree el eneldo y sazone generosamente.

Derrita el resto de la mantequilla. Ponga las hojas de pasta filo una sobre otra y corte cuatro cuadros de unos 20 cm. Barnice cada uno con la mantequilla derretida. Con una cuchara, coloque un cuarto de la mezcla de salmón en el centro de cada cuadro, y una las esquinas para formar la empanada. Barnice el exterior con mantequilla y colóquelas en una bandeja para hornear, previamente engrasada. Hornee unos 13 minutos, o hasta que estén doradas.

TARTA DE CANGREJO Y CHÍCHAROS
Una base de pasta previamente horneada se rellena con cangrejo.
4 PORCIONES:

   2 huevos
   Sal y pimienta negra
   ½ cucharadita de macis molido
   175 g de carne de cangrejo
      enlatada
   100 g de chícharos precocidos
      y congelados
   2 cebollitas de Cambray
   100 ml de crema espesa
   3 cucharadas de jerez
   15 g de queso parmesano rallado
   Base de pasta previamente
      horneada, de 23 cm

Precaliente el horno a 220 °C. En un recipiente, bata los huevos con los sazonadores y el macis. Añada la carne de cangrejo con su jugo. Descongele los chícharos en agua hirviendo y escúrralos. Pique las cebollitas de Cambray y añádalas junto con los chícharos al recipiente. Agregue la crema, el jerez y un poco de queso parmesano, y revuelva.

Rellene la base con la pasta y colóquela con todo y molde en una bandeja para hornear. Espolvoree el resto del queso parmesano y hornee durante 20 minutos.

FIDEOS CON SALSA DE ANCHOAS
Una salsa con rico sabor a anchoas.
4 PORCIONES:

   250 g de fideos
   2 cucharadas de grosellas
   1 diente de ajo grande
   1 ramita de romero fresco
   3 cucharadas de aceite de oliva
   1 limón
   100 g de anchoas enlatadas
   2 cucharadas de piñones
   Pimienta negra
   Menta fresca, opcional

En una cacerola grande, ponga a hervir agua; añada los fideos y cocínelos siguiendo las instrucciones del paquete. Mientras tanto, ponga las grosellas a remojar en una cucharada de agua hirviendo de la cacerola de los fideos. Sofría el ajo y el romero en el aceite de oliva a fuego moderado hasta que adquieran color, y luego deséchelos. Ralle la cáscara del limón.

Coloque la sartén sobre la cacerola de la pasta hirviendo, ya que el siguiente paso requiere sólo de poco calor; ponga las anchoas enlatadas junto con su aceite, los piñones, las grosellas escurridas y la ralladura del limón.

Cocine hasta que las anchoas se deshagan, para formar una salsa. Sazone con pimienta negra, viértala sobre los fideos escurridos y finalmente adorne con menta picada.

Ensalada de atún

4 porciones:

- *4 huevos*
- *225 g de chícharos precocidos*
- *550 g de papitas nuevas enlatadas*
- *400 g de atún en aceite enlatado*
- *2 zanahorias medianas*
- *1 limón*
- *Sal y pimienta negra*
- *300 ml de mayonesa*
- *Un manojo de cebollines*
  o de perejil

Cueza los huevos y ponga a cocer los chícharos en una cacerola con agua. Escurra las papitas, enjuáguelas y séquelas; luego, pártalas en rodajas y póngalas en una ensaladera. Escurra el atún; desmenúcelo sobre las papas, y pele y ralle las zanahorias sobre la ensalada.

Escurra los chícharos. Enfríe y pele los huevos, córtelos en cuartos e incorpórelos a la ensalada junto con los chícharos. Exprima el jugo de limón en el aceite del atún. Añada sal, pimienta negra y mayonesa suficiente para obtener 350 ml de aderezo.

Revuelva todo muy bien y la mezcla añada a la ensalada. Espolvoree con cebollín picado, tape la ensalada y póngala a enfriar en el refrigerador. Ya para servir, adorne con cebollines enteros o con perejil.

Transformación del atún enlatado:
Ensalada de atún

SALMÓN AHUMADO CON VERDURAS

Este original platillo para la cena lleva delicadas verduras y salmón ahumado, con un ligero toque de sabores orientales.

TIEMPO: 25 MINUTOS   PORCIONES: 4

225 g de hojas mixtas para ensalada
1 chile verde fresco
85 g de ejotes tiernos
85 g de zanahorias tiernas
100 g de chalotes
85 g de espárragos tiernos
1 cucharada de aceite de oliva
1 cucharada de aceite de ajonjolí
1 diente de ajo
100 ml de jerez seco
125 g de recortes de salmón ahumado
1 cucharada de aceite de soya
½ cucharadita de azúcar refinada
Para adornar: hojas de cilantro

1   Lave y seque las hojas para ensalada; colóquelas en un platón.

2   Lave, seque y desvene el chile, luego rebánelo finamente. Lave y quíteles las puntas a los ejotes y a las zanahorias, y si están muy gruesos, córtelos por la mitad.

3   Pele los chalotes y córtelos en cuartos. Escurra los espárragos, quíteles las puntas y pártalos en trozos de unos 2.5 cm. Enjuague y seque las hojas de cilantro.

4   En una sartén grande, caliente el aceite de oliva y el de ajonjolí. Pele y machaque el ajo en la sartén, agregue el chile picado y sofría a fuego medio durante 1 minuto. Añada los ejotes y las zanahorias y sofría durante 2 minutos más.

5   Agregue los chalotes y los espárragos y sofría otro minuto. Añada el jerez, tape la sartén y deje cocer 1 minuto más.

6   Corte el salmón ahumado en tiritas; póngalas en la sartén, tape y cocine durante 1 minuto. Luego añada la salsa de soya y el azúcar refinada, mezcle y deje que la salsa se caliente.

7   Coloque la mezcla de salmón sobre las hojas de ensalada y adorne con cilantro.

SUGERENCIA PARA SERVIR

Acompañe con papitas al vapor; resulta una excelente guarnición.

INFORMACIÓN NUTRIMENTAL: calorías: 155, hidratos de carbono: 5 g, proteínas: 10 g, grasa: 8 g (grasa saturada: 1 g); buena fuente de vitaminas A, E, complejo B y ácido fólico.

MACARELA CON MAYONESA AL ENELDO

Un cremoso aderezo de yogur y mayonesa, con el delicado sabor del eneldo, dan vida a estos frescos filetes de pescado a la parrilla con papitas nuevas ligeramente cocidas.

TIEMPO: 30 MINUTOS PORCIONES: 4

Unas ramas de eneldo fresco

700 g de papitas nuevas

Sal

1 cucharada de granos
de pimienta mixtos

Aceite para engrasar

4 filetes de macarela, de 175 g
cada uno

4 cucharadas de mayonesa

4 cucharadas de yogur natural espeso

25 g de alcaparras

Para adornar: 1 limón

1 En una cacerola, ponga a hervir agua; lave y seque el eneldo.
2 Pele las papitas y póngalas en otra cacerola; agregue un poco de sal y el eneldo, y añada el agua hirviendo. Después de que el agua

suelte el hervor, cocine de 15 a 20 minutos aproximadamente.
3 Mientras tanto, precaliente el asador a temperatura alta. Machaque los granos de pimienta en un molcajete. Engrase ligeramente la rejilla del asador y coloque encima los filetes, siempre con la piel hacia abajo, y espolvoréelos con los granos de pimienta.
4 Ase los filetes durante 5 minutos, después voltéelos, baje la temperatura a moderada y áselos otros 5 minutos. Voltéelos de nuevo y áselos 2 minutos más.
5 Mientras se cocina el pescado, mezcle la mayonesa y el yogur en un recipiente. Pique las ramitas de eneldo y las alcaparras y mézclelas bien. Parta el limón en mitades y después, en rajitas, y reserve.

6 Cuando la macarela esté lista, espolvoréele un poco de sal. Escurra las papas y deseche el eneldo. Sirva los filetes con las papas, la mayonesa al eneldo y las rajitas de limón.
SUGERENCIA PARA SERVIR
Puede acompañar este platillo con ensalada verde y tomates cherry.

INFORMACIÓN NUTRIMENTAL: calorías: 883, hidratos de carbono: 26 g, proteínas: 39 g, grasa: 70 g (grasa saturada: 32 g); buena fuente de vitaminas C, E y complejo B.

CONSEJO

Necesitará dos macarelas grandes. Asegúrese de que estén muy frescas; compre el pescado el mismo día que lo vaya a cocinar.

LENGUADO A LA PARRILLA CON CALABACITAS

Este platillo ligero y delicado de pescado blanco a la parrilla y calabacitas ralladas a la mantequilla, es una opción perfecta.

TIEMPO: 30 MINUTOS   PORCIONES: 4

550 g de calabacitas
Sal y pimienta negra
4 lenguados, de unos 450 g cada uno, sin la piel oscura y sin cabeza
Un manojo de cebollines
Unas ramas de eneldo
Unas ramas de perejil

70 g de mantequilla
Aceite para engrasar
1 ½ limones

1   Precaliente el asador a temperatura alta. Lave y corte las puntas de las calabacitas y rállelas en tiras gruesas. Póngalas en un colador con un poco de sal y déjelas escurrir.

2   Enjuague y seque el pescado y haga tres cortes en diagonal en la piel blanca de cada uno.

3   Lave los cebollines, el eneldo y el perejil, píquelos hasta obtener 1 cucharada de cada uno y póngalos en un recipiente pequeño con 40 g de la mantequilla. Sazone con pimienta y machaque la mezcla con un tenedor; divídala en cuatro porciones y resérvela.

4   Derrita el resto de la mantequilla en una sartén. Sofría las calabacitas a fuego moderado unos 10 minutos, o hasta que estén cocidas pero no muy blandas. Agite la sartén ligeramente de vez en cuando.

5   Mientras, engrase ligeramente una bandeja para asar grande y ponga ahí los lenguados con la piel blanca hacia arriba. Ase los pescados durante unos 5 minutos, luego voltéelos y exprímales el jugo de medio limón; déjelos de 2 a 3 minutos más, o hasta que la carne se desmenuce fácilmente.

6   Corte el limón entero en ocho rebanadas y resérvelas. Coloque una porción de mantequilla de hierbas sobre cada lenguado y caliéntelos en el asador hasta que la mantequilla empiece a derretirse. Sirva el platillo acompañado con las calabacitas y las rebanadas de limón.

SUGERENCIA PARA SERVIR
Junto con los lenguados, ase algunos jitomates cortados en mitades y acompañe con ellos el pescado.

VARIACIÓN
Puede utilizar filetes de huachinango, robalo o salmón en lugar del lenguado.

INFORMACIÓN NUTRIMENTAL: calorías: 554, hidratos de carbono: 2 g, proteínas: 84 g, grasa: 23 g (grasa saturada: 10 g); buena fuente de vitaminas A, C, E, complejo B, ácido fólico, hierro, selenio y cinc.

CONSEJO

Si su asador no es suficientemente grande para cocinar los cuatro lenguados, colóquelos en una bandeja para hornear grande. Precaliente el horno a 220 °C. Hornee los lenguados con la piel blanca hacia arriba.

ROBALO AHUMADO CON FIDEOS

El robalo ahumado se sirve en una cama de verduras tiernas, fritas con fideos de arroz, que se enriquecen con una salsa agridulce oriental para lograr este fácil y extraordinario platillo.

TIEMPO: 30 MINUTOS PORCIONES: 4

---

4 filetes de robalo ahumado, de 175 g cada uno

250 g de fideos de arroz

1 chile verde

85 g de zanahorias tiernas

85 g de ejotes tiernos

225 g de espárragos tiernos

1 cucharada de aceite de nuez

1 diente de ajo

1–2 cucharadas de salsa de pescado tai o salsa de soya

3 cucharadas de vino blanco

1 cucharada de miel clara

1 cucharadita de aceite de ajonjolí tostado

1 Hierva agua en una olla mediana. Quítele la piel al pescado (vea pág. 11). Ponga los fideos en un recipiente, cúbralos con el agua hirviendo, déjelos reposar 5 minutos y luego escúrralos.

2 Mientras tanto, lave, seque, desvene y pique el chile. Pele las zanahorias; lave, seque y quite las puntas a los ejotes y espárragos; después, córtelos de modo que queden del mismo largo.

3 Caliente el aceite en un wok o en una sartén con tapa. Pele y machaque el ajo en el aceite, luego agregue el chile y fríalo a fuego lento durante 2 minutos para darle sabor al aceite.

4 Añada las verduras, suba la flama, y agregue la salsa de pescado tai o la salsa de soya, el vino y la miel.

5 Ponga los filetes sobre las verduras, tape y cocine a fuego lento durante 5 minutos.

6 Incorpore a la sartén los fideos escurridos y revuélvalos con las verduras; añada el aceite de ajonjolí. Mezcle y cocine 1 minuto, cuidando que el pescado no se desbarate.

7 Divida la mezcla de la sartén en cuatro platos y sirva.

INFORMACIÓN NUTRIMENTAL: calorías: 451, hidratos de carbono: 59 g, proteínas: 38 g, grasa: 6 g (grasa saturada: 1 g); buena fuente de vitaminas A, E, complejo B y ácido fólico.

PESCADO ESTILO CHINO

*Un pescado entero, cocido al vapor al estilo chino, con jengibre,
salsa de soya y aceite de ajonjolí, es una verdadera delicia.*

TIEMPO: 30 MINUTOS   PORCIONES: 4

1 huachinango o robalo de 1 kg, con varios cortes
Sal
5 cm de raíz de jengibre
4 cebollitas de Cambray
2 cucharadas de salsa de soya
1 cucharada de aceite de ajonjolí tostado
4 dientes de ajo
3 cucharadas de aceite vegetal

1   Lave el pescado y frótelo suavemente con sal por dentro y por fuera, y déjelo reposar unos 10 minutos.
2   Quítele la piel al jengibre y luego rállelo. Lave las cebollitas de Cambray, quíteles el rabo, córtelas en trozos de unos 8 cm, y resérvelas. Mezcle la salsa de soya con el aceite de ajonjolí en un recipiente pequeño.
3   Llene una vaporera o un wok con agua a un nivel de unos 6 cm y póngala a hervir. Si usa un wok, ponga una parrilla en el fondo.
4   Enjuague el pescado salado bajo el chorro de agua fría y después séquelo con papel absorbente. Colóquelo en un platón refractario, esparza el jengibre sobre el pescado y ponga el platón en la vaporera o en el wok (no permita que el platón toque el agua). Tape, baje el fuego y cocine al vapor de 15 a 20 minutos, o hasta que el pescado esté bien cocido.
5   Mientras el pescado se cocina, pele y rebane finamente el ajo. En una sartén pequeña, caliente el aceite vegetal y acitrone el ajo a fuego alto, hasta que esté ligeramente dorado.
6   Pase el pescado al platón en el que lo va a servir, y cúbralo con las cebollitas de Cambray y las rebanadas de ajo fritas. Vierta la mezcla de salsa de soya y aceite de ajonjolí sobre el pescado, y sirva.

SUGERENCIA PARA SERVIR
El arroz blanco es una combinación ideal para este pescado, y puede hacerse mientras está en la vaporera. Los fideos orientales se cocinan mucho más rápido y se pueden adornar con semillas de ajonjolí y chile rojo finamente picado. Una guarnición de verduras fritas también puede acompañar muy bien al platillo.

VARIACIÓN
Otros pescados enteros como el pargo, la macarela, la trucha y el jurel se pueden cocinar con este mismo procedimiento. Haga tres o cuatro incisiones en diagonal hasta el hueso en ambos lados del pescado, y úntele sal en los cortes.

INFORMACIÓN NUTRIMENTAL: calorías: 372, hidratos de carbono: 2 g, proteínas: 50 g, grasa: 18 g (grasa saturada: 2 g); buena fuente de vitamina B$_{12}$, calcio y hierro.

CONSEJO

Si no tiene un wok o una vaporera suficientemente grande, use una bandeja para asar con una rejilla de alambre para cocer el pescado al vapor. Ponga el pescado en su plato sobre la rejilla y cubra la bandeja con papel de aluminio.

RAGOUT DE RAPE CON VERMUT

El rape mantiene su forma y conserva su suculenta textura y sabor al prepararlo guisado. El carnoso pescado blanco se combina al estilo francés con ajo, jitomates, limón y crema.

TIEMPO: 30 MINUTOS PORCIONES: 4

500 g de rape en trocitos
Sal y pimienta negra
3 cucharadas de aceite de oliva
1 cebolla chica
2 dientes de ajo
400 g de jitomates
100 ml de vermut blanco o martini seco
1 rama de estragón
1 limón
2 cucharadas de crema

1 En un recipiente, ponga agua a hervir. Corte el rape en cubitos y sazónelo ligeramente con sal y pimienta. Caliente el aceite en una sartén a fuego alto y sofría la mitad del pescado durante unos 2 minutos, o hasta que se vea cocido por fuera. Repita la operación con la otra mitad del pescado.

2 Pele y pique la cebolla y el ajo y acitrónelos en el mismo aceite hasta que se ablanden.

3 Ponga los jitomates en un recipiente, cúbralos con el agua hirviendo y déjelos 1 o 2 minutos, luego escúrralos y quíteles la piel. Corte la carne en cubitos y agréguela a la cebolla.

4 Añada el vermut o el Martini a la sartén y suba la flama. Enjuague y seque el estragón, deshójelo y añada las hojas a la sartén. Lave y ralle la cáscara del limón y añádala a la sartén. Cocine durante 5 minutos.

5 Regrese el pescado a la sartén; añada la crema y revuelva. Baje la flama y cueza a fuego lento durante 5 minutos, o hasta que el pescado esté bien cocido.

SUGERENCIA PARA SERVIR
Puede servir el pescado acompañado de arroz con verduras estilo oriental y una ensalada verde.

INFORMACIÓN NUTRIMENTAL: calorías: 257, hidratos de carbono: 6 g, proteínas: 21 g, grasa: 14 g (grasa saturada: 5 g); buena fuente de vitaminas C, E y complejo B.

ATÚN ASADO CON PURÉ DE CHÍCHAROS

Una cama cremosa y colorida de puré de chícharo complementa el natural sabor de los condimentos que acompañan este delicioso atún.

TIEMPO: 30 MINUTOS PORCIONES: 2

1 trozo de atún sin piel,
de 400 g

2 dientes de ajo

1 chile verde

1 cucharada de aceite de oliva

½ cucharadita de comino

1 cucharadita de azúcar

½ limón

Para el puré de chícharos:
140 g de chícharos
precocidos

300 ml de caldo de verduras

1 diente de ajo

2 cucharadas de crema

Sal y pimienta negra

1 Precaliente el horno a 200 °C. Ponga el atún en una bandeja para hornear.

2 Pele y machaque los ajos, y lave, desvene y pique finamente el chile; ponga ajos y chile en un recipiente. Incorpore el aceite de oliva, el comino y el azúcar, y revuelva. Añada el jugo de limón y mezcle bien.

3 Unte la pasta al atún y hornee unos 20 minutos, o hasta que el pescado esté bien cocido.

4 Mientras, ponga los chícharos en una cacerola con el caldo de la verdura y espere a que suelte el hervor. Pele y machaque el ajo y añádalo a la cacerola de los chícharos, mezcle bien y cocine a

fuego lento, sin tapar, durante aproximadamente 5 minutos.

5 Cuando los chícharos estén blandos, escurra el caldo en una taza para medir. Licue los chícharos con la crema y 150 ml del caldo de verduras; revuelva y salpimiente al gusto, y mantenga caliente la mezcla.

6 Una vez el pescado cocido, córtelo en dos. Divida el puré de chícharos en dos platos y ponga encima de cada uno un trozo de atún.

INFORMACIÓN NUTRIMENTAL: calorías: 440, hidratos de carbono: 16 g, proteínas: 51 g, grasa: 18 g (grasa saturada: 4 g); buena fuente de vitaminas A, B$_{12}$, ácido fólico, niacina y fósforo.

VIEIRAS CON ADEREZO DE HIERBAS

Un aderezo picante preparado con un manojo de hierbas frescas, alcaparras y aceitunas, acompaña las vieiras de sabor dulce, fritas y servidas con tallarines.

TIEMPO: 30 MINUTOS PORCIONES: 4

500 g de vieiras frescas
350 g de tallarines secos
3 cucharadas de aceite de oliva extra virgen
Para el aderezo:
Un manojo de perejil
Un manojo de menta
Un manojo de cebollines
1 limón
2 cucharadas de vinagre de vino blanco o de jerez
5 cucharadas de aceite de oliva extra virgen
1 cucharada de alcaparras
6 aceitunas negras sin hueso
Sal y pimienta negra

1 En una cacerola grande, ponga a hervir agua. Para preparar el aderezo, lave y pique finamente el perejil, la menta y los cebollines y póngalos en una taza de medir; necesitará 200 mililitros.

2 Lave el limón, ralle la cáscara y añádala a la taza junto con el vinagre de vino blanco o de jerez y el aceite de oliva. Pique las alcaparras y las aceitunas y agréguelas; sazone con sal y pimienta al gusto. Mezcle perfectamente y reserve.

3 Revise que a cada vieira le hayan quitado el tejido nervudo y duro, y enjuáguelas y séquelas. Si son vieiras grandes, pártalas en rodajas (vea el cuadro a la derecha) y sazónelas.

4 Ponga la pasta en el agua hirviendo y cuézala siguiendo las instrucciones del paquete.

5 Mientras, caliente el aceite de oliva en una sartén grande a fuego alto y fría las vieiras de 4 a 6 minutos, o hasta que estén ligeramente doradas y un poco cocidas.

6 Retire la sartén del fuego y vierta el aderezo. Escurra la pasta y sírvala con las vieiras aderezadas encima.

INFORMACIÓN NUTRIMENTAL: calorías: 687, hidratos de carbono: 77 g, proteínas: 39 g, grasa: 25 g (grasa saturada: 4 g); buena fuente de vitamina E.

HÁGALO FÁCILMENTE

Las vieiras más chicas se cuecen más rápido. Si compró vieiras grandes, ahorre tiempo en la cocción partiéndolas en dos o tres rodajas.

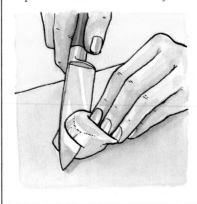

VIEIRAS ESTILO TAILANDÉS

Los fragantes sabores de Tailandia se combinan con el tropical sabor de la crema de coco en un platillo frito que da a las vieiras frescas un exótico sabor.

TIEMPO: 20 MINUTOS PORCIONES: 4

200 ml de caldo de pollo
2 chalotes medianos
1 limón
350 g de vieiras frescas
175 g de chícharos japoneses, sin las puntas
2 cucharaditas de pasta de curry
150 ml de crema de coco
Hojitas de cilantro fresco

1 En una cacerola mediana, ponga el caldo y caliéntelo a fuego moderado durante aproximadamente 7 minutos.

2 Pele los chalotes y píquelos finamente; lave muy bien el limón, séquelo y luego ralle la cáscara en un tazón.

3 Enjuague las vieiras y séquelas. Lave y parta los chícharos japoneses por la mitad, a lo ancho.

4 En una sartén, caliente el aceite a fuego alto. Agregue el chalote picado, un tercio de ralladura del limón, las vieiras y los chícharos japoneses y sofría los ingredientes a fuego medio unos 5 minutos.

5 Incorpore la pasta de curry a la cacerola del caldo y revuelva bien. Incorpore la mezcla a la sartén de las vieiras y agregue la crema de coco. Cocine a fuego moderado durante 5 minutos, baje la flama y cocine a fuego lento durante otros 3 minutos.

6 Mientras, lave, seque y pique el cilantro. Por último, sirva las vieiras y espolvoréelas con el cilantro.

SUGERENCIA PARA SERVIR
Combine este platillo con la Ensalada tailandesa con coco (pág. 88), la Ensalada de carne estilo tailandés (pág. 86) o arroz.

INFORMACIÓN NUTRIMENTAL: calorías: 178, hidratos de carbono: 12 g, proteínas: 9 g, grasa: 11 g (grasa saturada: 6 g); buena fuente de vitamina B$_{12}$, fósforo y cinc,.

CONSEJO

También puede añadir camarones y pedacitos de piña, o de durazno, en almíbar, picados. Si lo desea, puede aumentar ligeramente la cantidad de crema de coco.

ATÚN FRITO CON SALSA PICANTE

Una salsa picante con mucho sabor y preparada con pimientos, chile, cebolla y ajo asados
es la perfecta compañera para un filete de pescado frito.

TIEMPO: 20 MINUTOS PORCIONES: 4

---

4 filetes de atún o pez espada,
de 175 g cada uno

Para la salsa:

2 pimientos rojos
1 cebolla mediana
2 dientes de ajo
1 chile rojo fresco
1 rebanada grande de pan integral
1 limón
1 cucharada de puré de tomate
4 cucharadas de aceite de oliva
Sal y pimienta negra

1 Precaliente el asador a temperatura alta. Para preparar la salsa, lave, desvene y corte los pimientos a lo largo. Corte la cebolla a lo ancho, por la mitad, y coloque ambos ingredientes en el asador con la piel hacia arriba, junto con los ajos sin pelar. Ase durante unos 10 minutos.

2 Mientras las verduras se están asando, lave, desvene y pique el chile. Corte el pan integral en cubitos. Lave muy bien el limón, ralle la cáscara y exprima el jugo.

3 Cuando las verduras asadas se enfríen, quíteles la piel y póngalas en una licuadora, o en un procesador de alimentos, junto con el chile, el pan, el puré de tomate y 3 cucharadas de aceite de oliva. Añada la mitad de la ralladura de limón y la mitad del jugo, y aparte el resto. Licue la mezcla hasta obtener un puré, y sazónela con sal y pimienta negra al gusto. Pase la salsa a un tazón para servir y déjela aparte.

4 Engrase una sartén grande con el aceite restante y caliéntelo a fuego alto. Sazone ligeramente los filetes de pescado y áselos de 4 a 6 minutos, o hasta que se doren por fuera y se cuezan por dentro; solamente voltéelos una vez.

5 Espolvoree los filetes con el resto de la ralladura del limón y rocíelos con el resto del jugo. Sírvalos con la salsa picante alrededor o póngala por separado en un tazón.

SUGERENCIA PARA SERVIR
El fresco sabor de una Ensalada de espinacas y elotitos (pág. 103) complementan la salsa picante.

INFORMACIÓN NUTRIMENTAL: calorías: 409, hidratos de carbono: 14 g, proteínas: 44 g, grasa: 20 g (grasa saturada: 4 g); buena fuente de vitaminas A, C, E, complejo B y selenio.

PESCADO BLANCO ENNEGRECIDO

Los filetes de pescado de carne blanca, con una crujiente cubierta de harina de maíz,
se sazonan con una fuerte mezcla de especias y hierbas.

TIEMPO: 20 MINUTOS PORCIONES: 4

---

1 cucharadita de granos de pimienta negra
1 cucharadita de cada uno: semillas de hinojo, orégano molido y tomillo
½ cucharadita de pimienta de Cayena
Sal
3 dientes de ajo
2 cucharadas de harina de maíz
4 filetes de pescado, de 175 g cada uno (ver el recuadro de la derecha)
2 cucharadas de aceite de nuez
Para adornar: 1 limón

1 Machaque los granos de pimienta y póngalos en un recipiente grande. Añada las hierbas secas, la pimienta de Cayena y un poco de sal. Pele y machaque los ajos en el recipiente, luego agregue la harina de maíz y mezcle perfectamente.

2 Si es necesario, quíteles la piel a los filetes (vea pág. 11); después, póngalos en el tazón con la mezcla de hierbas y especias, y cúbralos perfectamente.

3 Caliente el aceite de nuez en una sartén grande hasta que aparezca una nubecilla de humo. Ponga el pescado y fríalo de 1 a 2 minutos por cada lado, o hasta que los filetes estén ligeramente dorados y bien cocidos.

4 Mientras, corte el limón en rajitas. Escurra el pescado frito sobre papel absorbente; luego, pase los filetes a un platón que previamente haya calentado, y adórnelos con las rajitas de limón.

INFORMACIÓN NUTRIMENTAL, SI SE USA MERO: calorías: 258, hidratos de carbono: 9 g, proteínas: 34 g, grasa: 10 g (grasa saturada: 2 g); buena fuente de vitamina E.

CONSEJO

Cualquier pescado blanco, como el mero, el huachinango, el robalo, el halibut o la merluza, es adecuado para este platillo. Como alternativa, podría usar rape o cazón, pero tendrá que dejarlos cocer un poco más. Cualquiera resulta igual de sabroso.

DOS PLATOS DE PESCADO CONDIMENTADO:
(*arriba*) ATÚN FRITO CON SALSA PICANTE;
(*abajo*) PESCADO BLANCO ENNEGRECIDO.

CALAMAR FRITO CON MENTA

El calamar fresco, frito rápidamente, es tierno y jugoso. Aderezado con lechuga picada bañada en una salsa caliente de cebolla y limón, es perfecto para un almuerzo ligero o para una elegante entrada.

TIEMPO: 30 MINUTOS PORCIONES: 4

500 g de calamares preparados (sólo el saco, sin cabeza ni tentáculos)
3 corazones de lechuga
2 chalotes
2 limones
6 ramas de menta
85 g de mantequilla
2 dientes de ajo
2 cucharadas de aceite vegetal
Sal y pimienta negra
***Para servir*: pan francés o italiano**

1 Parta el calamar en mitades, a lo largo. Si los triángulos planos miden más de 10 cm, vuélvalos a partir por la mitad. Con un cuchillo afilado, hágales incisiones por dentro en forma de diamante, y reserve.

2 Lave y quíteles las hojas exteriores a las lechugas y córtelas en tiritas delgadas; después, póngalas en una ensaladera grande.

3 Pele y pique los chalotes. Lave el limón y luego ralle la cáscara y exprima el jugo. Corte el otro limón en rodajas y resérvelo. Lave y escurra la menta, y pique las hojas finamente.

4 Derrita la mantequilla en una cacerola. Pele y machaque el ajo en la cacerola. Añada los chalotes y sofríalos a fuego lento durante 1 minuto. Luego añada la ralladura y el jugo de limón; revuelva y vierta la mezcla sobre la lechuga.

5 Ponga el aceite en una sartén grande hasta que esté bien caliente; agregue los calamares, y fríalos por partes, 2 minutos cada una, hasta que las piezas estén opacas y rizadas.

6 Pase los calamares a la ensaladera, con todo y jugo y los restos de la sartén; sazone al gusto, y mézclelos con la lechuga.

7 Espolvoree la menta picada sobre la ensalada, y sírvala adornada con las rodajas de limón y acompañada de pan caliente.

SUGERENCIA PARA SERVIR
Este platillo combina con el sabor mediterráneo de la Ensalada griega (pág. 87).

INFORMACIÓN NUTRIMENTAL: *calorías: 536, hidratos de carbono: 47 g, proteínas: 28 g, grasa: 26 g (grasa saturada: 13 g); buena fuente de vitaminas A, E, complejo B, ácido fólico y selenio.*

CAMARONES MASALA

Este sencillo platillo inspirado en la cocina de la India, tiene un suave sabor condimentado que equilibra la frescura de la crema de coco con el comino, el cilantro, la cúrcuma y el aromático jengibre.

TIEMPO: 20 MINUTOS PORCIONES: 4

1 cebolla mediana
2 dientes de ajo
1 trozo de raíz de jengibre fresco de 5 cm
2 cucharadas de aceite de girasol
½ cucharadita de cilantro molido
½ cucharadita de comino molido
½ cucharadita de cúrcuma molida
400 g de camarones gigantes, pelados y cocidos
200 ml de crema de coco
Sal y pimienta negra
Unas ramas de cilantro fresco

1 Pele y pique la cebolla y el ajo. Quítele muy bien la piel al jengibre y píquelo finamente. En una sartén, caliente el aceite y acitrone a fuego moderado la cebolla y el ajo. Incorpore el jengibre y el cilantro molido, el comino y la cúrcuma y cocine de 1 a 2 minutos más, o hasta que las especias liberen su fragancia.

2 Agregue los camarones y la crema de coco a la sartén. Sazone con sal y pimienta al gusto. Espere a que la mezcla suelte el hervor, baje la flama y cocine durante aproximadamente 2 minutos.

3 Mientras, lave y seque el cilantro. Reserve unas ramitas, y pique el resto. Coloque el guiso en un platón y espolvoree el cilantro picado (hágalo al final para que el cilantro mantenga su sabor fresco). Adorne con algunas ramitas de cilantro y sirva de inmediato.

SUGERENCIA PARA SERVIR

Este platillo ligero podría acompañarse con arroz de grano largo al vapor. También puede servirlo acompañado con Curry de papas y ejotes (pág. 253) y Dahl (pág. 252), para una comida mucho más sustanciosa.

INFORMACIÓN NUTRIMENTAL: calorías: 278, hidratos de carbono: 8 g, proteínas: 23 g, grasa: 17 g (grasa saturada: 9 g); buena fuente de calcio, fósforo y magnesio.

CERDO CON GLASEADO DE CIRUELA

RES,
CORDERO
Y CERDO

Halague a la familia o deleite a sus invitados con nutritivos y sabrosos platillos principales para todos los gustos.

STROGANOFF DE RES

Los pepinillos y los granos de pimienta verde acentúan el sabor de la crema agria, los champiñones y las fajitas de filete, en esta variedad de stroganoff de inigualable sabor.

TIEMPO: 30 MINUTOS PORCIONES: 4

3 cucharadas de aceite de oliva
1 cebolla morada grande
250 g de champiñones pequeños
550 g de filete de res
2 cucharaditas de granos de pimienta verdes en escabeche
Sal
2 cucharadas de mostaza tipo Dijon
300 ml de crema agria
85 g de pepinillos escurridos
Un manojito de cebollines

1 En una sartén grande, caliente 1 cucharada de aceite, pele la cebolla y acitrónela a fuego moderado durante aproximadamente 3 minutos.

2 Parta los champiñones por la mitad y añádalos a la sartén. Suba la llama y cocine durante unos 5 minutos, revolviendo de vez en cuando, o hasta que se hayan ablandado y estén cocidos y todo el líquido se haya evaporado; luego, colóquelos en un recipiente grande y déjelos a un lado.

3 Mientras se cuecen los champiñones, rebane el filete en tiras muy delgadas.

4 Añada 1 cucharada más de aceite a la sartén y suba la llama a fuego alto. Agregue la mitad de la carne y cocine durante aproximadamente a 3 minutos, o hasta que esté ligeramente dorada; después, retírela del fuego. Repita la operación con las tiras restantes de carne.

5 Ponga los champiñones y la cebolla en la sartén, y mézclelos con toda la carne, incluyendo su jugo. Después, machaque los granos de pimienta verde y añádalos con un poco de sal. Revuelva bien y cocine durante unos 2 minutos más, revolviendo de vez en cuando, o hasta que la carne esté cocida.

6 Licue la mostaza y la crema agria. Retire de la licuadora y añada los pepinillos. Revuelva bien e incorpore esta mezcla a la sartén. Cocine a fuego medio sin permitir que el guiso suelte el hervor. Corte las puntas de los cebollines; enjuáguelos y píquelos; espárzalos sobre la carne, y sirva.

SUGERENCIA PARA SERVIR
Sirva con arroz, puré de papa o fideos, que pueden cocerse mientras prepara la carne.

VARIACIÓN
Este platillo también se puede preparar con filete de cerdo, de cordero o con pechugas de pollo. Si lo prefiere, puede picar los pepinillos.

INFORMACIÓN NUTRIMENTAL: calorías: 563, hidratos de carbono: 14 g, proteínas: 35 g, grasa: 41 g (grasa saturada: 16 g); buena fuente de vitaminas A, E, complejo B, ácido fólico, hierro, selenio y cinc.

FILETES PICANTES CON RATATOUILLE

*Las calabacitas, las berenjenas y los jitomates, con un toque de vino y hierbas, forman una ratatouille
que complementa deliciosamente estos filetes picantes.*

TIEMPO: 30 MINUTOS PORCIONES: 4

4 cucharadas de aceite de oliva
2 chalotes
2 dientes de ajo
500 g de calabacitas
300 g de berenjenas tiernas
½ cucharadita de tomillo seco
½ cucharadita de orégano seco
4 cucharadas de vino tinto
400 g de jitomates
2 cucharadas de puré de tomate
Sal
1 cucharadita de cilantro molido
½ cucharadita de comino molido
1 cucharadita de páprika molida
½ cucharadita de pimienta de Cayena
4 filetes de sirloin de unos 175 g cada uno

1 En una cacerola grande, caliente
2 cucharadas de aceite; pele y pique
los chalotes y los ajos, y acitrónelos
durante unos 3 minutos.

2 Mientras tanto, lave y seque las
calabacitas y las berenjenas; retíreles
las puntas, y después córtelas en
trozos de aproximadamente 1 cm.
Ponga las verduras en la cacerola
junto con el tomillo y el orégano,
y cocine durante 5 minutos.

3 Pique los jitomates y agréguelos
a la cacerola junto con el vino, el
puré de tomate y un poco de sal;
tape la cacerola, y cocine a fuego
bajo durante aproximadamente
15 minutos, revolviendo de vez en
cuando, o hasta que las verduras
estén tiernas.

4 Ponga las especias en un recipiente pequeño; añada una pizca
de sal, y revuelva bien. Con esta
mezcla, sazone los filetes por los
dos lados.

5 Caliente el resto del aceite de
oliva en una sartén de fondo grueso
hasta que se levante una nubecilla
azul; fría los filetes unos 4 minutos,
por cada lado, si quiere un término
rojo; si la quiere término medio,
fríalos unos 5 minutos o, si le gusta
la carne bien cocida, fríala unos

6 minutos. Los tiempos de cocción
varían dependiendo del grosor de la
carne. Acompañe con ratatouille.

*INFORMACIÓN NUTRIMENTAL: calorías: 407,
hidratos de carbono: 9 g, proteínas: 46 g,
grasa: 20 g (grasa saturada: 5 g); buena
fuente de vitaminas A, C, E, complejo B, ácido
fólico, hierro y cinc.*

DELICIOSAS SALSAS DIRECTAMENTE DE LA SARTÉN

*Al freír carne, ya sea filete de res, pechuga de pollo, chuleta de cordero o de cerdo,
se producen suculentos jugos que pueden aprovecharse para preparar
exquisitas salsas directamente en la sartén.*

Cada una de las siguientes salsas es suficiente para cuatro porciones. Primero retire la carne de la sartén y colóquela en el horno, a temperatura baja, para mantenerla caliente. Vacíe casi toda la grasa o el aceite de la sartén y deje en él alrededor de 1 cucharada, además de los residuos. Prepare ahí mismo la salsa de su preferencia.

CHALOTES EN VINO TINTO
Ideal para filetes de sirloin.

Retire la piel y rebane cuatro chalotes. Machaque un diente de ajo sin piel. Acitrónelos en el jugo de la carne durante unos 2 minutos y luego añada 250 ml de vino tinto y 1 cucharada de perejil picado. Cocine a fuego moderado, sin dejar de mover y raspando el fondo de la sartén, hasta que el líquido se reduzca a un tercio. Sazone al gusto y sirva sobre los filetes, espolvoreando con más perejil picado.

SALSA DE MOSTAZA Y CREMA
Deliciosa para pollo o ternera.

Vierta 300 ml de crema espesa en la sartén, añada 2 cucharadas de mostaza tipo Dijon o mostaza al estragón y mezcle bien. Cuando la salsa empiece a burbujear, sazone con sal y pimienta negra y vierta sobre la carne. Para hacer una salsa aún más rápida, mezcle la mostaza, la sal y la pimienta negra con la crema mientras se cuece la carne.

SALSA DE SALVIA Y MANZANAS
Ideal para chuletas de cerdo.

Ralle en la sartén una manzana Rome Beauty con cáscara (225 g);

FILETE FRITO

Uno de los más deliciosos platillos rápidos de carne es un suave filete frito, dorado por fuera y jugoso por dentro.

1 Engrase con aceite una sartén grande de fondo grueso y póngalo al fuego hasta que esté bien caliente.

2 Sazone los filetes con pimienta negra y fríalos durante 2 minutos por cada lado.

3 Cueza la carne (volteándola a la mitad del tiempo) unos 3 minutos para término rojo, 4 para término medio o de 5 a 7 minutos para bien cocido. Para filetes término rojo, mantenga la llama alta todo el tiempo. Para término medio y bien cocido, cocine a fuego medio.

---

deseche el corazón. Pique finamente 8 hojas de salvia fresca y añada la mitad junto con 1 cucharada de vinagre de manzana y 2 cucharadas de agua. Cocine sin dejar de mover hasta que la manzana esté suave. Agregue más agua si es necesario. Pique la mitad de una cebolla morada chica y añádala a la sartén con el resto de la salvia. Sazone al gusto y sirva.

SALSA DE VINO TINTO Y GROSELLAS
Un excelente sabor para las chuletas de cordero.

Incorpore a la sartén de los jugos 2 cucharaditas de semillas de comino y ½ cucharadita de páprika, de canela en polvo y de cilantro molido, y 300 ml de vino tinto. Mueva y raspe el fondo hasta que el vino empiece a hervir, luego agregue 2 o 3 cucharaditas de jalea o mermelada de grosella. Revuelva bien y cocine durante aproximadamente 5 minu-

tos, moviendo frecuentemente, o hasta que el líquido se reduzca a la mitad. Sazone y sirva sobre la carne.

SALSA DE JITOMATE
La favorita para las salchichas y los embutidos, también se lleva bien con chuletas de cerdo.

Acitrone en la sartén un diente de ajo finamente picado. Incorpore 200 g de jitomates, sin piel y picados, y cocine a fuego alto un par de minutos para que la salsa espese, mientras raspa el fondo de la sartén. Agregue sal y pimienta al gusto; añada 1 cucharadita de salsa inglesa y, si gusta, algunas gotas de salsa Tabasco. Mezcle y sirva.

SALSA DE CREMA AL BRANDY
Una salsa tersa y deliciosa para cualquier carne roja, especialmente para filetes de res.

Mezcle 4 cucharadas de brandy con los jugos de la sartén y cocine durante aproximadamente 2 minutos, moviendo y raspando los residuos del fondo.

Agregue 1 cucharada de tomillo fresco picado (o bien, 1 cucharadita de tomillo en polvo), 1 cucharada de puré de tomate y 1 cucharada de vinagre balsámico, y deje que se cocine a fuego bajo durante 1 minuto, moviendo, hasta obtener una salsa uniforme.

Finalmente, añada 100 ml de crema espesa y espere a que la salsa suelte el hervor. Añada sal y pimienta negra al gusto, revuelva bien y sirva la salsa sobre la carne.

SALSA DIRECTAMENTE DE LA SARTÉN:
CHALOTES EN VINO TINTO

CHILI DE RES CON FRIJOLES

Nada como una deliciosa porción de chili con carne, muy picante, preparado con carne molida de res cocida con frijoles negros y servido con tortillas de maíz.

TIEMPO: 30 MINUTOS PORCIONES: 4

1 pimiento rojo chico
1 chile verde chico
1 cebolla mediana
2 cucharadas de aceite de girasol
500 g de carne molida de sirloin
1 cucharada de páprika
1 cucharada de comino molido
3 dientes de ajo
400 g de jitomates
2 cucharaditas de puré de tomate
1 cucharadita de orégano seco
125 ml de vino tinto o de caldo de res
Sal
½ cucharadita de azúcar
2 cebollitas de Cambray
400 g de frijoles negros, cocidos
8 tortillas de harina
4 cucharadas de crema agria

1 Pique el pimiento y la cebolla.

2 En una cacerola grande con el aceite, fría a fuego medio el pimiento, la cebolla y la carne molida; añada la páprika y el comino. Revuelva constantemente y cocine hasta que la carne esté dorada.

3 Pele y machaque los ajos, y añádalos a la cacerola junto con el chile, los jitomates, previamente picados y sin piel, el puré de tomate, el orégano, el vino o el caldo, la sal y el azúcar. Espere a que el guisado suelte el hervor, baje la llama, tape la cacerola y cocine durante a fuego medio durante 15 minutos.

4 Lave y seque las cebollitas de Cambray, píquelas y resérvelas. Precaliente un comal a fuego medio, para calentar después las tortillas.

5 Transcurridos los 15 minutos de cocción, incorpore a la cacerola los frijoles, sin su caldo, y cocine durante 5 minutos más. Mientras tanto, caliente las tortillas.

6 Sirva el chili en cuatro platos individuales, agregue 1 cucharada de crema agria a cada uno, póngales encima la cebolla picada y lleve a la mesa. Acompañe con las tortillas calientes.

SUGERENCIA PARA SERVIR
Una ensalada verde sencilla con un poco de queso duro, se lleva bien con este delicioso chili.

INFORMACIÓN NUTRIMENTAL: calorías: 575, hidratos de carbono: 53 g, proteínas: 39 g, grasa: 22 g (grasa saturada: 8 g); buena fuente de vitaminas A, C, E, complejo B, hierro y cinc.

CONSEJO

Si desea, puede sustituir las tortillas de maíz por tortillas de harina o por totopos grandes. Para prepararlos, corte cada tortilla en cuatro partes con unas tijeras de cocina, y espere algunos días hasta que las tortillas se endurezcan lo suficiente, antes de freírlas.

ALBÓNDIGAS CON SALSA CRIOLLA

Las albóndigas son fáciles de preparar para una cena familiar y se acompañan de una salsa espesa de verduras crujientes, condimentadas con pimienta de Cayena y páprika picante.

TIEMPO: 30 MINUTOS PORCIONES: 4

Para las albóndigas:
1 cebolla grande
600 g de carne de res molida
1 huevo
3 cucharadas de harina
½ cucharadita de pimienta de Cayena
½ cucharadita de páprika picante
Sal y pimienta negra
2 cucharadas de aceite de oliva

Para la salsa:
1 cucharada de aceite de oliva
1 pimiento verde mediano
1 chile verde mediano
2 dientes de ajo
2 tallos de apio
400 g de jitomates sin piel
1 hoja de laurel
1 cucharadita de pimienta de Cayena
1 cucharadita de páprika picante
1 cucharadita de melaza

1 Para preparar las albóndigas, primero pele y pique la cebolla. Ponga la mitad en un recipiente grande junto con la carne molida, el huevo, la harina, la pimienta de Cayena, la páprika, sal y pimienta negra al gusto. Mezcle muy bien y deje la carne un lado.

2 Para hacer la salsa criolla, en una cacerola grande caliente el aceite a fuego medio y sofría el resto de la cebolla. Pique el pimiento y el e incorpórelos a la cacerola.

3 Pele el ajo y macháquelo en la cacerola. Pique el apio y añádalo, y cocine durante 2 minutos.

4 Pique los jitomates y añádalos con la hoja de laurel, la pimienta de Cayena, la páprika, la melaza y 100 ml de agua. Cocine hasta que la salsa hierva; y deje a fuego bajo, sin tapar, durante unos 15 minutos, o hasta que la salsa espese pero las verduras estén aún crujientes.

5 Mientras se cocina la salsa, prepare las albóndigas. En una sartén grande, caliente el aceite. Con las manos, forme 16 bolas de carne, del tamaño de una pelota de golf, y colóquelas con mucho cuidado en el aceite caliente. Fríalas a fuego alto unos 8 minutos, o hasta que estén doradas por fuera y cocidas por dentro.

6 Sazone la salsa criolla con sal y pimienta al gusto, y sírvala con las albóndigas.

SUGERENCIA PARA SERVIR
Una combinación de arroz blanco y silvestre, o una Ensalada de papas estilo cajún (pág. 102) son una excelente guarnición.

INFORMACIÓN NUTRIMENTAL: calorías: 526, hidratos de carbono: 19 g, proteínas: 35 g, grasa: 35 g (grasa saturada: 12 g); buena fuente de vitaminas A, C, E, complejo B, ácido fólico y cinc.

BALTI DE RES

Los platos balti, originarios de Cachemira, son curries fritos a fuego bajo que tradicionalmente se sirven con pan.

TIEMPO: 25 MINUTOS	PORCIONES: 4

2 cucharadas de aceite de girasol	1 pimiento rojo
1 cebolla mediana	3 jitomates medianos
500 g de bistecs de res	½ limón
1 diente de ajo	1 cucharada de garam masala (vea pág. 35)
4 cm de raíz de jengibre fresco	1 cucharadita de comino molido
1 chile verde pequeño	Sal
1 pimiento verde	*Para adornar:* Coco seco, rallado
	Para servir: 4 panes pita

1 Precaliente el horno a temperatura baja para mantener caliente la carne más adelante. En un cazo, un wok o una sartén grande, caliente 1 cucharada de aceite. Pele y rebane la cebolla finamente, y acitrónela a fuego alto de 3 a 4 minutos, moviendo de vez en cuando.

2 Retire el exceso de grasa de la carne y córtela en tiras muy delgadas. Pele y machaque el ajo; pele y ralle el jengibre. Pique el chile. Añada todos estos ingredientes a la sartén de la cebolla y cocine a fuego alto durante 5 minutos, moviendo de vez en cuando, o hasta que la carne esté ligeramente dorada. Retire la carne de la sartén y manténgala caliente en el horno.

3 Rebane finamente los pimientos y añádalos a la sartén con el resto del aceite. Fría el guiso durante otros 3 minutos, moviendo de vez en cuando.

4 Mientras, pique los jitomates y exprima el jugo del limón. Precaliente el asador a temperatura alta.

5 Añada a la sartén el garam masala y el comino y cocine durante 1 minuto, sin dejar de mover. Agregue los jitomates, el jugo de limón y un poco de sal; luego, cocine a fuego bajo, moviendo constantemente, durante otros 3 o 4 minutos. Si la mezcla se reseca, añada un poco de agua.

6 Rocíe el pan pita con un poco de agua, y áselo durante aproximadamente 1 minuto de cada lado. Regrese la carne a la sartén y caliéntela bien. Para servir, espolvoréela con el coco y acompañe con el pan que acaba de calentar.

INFORMACIÓN NUTRIMENTAL: calorías: 923, hidratos de carbono: 90 g, proteínas: 43 g, grasa: 46 g (grasa saturada: 12 g); buena fuente de vitaminas A, C, E, complejo B, ácido fólico, calcio, hierro, selenio y cinc.

CONSEJO

Si desea darle un toque más auténtico a esta receta utilice pan naan, que es un pan plano de origen hindú con forma de lágrima, el cual se elabora con levadura y se calienta en un horno rústico.

BROCHETAS DE RES CON DOS CEBOLLAS

Deléitese con estas brochetas de carne con cebollas moradas y de Cambray, maceradas en una salsa aromática, la cual se prepara con una combinación de mostaza tipo Dijon, salsa inglesa y vinagre de vino tinto.

TIEMPO: 25 MINUTOS PORCIONES: 4

700 g de filetes de sirloin magros
2 cebollas moradas medianas
8 cebollitas de Cambray grandes
1 cucharada de mostaza tipo Dijon
1 cucharadita de salsa inglesa
½ cucharadita de vinagre de vino tinto
Sal y pimienta negra
4 cucharadas de aceite de oliva
Para la salsa, opcional:
6 cucharadas de vino tinto

1 Precaliente el asador a temperatura alta. Parta la carne en 20 cubos iguales. Pele y retire las puntas de las cebollas moradas, pártalas en mitades, a lo ancho, y cada mitad, en cuatro triángulos. Corte los rabitos de las cebollitas de Cambray y pártalas de unos 10 cm de largo.

2 En cada uno de cuatro alambres, ensarte cinco trozos de carne, alternados con una combinación de cebolla morada y de cebollitas de Cambray.

3 Coloque las brochetas en la bandeja del asador.

4 En un recipiente pequeño, mezcle la mostaza, la salsa inglesa, el vinagre, la sal y la pimienta. Agregue el aceite y revuelva muy bien.

5 Unte la parte superior de las brochetas con la mitad de la mezcla, métalas en el asador cerca de la fuente de calor y déjelas de 3 a 5 minutos. Voltee las brochetas, úntelas con la otra mitad de la mezcla y áselas otros 3 minutos más. Si es necesario, coloque un poco más abajo la bandeja del asador.

6 Saque las brochetas del asador y manténgalas calientes. Vierta el vino, si lo desea, en la bandeja para asar y póngalo a calentar a fuego moderado; luego, mezcle y raspe los restos del fondo de la bandeja. Caliente, sazone al gusto y sirva con las brochetas.

SUGERENCIA PARA SERVIR
Acompañe con puré de papa y una ensalada verde o Zanahorias tiernas a la naranja (pág. 256).

INFORMACIÓN NUTRIMENTAL: calorías: 375, hidratos de carbono: 8 g, proteínas: 43 g, grasa: 20 g (grasa saturada: 5 g); buena fuente de vitamina E, complejo B y cinc.

TACOS ÁRABES

Pruebe estos tacos de carne molida con piñones, condimentada con comino y pimienta inglesa.

TIEMPO: 30 MINUTOS PORCIONES: 4

| 100 g de piñones |
| 1 cucharada de aceite de oliva |
| 1 cebolla grande |
| 500 g de carne molida de res |
| 200 g de jitomates |
| 1 cucharada de comino molido |
| 1 cucharadita de pimienta inglesa molida |
| Un manojo de cilantro |
| 1 pepino |
| ½ lechuga |

Para servir: 200 ml de crema agria, 8 tortillas de harina suaves o de panes pita

1 Precaliente el horno a temperatura media para calentar las tortillas o el pan. Si desea, puede utilizar un comal. En una sartén grande, ase los piñones, moviéndolos con frecuencia, hasta que estén ligeramente dorados. Colóquelos en un tazón y resérvelos.

2 Ponga el aceite de oliva en la sartén y caliente a fuego bajo. Pele la cebolla, pártala por la mitad y píquela; luego, acitrónela a fuego medio durante 3 minutos. Añada la carne y cocine hasta que esté dorada. Mientras tanto, pele los jitomates y píquelos. Añada el comino, la pimienta inglesa el jitomate picado. Cocine a fuego bajo de 10 a 15 minutos, revolviendo de vez en cuando.

3 Lave el cilantro y pique lo suficiente para obtener 4 cucharadas. Lave el pepino y píquelo con todo y cáscara; lave la lechuga y píquela finamente. Ponga el pepino y la lechuga en dos recipientes por separado. Caliente las tortillas o el pan.

4 Cuando la carne esté cocida, incorpórele el cilantro y los piñones;

HÁGALO FÁCILMENTE

Si utiliza pan pita, caliéntelo y hágale un corte lateral, de manera que se forme una especie de recipiente para rellenarlo con la carne, la ensalada y el pepino. Añada una cucharada de crema, y coma los tacos con las manos; es la mejor manera de hacerlo.

caliéntela durante aproximadamente 2 minutos, y coloquela en un recipiente para servir. Ponga las tortillas o el pan en un cesto con servilleta de tela, para que se conserven calientes.

5 En la mesa, cada comensal debe tomar una tortilla, añadir una cucharada de carne y agregar lechuga, pepino y un poco de crema agria; luego, debe enrollar la tortilla, para formar el taco. Si usa pan pita, haga una ranura en cada pan para que se pueda rellenar con carne y ensalada (vea el recuadro de arriba).

INFORMACIÓN NUTRIMENTAL: calorías: 689, hidratos de carbono: 41 g, proteínas: 38 g, grasa: 43 g (grasa saturada: 13 g); buena fuente de vitaminas A, C, E, complejo B, ácido fólico, hierro y cinc.

HÍGADO DE TERNERA CON VINAGRE BALSÁMICO

El sencillo hígado encebollado se transforma en una comida memorable con una suculenta salsa preparada con vinagre balsámico, mostaza francesa y un poco de crema, con un toque final de salvia fresca.

TIEMPO: 25 MINUTOS   PORCIONES: 4

---

1 cebolla grande

2 cucharadas de aceite de oliva

1 cucharada de hojitas de salvia fresca

4 bistecs de hígado de ternera, de unos 125 g cada uno

Sal y pimienta negra

Para la salsa:

2 cucharadas de vinagre balsámico

½ cucharada de mostaza tipo Dijon

100 ml de crema a temperatura ambiente

Sal y pimienta

---

1 Precaliente el horno a 150 °C. Pele la cebolla y pártala en rodajas muy delgadas.

2 En una sartén grande, ponga 1 cucharada de aceite de oliva y caliente a fuego alto; acitrone la cebolla, sin dejar de mover, durante 1 minuto. Baje la llama, tape la sartén y cocine durante 6 minutos más. Coloque la cebolla en un plato y manténgala caliente.

3 Lave bien las hojitas de salvia y píquelas.

4 Sazone el hígado con sal y pimienta negra al gusto. Agregue el resto del aceite de oliva a la sartén y, cuando esté bien caliente, fría el hígado durante 1 a 2 minutos por cada lado, o hasta que cambie de color. Retire el hígado del fuego y manténgalo caliente.

5 Para preparar la salsa, ponga a hervir el vinagre en la sartén con 3 cucharadas de agua, y revuelva constantemente. Reduzca la llama y añada la mostaza, la crema, sal y pimienta al gusto.

6 Coloque el hígado y la cebolla en la sartén de la salsa, revuelva bien y cocine a fuego bajo de 1 a 2 minutos. Antes de servir, espolvoree con la salvia.

SUGERENCIA PARA SERVIR

Unas papas al horno con crema resultan una guarnición estupenda.

INFORMACIÓN NUTRIMENTAL: calorías: 452, hidratos de carbono: 8 g, proteínas: 42 g, grasa: 27 g (grasa saturada: 5 g); buena fuente de vitaminas A, D, E, niacina, ácido fólico, hierro y magnesio.

CONSEJO

El vinagre balsámico se añeja en barricas de maderas fragantes, las cuales son las responsables del delicioso sabor de este platillo.

ESCALOPAS DE TERNERA

Una sencilla hoja de salvia fresca sobre cada trozo de ternera le añade un toque especial y una delicada fragancia a estas escalopas, que se sirven en una refrescante salsa de limón y mantequilla.

TIEMPO: 15 MINUTOS PORCIONES: 2

1 cucharada de harina
Sal y pimienta negra
2 escalopas de ternera, de unos 100 g cada una
6 hojas de salvia fresca
1 cucharada de aceite
40 g de mantequilla
½ limón
4 cucharadas de caldo de pollo

1 Precaliente el horno a temperatura baja para mantener la carne caliente más adelante. Ponga la harina sobre una mesa o en un plato grande, y sazónela con sal y pimienta. Corte cada escalopa de ternera en tres piezas iguales, coloque una hoja de salvia sobre cada una y presione. Después, enharine bien las piezas.

2 En una sartén, caliente el aceite y la mitad de la mantequilla a fuego medio. Fría la carne durante unos 2 minutos por cada lado; luego, retírela de la sartén y manténgala caliente.

3 Exprima el jugo del medio limón en la sartén, añada el caldo y cocine a fuego moderado, moviendo constantemente, hasta que el líquido se reduzca a la mitad. Añada el resto de la mantequilla y siga cocinando, sin dejar de mover, hasta que la mantequilla se disuelva en el agua.

4 Vuelva a colocar las escalopas de ternera en la sartén y cocine otros segundos más de cada lado, para que se calienten bien. Sirva inmediatamente.

SUGERENCIA PARA SERVIR
Sirva con papitas nuevas cocidas y una sencilla ensalada verde o una guarnición de Achicoria horneada a la italiana (pág. 258) o Calabacitas, manzanas y persillade (pág. 260).

INFORMACIÓN NUTRIMENTAL: calorías: 324, hidratos de carbono: 4 g, proteínas: 24 g, grasa: 24 g (grasa saturada: 12 g); buena fuente de vitaminas A, E, complejo B y cinc.

CHULETAS DE CORDERO A LA PROVENZAL

Este estofado de cordero tiene un refinado sabor a hierbas y se prepara rápidamente con frijoles y jitomates; se sirve con un puré de papa con sabor a cebolla y ajo.

TIEMPO: 30 MINUTOS PORCIONES: 4

700 g de papas blancas
Sal y pimienta negra
2 cucharadas de aceite de oliva
2 cebollas medianas
2 dientes de ajo
8 chuletas de cordero, de unos 100 g cada una
4 ramitas de romero fresco
225 g de jitomates medianos
200 ml de caldo de pollo
400 g de frijoles bayos cocidos
Sal de ajo
4 cucharadas de leche

1 En una cacerola grande, ponga a calentar agua. Quíteles la piel a las papas y pártalas en cubitos; colóquelas en el agua hirviendo con un poco de sal. Baje la llama, tape la cacerola y cocine a fuego medio de 15 a 20 minutos, o hasta que estén tiernas.

2 Mientras tanto, caliente el aceite en una sartén grande o en una cacerola. Pele las cebollas, pártalas por la mitad y luego, en rebanadas, y agréguelas a la sartén. Pele los ajos y macháquelos en la sartén. Acitrónelos a fuego alto; después, páselos a un plato, y déjelos aparte.

3 Ponga las chuletas en la sartén y fríalas a fuego moderado de 2 a 3 minutos por cada lado, o hasta que estén ligeramente doradas.

4 Mientras las chuletas se fríen, lave bien el romero y deshójelo. Luego, lave muy bien los jitomates y píquelos.

5 Devuelva la mitad de la cebolla con ajo a la sartén con las chuletas. Añada los jitomates picados, el caldo de pollo y el romero, y suba la llama.

6 Escurra los frijoles cocidos y añádalos a la sartén; sazone con sal de ajo y pimienta negra. Espere a que el guiso suelte el hervor y cocine a fuego bajo, sin tapar, de 8 a 10 minutos.

7 Mientras tanto, escurra las papas y haga un puré con la leche y el resto de la cebolla y el ajo. Si gusta, agréguele unas hojitas de romero picadas. Sazone con sal y pimienta al gusto y sirva con el cordero.

INFORMACIÓN NUTRIMENTAL: calorías: 711, hidratos de carbono: 45 g, proteínas: 39 g, grasa: 43 g (grasa saturada: 18 g); buena fuente de vitaminas C, E, complejo B, ácido fólico y cinc.

MEDALLONES DE CORDERO ESTILO ORIENTAL

Suculentos medallones del más tierno cordero servidos con crujientes verduras verdes y elotitos fritos, resaltados con los sabores orientales del jengibre y la salsa de soya.

TIEMPO: 30 MINUTOS PORCIONES: 4

1 cm de jengibre fresco
125 g de ramitos de brócoli
125 g de poro
125 g de berros
125 g de chícharos japoneses
125 g de elotitos
8 medallones de filete de cordero (unos 500 g)
2 cucharadas de aceite de oliva
Sal y pimienta negra
2 cucharadas de aceite de nuez
3 cucharadas de caldo de pollo
2 cucharadas de salsa de soya

1 Pele el jengibre, píquelo y resérvelo. Enjuague las verduras. Corte el brócoli en rebanadas y el poro, en tiras, a lo largo. Lave y pique los berros y córteles las puntas a los chícharos japoneses. Reserve todo.

2 Barnice los medallones con el aceite de oliva y sazónelos con sal y pimienta.

3 Caliente una sartén a fuego medio y fría los medallones, sin utilizar grasa, durante 2 minutos, o hasta que estén dorados. Voltéelos y fríalos otros 3 minutos, o hasta que estén cocidos por fuera pero aún rosados por dentro. Tape la sartén y manténgalos calientes.

4 Mientras, caliente el aceite de nuez en un wok o en una sartén grande. Añada el jengibre y las verduras, y cocine de 3 a 4 minutos, o hasta que estén tiernas.

5 Añada el caldo y la salsa de soya a las verduras y sazone al gusto; después, tape y cocine durante 2 minutos más, moviendo de vez en cuando.

6 Coloque dos medallones en cada plato y sirva las verduras encima y a un lado.

SUGERENCIA PARA SERVIR
Como guarnición, pruebe la Ensalada de arroz silvestre e hinojo (pág. 85).

INFORMACIÓN NUTRIMENTAL: calorías: 405, hidratos de carbono: 8 g, proteínas: 30 g, grasa: 28 g (grasa saturada: 10 g); buena fuente de vitaminas A, C, E, complejo B y cinc.

CONSEJO

También puede utilizar otros cortes, siempre y cuando sean gruesos y, de preferencia, redondos.

CORDERO CON SALSA DE GROSELLA

*Estas deliciosas chuletas de cordero a la parrilla con aromáticas semillas de comino y otras especias,
se acompañan con una salsa de grosellas cocidas en vino tinto.*

TIEMPO: 25 MINUTOS   PORCIONES: 4

**4 chuletas de cordero limpias,
de unos 125 g cada una**

Para adornar: **un manojo de
hojas de berros**

Para la salsa:
2 cucharadas de semillas de comino

1 cucharadita de cilantro molido

1 cucharadita de canela en polvo

1 cucharadita de páprika

Pimienta negra

200 ml de vino tinto

50 g de azúcar

**200 g de grosellas
o de frambuesas frescas**

1   Precaliente el asador a temperatura alta. Para preparar la salsa, muela todas las especias con un molino de pimienta. Ponga la mitad de la mezcla de especias en una cacerola pequeña con el vino y el azúcar, y ponga el resto a un lado.

2   Enjuague las grosellas y reserve algunas para adornar. Añádalas a la cacerola del vino; cocine a fuego moderado, sin dejar de mover, y espere a que la mezcla suelte el hervor; baje la llama y siga cocinando a fuego bajo de 12 a 15 minutos, o hasta que el líquido adquiera la consistencia de un jarabe ligero.

3   Unte ambos lados de las chuletas con la mezcla de especias restante y áselas durante aproximadamente 7 minutos. Mientras tanto, lave y corte los berros.

4   Vierta un poco de salsa en cada plato y ponga una chuleta encima. Luego, adorne con los berros y las grosellas.

SUGERENCIA PARA SERVIR
Sirva con ensalada verde o con ensalada mixta.

INFORMACIÓN NUTRIMENTAL: calorías: 400, hidratos de carbono: 16 g, proteínas: 24 g, grasa: 24 g (grasa saturada: 11 g); buena fuente de vitaminas C, E, complejo B, hierro y cinc.

MEDALLONES DE CORDERO CON ESPINACAS

El sabor de los deliciosos piñones, las pasas y la espinaca combina de maravilla con el de estos medallones de cordero a la mostaza, asados y condimentados.

TIEMPO: 30 MINUTOS PORCIONES: 4

2 cucharadas de aceite de oliva
2 cucharadas de mostaza a la miel
10 medallones de cordero (unos 800 g)
2 ramas grandes de romero
Sal y pimienta negra
½ cebolla morada
3 dientes de ajo
1 jitomate mediano
50 g de piñones
40 g de pasitas sin semilla
500 g de espinacas tiernas
Para servir: baguette

1 Precaliente el horno a 220 °C. Engrase con un poco de aceite una bandeja para hornear pequeña.

2 Con la mitad de la mostaza, unte los medallones. Lave y pique el romero, espolvoréelo sobre los medallones, y sazónelos con sal y pimienta; déjelos a un lado hasta que el horno esté bien caliente.

3 Pele la cebolla y los ajos, y píquelos; lave el jitomate, y píquelo también.

4 Ase los medallones en la rejilla superior del horno durante 10 minutos, luego voltéelos. Únteles el resto de la mostaza, espolvoréeles más romero y sazónelos. Áselos de 5 a 8 minutos más, o hasta que estén en su punto.

5 Mientras se asa el cordero, caliente el resto del aceite en una sartén grande. Añada la cebolla y el ajo, tape y cocine a fuego bajo durante 5 minutos, o hasta que la cebolla esté blanda, pero no acitronada. Añada los piñones y las pasas y fría durante aproximadamente 3 minutos más.

6 Retire los tallos de las espinacas y después lávelas y séquelas perfectamente. Añada el jitomate a la sartén y cocine 1 minuto. Agregue las espinacas y una pizca de sal y cocine unos 3 minutos, sin dejar de mover, o hasta que las espinacas estén ligeramente cocidas. Si usa muchas, tape la sartén por 1 minuto hasta que las espinacas empiecen a verse ligeramente marchitas; destápelas y sofríalas a fuego alto, revolviendo constantemente.

7 Divida la mezcla de espinacas entre los platos y acomode los medallones encima. Sirva con rebanadas de baguette.

INFORMACIÓN NUTRIMENTAL: calorías: 705, hidratos de carbono 48 g, proteínas: 54 g, grasa: 34 g (grasa sat.: 9 g); buena fuente de vit. A, B, C, E, ác. fólico, calcio, hierro, selenio y cinc.

HÍGADO DE TERNERA CON TOCINO Y CEBOLLA

El maravilloso sabor cálido y suave de la salvia fresca le da un toque especial al tradicional hígado con tocino, mientras que la cebolla con una cremosa salsa le proporciona un sabor inigualable.

TIEMPO: 25 MINUTOS PORCIONES: 4

| 1 cebolla grande, sin piel |
| 8 hojas grandes de salvia fresca |
| 2 cucharadas de aceite de oliva |
| 4 bistecs de hígado de ternera, de unos 85 g cada uno |
| 2 cucharadas de harina |
| Sal y pimienta negra |
| 300 ml de caldo de res |
| 150 g de tocino de lomo ahumado |
| 150 ml de crema agria |
| *Para adornar:* hojas de salvia fresca |

1 Precaliente el horno a 150 °C. Pele la cebolla, pártala por la mitad y rebánela. Lave las hojas de salvia y píquelas finamente.

2 En una sartén, caliente 1 cucharada de aceite de oliva y acitrone la cebolla a fuego medio durante 4 a 5 minutos.

3 Enjuague el hígado y séquelo con servilletas de papel absorbente. Ponga la harina en un plato, sazónela con pimienta y enharine ligeramente los bistecs de hígado.

4 Coloque en la sartén de la cebolla la harina que sobró después de enharinar los bistecs, y añada la salvia picada. Cocine alrededor de 1 minuto. Añada el caldo de res y espere a que suelte el hervor, mientras revuelve. Baje la llama y deje que se cocine a fuego bajo.

5 Caliente el resto del aceite de oliva en una sartén y fría el tocino de 1 a 2 minutos por cada lado, luego sáquelo de la sartén y manténgalo caliente en el horno. Ponga el hígado en la sartén y fríalo a fuego medio durante 2 minutos por cada lado, o hasta que la harina esté ligeramente dorada.

6 Saque el tocino del horno y añádalo a la sartén. Incorpore la salsa y revuelva, raspando los residuos del fondo. Cocine a fuego bajo de 3 a 4 minutos, o hasta que el hígado esté cocido.

7 Agregue la crema y revuelva bien, sazone con sal y pimienta al gusto. Recuerde que el tocino es salado. Cocine a fuego bajo durante 1 a 2 minutos más para que se caliente muy bien la crema.

8 Ponga el guisado en un platón previamente calentado, adorne con las hojas de salvia y sirva de inmediato.

INFORMACIÓN NUTRIMENTAL: calorías: 453, hidratos de carbono: 13 g, proteínas: 36 g, grasa: 29 g (grasa saturada: 6 g); buena fuente de vitaminas A, D, E, niacina, ácido fólico, hierro y magnesio.

COSTILLAS DE CORDERO CON FRIJOLES

*Un platillo rústico de costillas de cordero fritas con romero y acompañadas de ejotes y frijoles,
enriquecidas con el sabor de las alcaparras.*

TIEMPO: 30 MINUTOS PORCIONES: 4

150 g de ejotes tiernos
Sal y pimienta negra
1 cucharada de aceite de oliva
70 g de mantequilla
1 limón
2 ramitas de romero fresco
8 costillas de espaldilla o de lomo de cordero, de 100 g cada una
1 cebolla mediana
800 g de frijoles bayos cocidos, sin caldo
2 dientes de ajo
150 ml de caldo de pollo
300 ml de vino blanco seco
2 cucharadas de harina de maíz
4 cucharadas de doble crema espesa
2 cucharadas de alcaparras

1 En una cacerola, ponga a hervir agua. Precaliente el horno a temperatura baja.

2 Retire las puntas de los ejotes, lávelos muy bien y córtelos en trozos de unos 2 cm. Coloque los ejotes en una cacerola con un poco de sal, cúbralos con el agua hirviendo y cocine de 5 a 6 minutos.

3 Mientras tanto, ponga el aceite y 25 g de mantequilla en una sartén y caliéntelos a fuego moderado. Lave el limón y ralle la cáscara en la sartén. Enjuague las ramitas de romero; agréguelas a la sartén, y suba la llama.

4 Sazone las chuletas con pimienta. Cuando la mantequilla de la sartén esté muy caliente, incorpore las chuletas, baje la llama a fuego moderado y cocínelas aproximadamente 5 minutos por cada lado, o hasta que estén doradas por fuera pero aún rosas por dentro.

5 Derrita el resto de la mantequilla en otra sartén. Pique la cebolla, añádala a la sartén y acitrónela unos 5 minutos a fuego medio.

6 Escurra los ejotes y mézclelos con los frijoles cocidos, sin caldo.

7 Machaque el ajo en la sartén de la cebolla y cocine durante unos

30 segundos. Agregue los frijoles y los ejotes, sazone al gusto y revuelva. Baje la llama y cocine unos minutos. Mientras tanto, caliente el caldo en una cacerola.

8 Retire las chuletas y el romero de la primera sartén, y manténgalas calientes en el horno.

9 Escurra y deseche la grasa de la sartén, pero deje los residuos de la carne. Añada el vino y el jugo de medio limón y hierva hasta que la mezcla se reduzca a la mitad.

10 Mientras, disuelva la harina de maíz en 1 cucharada de agua y añádala al caldo caliente. Vierta el

caldo en el vino, y espere a que hierva, moviendo constantemente; baje la llama, añada la crema y cocine a fuego bajo. Sazone y añada las alcaparras y caliente. No permita que la salsa hierva, pues se cuajará.

11 Regrese las chuletas y el romero a la sartén con todo y su jugo y caliente bien. Sirva acompañando con los frijoles y los ejotes.

INFORMACIÓN NUTRIMENTAL: calorías: 944, hidratos de carbono: 26 g, proteínas: 33 g, grasa: 73 g (grasa saturada: 39 g); buena fuente de vitaminas A, E, complejo B, selenio y cinc.

KEBABS DE CORDERO CON PAN PITA

Éste es un delicioso platillo ideal para una parrillada. Sírvalo con pan pita caliente, con una crujiente ensalada mixta, y aderece con una refrescante salsa de yogur.

TIEMPO: 30 MINUTOS PORCIONES: 4

2 cucharadas de aceite de oliva
2 dientes de ajo
2 cucharaditas de comino molido
½ cucharadita de pimienta de Cayena
700 g de filete de cordero, cortado en cubos de 2.5 cm
1 corazón de lechuga
4 ramitos de menta fresca
½ pepino
4 jitomates
1 cebolla morada
Sal y pimienta negra
200 g de yogur natural
8 panes pita pequeños

1 Precaliente el asador a temperatura alta. En un recipiente, ponga el aceite; pele el ajo y machárquelo ahí; luego, añada las especias.

2 Bañe muy bien los cubos de carne con el aceite con ajo y ensártelos en cuatro brochetas.

3 Lave la lechuga, píquela y póngala en una ensaladera. Lave las hojas de menta, píquelas y reserve algunas hojas enteras apara adornar. Lave el pepino y los jitomates y píquelos. Pele la cebolla y píquela, y ponga todo en la ensaladera.

4 Sazone la carne de las brochetas. y áselas unos 5 minutos, volteándolas una vez.

5 En un recipiente, mezcle el yogur con un poco de agua y sazone al gusto.

6 Saque las brochetas del asador y déjelas aparte. Caliente los panes pita hasta que estén esponjados.

7 Abra los panes pita por la mitad y rellénelos con ensalada. Ponga la carne de una brocheta encima, bañe con la salsa de yogur, adorne con las hojas de menta y sirva de inmediato.

INFORMACIÓN NUTRIMENTAL: calorías: 899, hidratos de carbono: 95 g, proteínas: 53 g, grasa: 37 g (grasa saturada: 15 g); buena fuente de vitaminas A, C, E, complejo B, ácido fólico, calcio, hierro, selenio y cinc.

KOFTAS DE CORDERO

El cordero tierno se adereza con una mezcla de especias y yogur para lograr deliciosas koftas que se sirven acompañadas de una fresca salsa y arroz.

TIEMPO: 30 MINUTOS PORCIONES: 4

15 g de mantequilla
1 cebolla mediana
300 g de arroz de grano largo
Sal y pimienta negra
5 mm de raíz de jengibre fresco
1 diente de ajo
500 g de carne molida de cordero
Un manojito de cilantro fresco
1 cucharada de jugo de limón
1 cucharadita de garam masala (vea pág. 35)
1 cucharadita de comino molido
1 cucharadita de chile en polvo
1 ½ cucharadas de harina de garbanzo
3 cucharadas de yogur natural
1–2 cucharadas de aceite vegetal

Para la salsa:

2 jitomates
1 chile verde, o rojo, fresco
1 diente de ajo
3 cucharadas de aceite de oliva
1 cucharada de vinagre de vino blanco

1 Ponga a hervir agua en una olla. En una cacerola, derrita la mantequilla. Pele la cebolla, parta un cuarto en rebanadas delgadas, y fríalas ligeramente durante 3 minutos. Añada el arroz y sofría por 1 minuto.

2 Vierta 750 ml de agua hirviendo sobre el arroz, añada sal, tape y espere a que suelte el hervor. Baje la llama y cocine a fuego bajo durante 15 minutos. Precaliente el asador a temperatura alta.

3 Retire la piel del jengibre y píquelo al igual que el ajo y el resto de la cebolla. Coloque estos ingredientes en el procesador de alimentos junto con la carne.

4 Lave el cilantro y píquelo; tome dos terceras partes y póngalo en el procesador junto con el jugo de limón, las especias, la harina, el yogur y un poco de sal y pimienta. Procese todos los ingredientes hasta obtener una pasta.

5 Divida la mezcla en ocho porciones iguales y moldee cada una en forma de salchicha alrededor

de una brocheta de alambre. Barnice con el aceite y ase durante unos 7 minutos.

6 Para hacer la salsa, pique los jitomates y el chile y, en un tazón, mézclelos con el aceite y el vinagre. Pele el ajo, machárquelo ahí y mezcle.

7 Sirva el arroz en platos individuales, coloque las koftas encima y báñelas con la salsa.

INFORMACIÓN NUTRIMENTAL: calorías: 683, hidratos de carbono: 69 g, proteínas: 36 g, grasa: 29 g (grasa saturada: 5 g); buena fuente de vitaminas C, E y complejo B.

CONSEJO

Si no encuentra harina de garbanzo ya preparada, puede pedir que se la preparen en un molino de chiles y harinas.

DELICIA ORIENTAL: *(arriba)* KEBABS DE CORDERO CON PAN PITA; *(abajo)* KOFTAS DE CORDERO.

HAMBURGUESA GIGANTE

Esta hamburguesa gigante de cordero y cerdo funciona como una original base estilo pizza para las verduras favoritas de la familia.

TIEMPO: 30 MINUTOS PORCIONES: 4

Aceite para engrasar
275 g de carne molida de cordero
275 g de carne molida de cerdo
2 cucharaditas de hierbas finas
1 huevo
85 g de migas frescas de pan blanco o negro
Sal y pimienta negra
Unas gotas de salsa inglesa
2 cucharadas de aceite de oliva
1 cebolla mediana
1 diente de ajo grande
2 cucharadas de chile en polvo, opcional
1 pimiento rojo chico
2 jitomates
50 g de champiñones
125 g de queso mozzarella
125 g de queso manchego

1 Precaliente el horno a 190 °C y engrase ligeramente un molde para pizza o una bandeja para hornear de unos 25 centímetros.

2 Coloque en un recipiente los dos tipos de carne molida. Añada las hierbas, el huevo, las migas de pan, sal, pimienta y un chorrito de salsa inglesa. Revuelva bien.

3 Ponga la mezcla en el molde para pizza y aplástela para formar una base uniforme, o forme un círculo de unos 25 cm sobre la bandeja para hornear. Hornee la hamburguesa gigante de 15 a 20 minutos, aproximadamente.

4 Mientras, caliente el aceite de oliva en una sartén. Pele la cebolla y el ajo, píquelos y acitrónelos en el aceite durante 5 minutos. Agregue el chile en polvo, si lo usa, y retire la sartén del fuego.

5 Lave y desvene el pimiento y pártalo en cubitos; lave los jitomates y los champiñones y píquelos.

6 Rebane el queso mozzarella y ralle el queso manchego.

7 Saque la hamburguesa del horno y escurra bien el jugo. Luego, suba la temperatura del horno a 220 °C.

8 Unte la mezcla de cebolla sobre la hamburguesa, añada la pimienta, los jitomates y los champiñones y coloque el queso encima. Hornee durante 5 minutos, o hasta que el queso se derrita.

9 Corte la hamburguesa en triángulos y acompañe con rebanadas de baguette, ensalada y agregue un poco de salsa catsup.

VARIACIÓN
Puede utilizar cualquier combinación de carnes molidas, incluyendo aves. El sazonador de hierbas se puede cambiar; por ejemplo, una hamburguesa de cordero se puede sazonar con menta y romero. Los ingredientes para cubrirla pueden ser elotes, aceitunas o lo que más le agrade.

INFORMACIÓN NUTRIMENTAL: calorías: 602, hidratos de carbono: 21 g, proteínas: 38 g, grasa: 40 g (grasa saturada: 16 g); buena fuente de vitaminas A, C, E, complejo B, calcio y cinc.

HAMBURGUESAS DE CERDO CON GUACAMOLE

Estas picantes hamburguesas, con chile, cilantro y comino, son una almuerzo ideal acompañado de un rico guacamole.

TIEMPO: 30 MINUTOS PORCIONES: 4

3 cucharadas de aceite de girasol
1 diente de ajo
1 ½ cebollas chicas
2 chiles verdes frescos
1 cucharadita de cilantro molido
1 cucharadita de comino molido
Un manojo de cilantro fresco
500 g de carne molida de cerdo
1 huevo
Sal y pimienta negra
1 limón
aguacate grande
½ jitomate
Para servir: tortillas o tostadas

1 En una sartén pequeña, caliente 1 cucharada de aceite de girasol. Pele y machaque el ajo, después pele y pique finamente 1 cebolla; agréguelos a la sartén y fríalos muy bien hasta que estén blandos.

2 Lave y pique finamente los chiles, incluyendo las semillas. Aparte la mitad para el guacamole y añada el resto a la cebolla frita. Agregue las especias y fría a fuego bajo durante 3 minutos más, o hasta que los ingredientes de la mezcla estén blandos, pero no muy dorados.

3 Enjuague y seque el cilantro, pique suficientes hojas hasta obtener 2 cucharadas y añada la mitad al chile que reservó. Coloque el resto del cilantro en un recipiente grande y añada la mezcla de cebolla, la carne de cerdo, el huevo, y sal y pimienta al gusto. Lave el limón, ralle la cáscara sobre el tazón y revuelva muy bien hasta obtener una mezcla homogénea.

4 Ponga a calentar el resto del aceite en una sartén grande. Divida la mezcla en cuatro porciones y forme las hamburguesas. Fríalas a fuego moderado de 5 a 6 minutos por cada lado.

5 Mientras tanto, prepare el guacamole. Exprima el jugo de medio limón en un tazón y agregue los chiles y el cilantro que apartó. Pique finamente la cebolla restante y añádala. Incorpore la pulpa del aguacate y el jitomate, previamente picado. Sazone con sal y pimienta al gusto y machaque todo con un tenedor.

6 Escurra las hamburguesas en papel absorbente, y sírvalas con el guacamole y tostadas o tortillas bien calientes.

INFORMACIÓN NUTRIMENTAL: calorías: 565, hidratos de carbono: 12 g, proteínas: 21 g, grasa: 49 g (grasa saturada: 14 g); buena fuente de vitamina E, complejo B y cinc.

CONSEJO

Si desea un guacamole de textura más tersa, mézclelo ligeramente en el procesador de alimentos, o en la licuadora, añadiendo los ingredientes poco a poco.

LOMO DE CERDO EN SALSA DE MOSTAZA

Tiernos medallones de cerdo con manzanas dulces y un chorrito de Calvados, servidos en una salsa de mostaza.

TIEMPO: 30 MINUTOS   PORCIONES: 4

175 ml de caldo de pollo
600 g de lomo de cerdo
2 manzanas dulces pequeñas
4 cebollitas de Cambray
2 cucharadas de aceite de oliva
1 cucharada de harina
1 ramita de tomillo fresco
3 cucharadas de mostaza de grano entero
Sal y pimienta negra
5 cucharadas de crema espesa
2 cucharadas de Calvados o brandy
Para adornar: 4 ramitas de tomillo

1 Caliente el caldo de pollo en una cacerola. Corte el lomo en rodajas de 1 cm de grosor.

2 Lave y descorazone las manzanas y pártalas en rebanadas. Enjuague las cebollitas de Cambray, córteles la punta y píquelas finamente. Resérvelas.

3 En una sartén grande, ponga el aceite y fría el lomo a fuego alto durante 1 minuto por cada lado, o hasta que la carne esté ligeramente dorada.

4 Dore la harina en una sartén durante 2 minutos, moviendo constantemente. Después, añada las cebollas y el caldo y espere a que suelte el hervor, sin dejar de mover.

5 Enjuague y seque 1 ramito de tomillo, deshójelo y añada las hojas a la sartén junto con las manzanas, la mostaza, sal y pimienta. Cocine a fuego medio durante 4 minutos más, o hasta que la carne esté bien cocida.

6 Incorpore la crema a la salsa, cocine a fuego bajo durante 2 minutos. Vierta el Calvados o el brandy, suba la llama un poco y cocine durante otros 2 minutos. Sirva en los platos y adorne con un ramito de tomillo.

SUGERENCIA PARA SERVIR
Chícharos tiernos mezclados con lechuga picada resultan la guarnición ideal para este platillo.

INFORMACIÓN NUTRIMENTAL: calorías: 520, hidratos de carbono: 11 g, proteínas: 36 g, grasa: 35 g (grasa saturada: 16 g); buena fuente de vitaminas A, E, complejo B, selenio y cinc.

CERDO AL JENGIBRE CON BERROS

Las rodajas de papa calientes y el lomo de cerdo frito, adornados con tiras de omelette al ajonjolí,
forman un delicioso platillo con berros frescos.

TIEMPO: 30 MINUTOS PORCIONES: 2

Un manojo de berros
225 g de lomo de cerdo
1 ½ cucharaditas de jengibre molido
250 g de papas amarillas
Sal y pimienta negra
2 cucharaditas de semillas de ajonjolí
1 huevo
2 cucharaditas de aceite de ajonjolí
2 cucharadas de aceite vegetal
½ cucharadita de harina de maíz
3 cucharadas de jerez seco
1 cucharada de salsa de soya

1 Precaliente el horno a temperatura baja. Lave los berros, córtelos y déjelos a un lado.

2 Limpie el lomo, córtelo en rodajas de 1 cm de grosor y póngalas en un tazón. Añada el jengibre y resérvelas.

3 Lave bien las papas, pártalas en rodajas de 1 cm de grosor y póngalas en una cacerola. Cúbralas con agua, agregue sal y espere a que el agua hierva Tápelas y cocínelas a fuego bajo de 10 a 12 minutos, o hasta que estén tiernas.

4 Mientras, en una sartén pequeña, tueste, moviendo, las semillas de ajonjolí a fuego medio.

5 En un recipiente pequeño, bata el huevo con sal y pimienta y añada las semillas de ajonjolí. Caliente el aceite de ajonjolí y 1 cucharadita de aceite vegetal en la sartén. Añada el huevo y haga que cubra todo el fondo para formar una omelette delgada. Pásela a un plato, enróllela, y córtela en rebanadas delgadas.

6 En un recipiente, mezcle la harina de maíz con 2 ½ cucharadas de agua, añada el jerez y la salsa de soya y mezcle.

7 Caliente el resto del aceite en la sartén a fuego alto y fría el lomo de 1 a 2 minutos por cada lado, o hasta que se doren; luego páselas a un plato y manténgalas calientes.

8 Vierta la mezcla de la harina de maíz en la sartén y caliente a fuego

moderado, hasta que espese. Devuelva las rodajas de cerdo a la sartén, con todo y su jugo, y caliente.

9 Escurra bien las papas y acomódelas en dos platos. Coloque los berros y las rodajas de lomo encima, báñelas con la salsa que preparó, y

adorne con las tiritas de omelette al ajonjolí.

INFORMACIÓN NUTRIMENTAL: calorías: 508, hidratos de carbono: 19 g, proteínas: 34 g, grasa: 31 g (grasa saturada: 6 g); buena fuente de vitaminas A, B, C, selenio y cinc.

CERDO CON GLASEADO DE CIRUELA

La jalea de ciruelas, la salsa de soya, las especias y la pimienta de Cayena se llevan particularmente bien con las chuletas de cerdo, acompañadas con una guarnición de col.

TIEMPO: 30 MINUTOS PORCIONES: 4

700 g de col verde

1 chile verde grande

2 dientes de ajo

3 cucharadas de jalea de ciruelas

1 ½ cucharadas de salsa de soya

½ cucharadita de pimienta inglesa molida

½ cucharadita de pimienta de Cayena

4 chuletas de lomo de cerdo, de unos 175 g cada una

2 cucharadas de vinagre de manzana

Sal y pimienta negra

3 cucharadas de aceite de oliva

1 Precaliente el asador a temperatura alta. Corte la col por la mitad y retire el corazón. Pique las hojas, enjuáguelas y escúrralas en un colador.

2 Desvene y rebane finamente el chile; pele y pique ajo, y resérvelos.

3 En una cacerola pequeña, caliente la jalea de ciruela y la salsa de soya, sazone con la pimienta de Cayena y la pimienta inglesa; cuele, si es necesario.

4 Coloque las chuletas en la rejilla del asador y áselas de 5 a 7 minutos por cada lado. Barnícelas con el glaseado de ciruelas a la mitad de la cocción de cada lado.

5 Mientras, mezcle el vinagre de manzana con 3 cucharadas de agua y un poco de sal y pimienta.

6 Caliente el aceite en una cacerola grande, añada el chile y el ajo y fríalos de 30 a 40 segundos. Añada la col y revuélvala con el aceite. Añada el vinagre diluido, tape y cocine durante aproximadamente 4 minutos.

7 Destape la cacerola, suba la llama y cocine la col hasta que todo el líquido se evapore. Posteriormente, sirva la col con las chuletas glaseadas.

SUGERENCIA PARA SERVIR
El arroz al vapor es una buena opción para acompañar este platillo.

INFORMACIÓN NUTRIMENTAL: calorías: 568, hidratos de carbono: 19 g, proteínas: 32 g, grasa: 41 g (grasa saturada: 13 g); buena fuente de vitaminas A, C, E, complejo B, ácido fólico, selenio y cinc.

CERDO CON FIDEOS ORIENTALES

*Los sabores de Francia y de Oriente se combinan en este original platillo de cerdo y verduras,
con crema y mostaza picante de grano entero.*

TIEMPO: 20 MINUTOS PORCIONES: 4

Sal y pimienta negra
500 g de filete de cerdo
8 cebollitas de Cambray
300 g de apio
300 g de champiñones
1 cucharada de aceite de oliva
250 g de fideos orientales
3 cucharadas de mostaza de grano entero
175 g de crema

1 Precaliente el horno a temperatura baja. En una cacerola grande, ponga a hervir agua con un poco de sal.

2 Corte la carne de cerdo en tiritas y sazónelas con pimienta. Lave las cebollitas de Cambray, córteles las puntas y rebánelas. Lave el apio y los champiñones y rebánelos.

3 En una sartén, caliente el aceite a fuego alto, y fría la carne unos 4 minutos, o hasta que esté dorada. Retírela del fuego y manténgala caliente.

4 Añada el resto del aceite a la sartén junto con el apio y la mitad de las cebollitas y cocine durante 5 minutos. Añada los champiñones y cocine hasta que estén blandos.

5 Ponga los fideos en la cacerola con el agua hirviendo, cocine

durante unos 3 minutos, y después escúrralos bien.

6 Añada la crema y la mostaza a las verduras y ponga la mezcla al fuego. Añada la carne, deje que se caliente, y después sazone con sal y pimienta al gusto.

7 Sirva el guisado sobre los fideos, y espolvoree el resto de las cebollitas.

VARIACIÓN
Utilice filete de res o pollo.

INFORMACIÓN NUTRIMENTAL: calorías: 662, hidratos de carbono: 48 g, proteínas: 40 g, grasa 36 g (grasa saturada: 16 g); buena fuente de complejo B, ácido fólico, selenio y cinc.

SALCHICHAS CON MANZANA, AL VINO

Las salchichas para asar adquieren un nuevo y delicado sabor cuando se cocinan con vino blanco, se doran en mantequilla y se acompañan con una salsa de manzanas, canela y chalotes.

TIEMPO: 25 MINUTOS PORCIONES: 2

---

300 ml de vino blanco seco

250 g de salchichas de cerdo
para asar

1 chalote o ½ cebolla pequeña

2 manzanas Rome Beauty

70 g de mantequilla,
a temperatura ambiente

200 ml de caldo de pollo

2 cucharadas de azúcar morena clara

½ cucharadita de canela en polvo

---

1 En una sartén grande, ponga a calentar el vino y cocine en él las salchichas durante aproximadamente 10 minutos.

2 Mientras tanto, pele el chalote y rállelo. Si usa cebolla, rebane solamente una cuarta parte. Lave bien las manzanas, descorazónelas y rebánelas.

3 Derrita un poco de mantequilla en otra sartén. Retire las salchichas de la otra sartén, y conserve el vino. Fría las salchichas en la sartén con la mantequilla a fuego bajo, o hasta que estén doradas por completo.

4 Mientras tanto, añada el chalote rallado, o la cebolla, a la sartén que tiene el vino blanco; agregue las manzanas, el caldo, el azúcar morena, la canela y el resto de la mantequilla. Posteriormente, espere a que la mezcla suelte el hervor, baje la llama y siga cocinando a fuego bajo hasta que las manzanas estén blandas y se forme un jarabe ligero. Sirva las salchichas con la salsa de manzana.

SUGERENCIA PARA SERVIR
Para convertir esta receta en un platillo principal, añada puré de papa, ensalada verde y Cebollas glaseadas (pág. 272).

INFORMACIÓN NUTRIMENTAL: *calorías: 929, hidratos de carbono: 42 g, proteínas: 15 g, grasa: 69 g (grasa saturada: 34 g); buena fuente de vitaminas A, E y complejo B.*

CONSEJO

Es preferible comprar salchichas de buena calidad para que combinen bien con el sabor de la salsa de manzana. También puede utilizar salchichas de pavo o de pollo.

ESPIRALES CON TOMATES CHERRY ASADOS

Los tomates cherry, llenos de sabor, asados sobre una cama de orégano, chile y ajo, para complementar el sabor picante de la longaniza italiana.

TIEMPO: 30 MINUTOS PORCIONES: 4

---

500 g de longaniza italiana *(salsiccia)*

2 cucharadas de aceite de oliva

2 dientes de ajo

1 cucharadita de orégano, seco

½ cucharadita de hojuelas
de chiles secos

700 g de tomates cherry

Sal y pimienta negra

Para adornar: hojas de albahaca
frescas

---

1 Precaliente el asador a temperatura alta. Corte la longaniza en cuatro partes y enrolle cada una en forma de espiral. Pase una brocheta de alambre a través de cada espiral en forma horizontal para mantener la forma, luego acomode las cuatro espirales en la rejilla del asador.

2 Caliente el aceite en una sartén grande. Pele y machaque el ajo en el aceite. Luego añada el orégano y las hojuelas de chile y cocine a fuego bajo durante 30 segundos.

3 Coloque los tomates formando una sola capa sobre el ajo y el chile, tape la sartén y cocine a fuego bajo de 10 a 12 minutos, o hasta que la mayoría de los tomates se hayan abierto y estén sumergidos hasta la mitad en su jugo.

4 Mientras tanto, ase las espirales de longaniza en el asador durante aproximadamente 5 minutos por cada lado, dándoles la vuelta para que se doren uniformemente.

5 Destape la sartén de los tomates, suba la llama a una temperatura moderada y cocine durante 5 minutos más, o hasta que el jugo esté espeso. Oprima ligeramente los tomates con una cuchara, para asegurarse de que todos se hayan abierto.

6 Sazone la salsa de tomate con sal y pimienta al gusto; posteriormente viértala en cuatro platos, previamente calentados, y ponga una espiral de longaniza en el centro de cada uno. Al final, esparza la albahaca sobre cada plato.

SUGERENCIA PARA SERVIR
Puede acompañar el platillo con puré de papa, papa al horno, o con cualquier verdura cocida de su preferencia.

VARIACIÓN
Puede usar cualquier otro tipo de longaniza delgada en lugar de *salsiccia.*

INFORMACIÓN NUTRIMENTAL: *calorías: 472, hidratos de carbono: 6.5 g, proteínas: 30 g, grasa: 36 g (grasa saturada: 15 g); buena fuente de vitaminas C, E y complejo B.*

EMBUTIDOS CON ESPECIAS:
(*arriba*) SALCHICHAS CON MANZANA, AL VINO; (*abajo*) ESPIRALES CON TOMATES CHERRY ASADOS.

FABADA

Éste es un delicioso platillo que resulta ideal para los días fríos de invierno. Deje volar su imaginación y haga numerosas variaciones.

TIEMPO: 30 MINUTOS PORCIONES: 4

300 g de chorizo
200 g de morcilla
150 g de tocino ahumado
4 salchichas de cerdo
1 cucharada de aceite de maíz
½ cebolla grande, rebanada
2 dientes de ajo, machacados
800 g de alubias pequeñas
400 g de jitomates
3 cucharadas de puré de tomate
Sal y pimienta negra

1 Rebane el chorizo, el tocino, la morcilla y las salchichas. En una cacerola, caliente el aceite y sofría en él todos estos ingredientes. Cocine a fuego medio durante unos 8 minutos, revolviendo con frecuencia, o hasta que la mezcla esté ligeramente dorada.

2 Mientras tanto, pele la cebolla y el ajo; rebane la primera, y machaque el segundo. Escurra las alubias, previamente cocidas (puede utilizar de lata).

3 Retire del fuego la mezcla de chorizo; póngala en un plato con servilletas de papel absorbente, y elimine el exceso de grasa. Reserve dos cucharadas de grasa en la cacerola; agregue la cebolla y el ajo y acitrónelos a fuego moderado durante unos 5 minutos.

4 Mientras, pele y pique los jitomates e incorpórelos a la cacerola junto con el puré de tomate y sal y pimienta al gusto. Añada dos tazas de agua y revuelva. Cocine unos 3 minutos, sin dejar de mover, y después añada las alubias.

5 Incorpore las carnes a la cazuela y sazone al gusto con sal y pimienta

negra. Baje la llama, tape y cocine a fuego lento durante 10 minutos, o hasta que el guiso esté bien cocido.

SUGERENCIA PARA SERVIR
Puede acompañar este platillo con una ensalada verde, o solamente con una baguette o un bolillo.

INFORMACIÓN NUTRIMENTAL: calorías: 865, hidratos de carbono: 53 g, proteínas: 41 g, grasa: 48 g (grasa saturada: 19 g); buena fuente de vitaminas C, E y complejo B.

CONSEJO

Si lo desea, puede sustituir las alubias por frijoles bayos o flor de mayo, previamente cocidos en agua con muy poca sal. En vez de usar todo el chorizo, puede agregar una parte de carne de cerdo, previamente cocida.

PAY DE LOMO Y PORO

En esta variación del pay de pastor (papas con carne picada) el sabor del lomo ahumado y la delicada dulzura de los poros combinan con una salsa de queso Cheddar y con jugosos tomates cherry.

TIEMPO: 30 MINUTOS PORCIONES: 4

900 g de papas, sin piel
Sal y pimienta negra
500 g de poros
70 g de mantequilla
500 g de lomo, o de jamón, ahumado
85 g de queso Cheddar
115 g de tomates cherry
2 cucharadas de harina
1 cucharadita de hierbas mixtas, secas
300 ml de leche, más 2 cucharadas
Para adornar: unas ramitas de perejil

1 Ponga a hervir agua en una cacerola. Pele y parta las papas en cubos y colóquelas en una cacerola. Agregue un poco de sal y cúbralas con el agua hirviendo, cocine de 8 a 10 minutos, o hasta que las papas estén tiernas.

2 Mientras, corte los poros en rodajas, enjuáguelos y escúrralos. En una sartén, derrita 25 g de mantequilla y fría los poros de 6 a 8 minutos, moviendo frecuentemente. Precaliente el asador a temperatura alta.

3 Corte el lomo en trozos. Derrita 15 g de mantequilla en una cacerola o sartén de unos 25 cm de ancho. Cocine los trozos de lomo a fuego medio durante 5 minutos, moviendo frecuentemente.

4 Ralle el queso, parta los tomates cherry por la mitad y resérvelos.

5 Añada la harina y las hierbas a la cacerola del lomo y cocine durante 1 minuto más. Agregue la leche y mezcle muy bien hasta que suelte el hervor. Añada el queso y revuelva hasta que se derrita; después, añada los poros, sazone al gusto y baje la llama.

6 Escurra las papas y macháquelas con pimienta negra, el resto de la mantequilla y 2 cucharadas de leche. Ponga cucharadas de puré de papa alrededor y encima de la mezcla de lomo y poros, y acomode los tomates cherry en el centro.

7 Hornee el pay durante 2 minutos, o hasta la papa esté dorada. Agregue el perejil y sirva.

SUGERENCIA PARA SERVIR
Acompáñelo con ensalada verde.

INFORMACIÓN NUTRIMENTAL: calorías: 576, hidratos de carbono: 42 g, proteínas: 37 g, grasa: 30 g (grasa saturada: 18 g); buena fuente de vitaminas A, C, E, complejo B, ácido fólico y calcio.

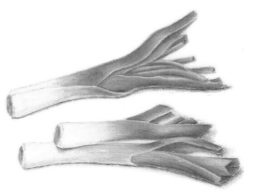

CHULETAS DE CERDO CON TORONJA

Esta inusual combinación funciona bien, ya que la dulzura de la toronja sangría y el sabor ligeramente fuerte del jengibre dulce de la salsa contrarrestan con el sabor salado de las jugosas chuletas de cerdo.

TIEMPO: 20 MINUTOS PORCIONES: 4

225 g de arroz blanco de grano largo

Sal y pimienta negra

2 toronjas sangría medianas

50 g de jengibre en almíbar

4 cucharadas de jarabe del jengibre en almíbar

4 chuletas de cerdo ahumadas, de unos 115 g cada una

1 cucharada de aceite vegetal

Un manojo de berros

1 Ponga a hervir agua en una olla. Vacíe el arroz con un poco de sal, deje que suelte el hervor y cocínelo hasta que esté cocido.

2 Mientras, pele la toronja y separe los gajos sobre un tazón, para guardar el jugo; retire la membrana que envuelve a cada gajo y póngalos en el tazón.

3 Pique el jengibre y añádalo al tazón de la toronja junto con el almíbar del jengibre.

4 Caliente el aceite vegetal en una sartén grande. Haga pequeños cortes a lo largo de las orillas de grasa de las chuletas, para evitar que se ondulen cuando las fría. Póngalas en la sartén, fríalas hasta que estén doradas y retire el exceso de grasa de la sartén.

5 Añada a la sartén la mezcla de jengibre con toronja. Luego, haga que suelte el hervor y deje que burbujee durante aproximadamente

166

1 minuto; después, sazone con pimienta negra al gusto.

6 Escurra muy bien el arroz que coció y acomódelo en los platos individuales junto con los berros. Ponga las chuletas encima y báñelas con la salsa.

SUGERENCIA PARA SERVIR

Acompañe con una mezcla de verduras al vapor, como brócoli, zanahorias y chícharos japoneses, y revuélvala con un poco de crema agria antes de servirla.

INFORMACIÓN NUTRIMENTAL: calorías: 580, hidratos de carbono: 72 g, proteínas: 40 g, grasa: 15 g (grasa saturada: 6 g); buena fuente de vitaminas C, E, complejo B y cinc.

CHULETAS AHUMADAS CON SALSA DE JEREZ

Jugosas chuletas de cerdo, doradas y cubiertas con una ligera salsa de jerez condimentada con clavo y mostaza tipo Dijon.

TIEMPO: 20 MINUTOS PORCIONES: 4

---

4 chuletas ahumadas, de 1 cm de grosor

25 g de mantequilla

2 clavos

225 ml de jerez seco

2 cucharaditas de mostaza tipo Dijon

---

1 Precaliente el horno a temperatura baja, para mantener caliente el lomo más adelante.

2 Retire el exceso de grasa de las chuletas. Caliente muy bien la mantequilla en una sartén grande, agregue los clavos y fría ahí 2 chuletas a fuego alto durante 3 minutos por cada lado, o hasta que estén doradas; después, páselas a un platón.

3 Fría las otras 2 chuletas y páselas al platón.

4 Vierta el jerez en la sartén y deje que hierva, al mismo tiempo que mueve y raspa los residuos del fondo. Añada la mostaza y cocine la mezcla durante otros 2 minutos, o hasta que la salsa se reduzca y esté espesa. Deseche los clavos, bañe las chuletas con la salsa y sirva de inmediato.

SUGERENCIA PARA SERVIR

Sirva con arroz y alguna verdura cocida, como brócoli o zanahorias, o Apio y manzanas (pág. 272) o Cebollas glaseadas (pág. 272).

INFORMACIÓN NUTRIMENTAL: calorías: 648, hidratos de carbono: 4 g, proteínas: 40 g, grasa: 47 g (grasa saturada: 19 g); buena fuente de complejo B y cinc.

POLLO CON SALSA DE CHAMPIÑONES

AVES Y CAZA

El pollo, el pato, el pavo y el conejo contribuyen
con su deliciosa carne para preparar parrilladas,
asados y guisados realmente especiales.

Pechugas de pollo al estragón

El estragón es una de las hierbas frescas de sabor más delicado, y se lleva particularmente bien con esta sencilla combinación de pechugas de pollo y crema.

TIEMPO: 30 MINUTOS   PORCIONES: 4

4 pechugas de pollo deshuesadas, sin piel, de unos 175 g cada una

2 cucharadas de harina

Sal y pimienta negra

25 g de mantequilla sin sal

1 ½ cucharadas de aceite de girasol

2 chalotes

4 ramos de estragón fresco

225 ml de vino blanco seco

350 ml de caldo de pollo

4 cucharadas de crema

1 Precaliente el horno a 180 °C. Retire el exceso de grasa de las pechugas, enharínelas y sazónelas.

2 En una sartén, caliente a fuego medio la mantequilla y 1 cucharada de aceite, y fría las pechugas durante unos 6 minutos de cada lado.

3 Mientras tanto, pele y pique los chalotes. Lave y seque el estragón; corte la punta de los ramos, y resérvelos para adornar. Deshoje los ramos y pique finamente las hojas.

4 Pase las pechugas a un molde refractario y métalo en el horno, para que las pechugas se conserven calientes. Incorpore los chalotes a la sartén con el resto del aceite y acitrónelos durante 1 minuto. Añada el vino y la mitad del estragón picado. Cocine hasta que el vino se reduzca a la mitad. Añada el caldo de pollo y cocine hasta que la salsa se reduzca nuevamente a la mitad.

5 Incorpore la crema y el resto del estragón picado. Pase las pechugas a la sartén y caliéntelas durante 1 minuto por cada lado; revise la sazón. Al servir, adorne con las puntas de estragón.

SUGERENCIA PARA SERVIR
Verduras al vapor o Achicoria y betabel a la parrilla (pág. 259) son una deliciosa guarnición.

INFORMACIÓN NUTRIMENTAL: calorías: 405, hidratos de carbono: 5 g, proteínas: 40 g, grasa: 21 g (grasa saturada: 10 g), buena fuente de vitamina E.

POLLO A LA ESPAÑOLA

Las aceitunas negras, el pimiento rojo y amarillo, el chorizo y el vino blanco le dan a este platillo un delicioso sabor que nos recuerda la cocina mediterránea.

TIEMPO: 30 MINUTOS PORCIONES: 4

2 cucharadas de aceite de oliva
8 muslos de pollo deshuesados, sin piel
1 cebolla morada mediana
1 diente de ajo
1 pimiento rojo grande
1 pimiento amarillo grande
400 g de jitomates
150 ml de vino blanco seco
1 cucharada de páprika
75 g de chorizo
25 g de aceitunas negras sin hueso
Sal y pimienta negra
Para adornar: un manojo de perejil
Para servir: baguette

1 En una cacerola grande, caliente el aceite. Corte los muslos por la mitad y fríalos a fuego alto, hasta que estén ligeramente doradas.

2 Pele y rebane finamente la cebolla, y pele y machaque el ajo. Añádalos al pollo. Lave los pimientos, pártalos en rebanadas (vea el recuadro) y agréguelos también. Cocine hasta que éstos estén ligeramente dorados y blandos.

3 Pele el jitomate, píquelo y añádalo a la cacerola con el vino y la páprika; espere a que la mezcla hierva. Corte el chorizo en rodajas y añádalo; cocine a fuego bajo por 15 minutos, o hasta que el pollo esté cocido.

4 Parta las aceitunas por la mitad, agréguelas y sazone al gusto. Adorne con el perejil, y sirva.

INFORMACIÓN NUTRIMENTAL: calorías: 566, hidratos de carbono: 49 g, proteínas: 44 g, grasa: 21 g (grasa saturada: 5 g); buena fuente de vitaminas A, del complejo B, C, E, ácido fólico y selenio.

HÁGALO FÁCILMENTE

Parta los pimientos por la mitad, a lo largo; quíteles el tallo y las semillas. Voltee las mitades con el lado partido hacia abajo y golpéelas contra una tablita, para que caiga el resto de las semillas. Rebane los pimientos con el lado brillante hacia abajo.

POLLO CON SALSA DE CHAMPIÑONES

La tierna pechuga de pollo, preparada con una delicada salsa de champiñones y cebollitas de Cambray, constituye un platillo sin igual.

TIEMPO: 30 MINUTOS PORCIONES: 4

1 cucharada de aceite de oliva
25 g de mantequilla
4 pechugas de pollo deshuesadas, sin piel, de unos 175 g cada una
Sal y pimienta negra
4 cebollitas de Cambray
350 g de champiñones
1 cucharada de harina
150 ml de caldo de pollo
150 ml de crema

1 Precaliente el horno a 180 °C. En una sartén grande, caliente a fuego medio el aceite de oliva y la mantequilla. Mientras, sazone las pechugas con sal y pimienta negra.

2 Fría las pechugas durante unos 3 minutos por cada lado, o hasta que estén doradas; luego, baje la flama; tape, y cocine durante 10 minutos más.

3 Rebane finamente, en forma diagonal, las cebollitas de Cambray y los champiñones.

4 Cuando los jugos del pollo sean claros al pincharlo, pase las pechugas a un molde refractario, tápelas y métalas en el horno para mantenerlas calientes.

5 Ponga las cebollitas y los champiñones en la sartén y cocínelos a fuego medio durante 4 minutos, o hasta que estén suaves.

6 Añada la harina a la sartén y cocine durante 1 minuto; luego, agregue el caldo y espere a que hierva, moviendo constantemente. Guise la salsa de champiñones durante 3 mi-nutos; baje la flama, añada la crema y mezcle. Ponga nuevamente en la sartén las pechugas con su jugo y cocine unos 3 minutos más.

7 Coloque las pechugas de pollo en platos individuales previamente calentados, báñelas con la salsa de champiñones y sírvalas de inmediato.

SUGERENCIA PARA SERVIR
Puede acompañar el platillo con papitas nuevas y ejotes, o con una refrescante ensalada, como la Ensa-lada de pepino, rábano y melón (pág. 101).

INFORMACIÓN NUTRIMENTAL: calorías: 371, hidratos de carbono: 4 g, proteínas: 41 g, grasa: 21 g (grasa saturada: 10 g); buena fuente de vitaminas A, E y complejo B.

FAJITAS DE POLLO CON SALSA DE AJO

Algunos de los tradicionales sabores de la cocina francesa, como ajo, vino y mostaza tipo Dijon, se combinan con pollo para crear un cremoso platillo lleno de sabor.

TIEMPO: 30 MINUTOS   PORCIONES: 4

500 g de pechugas de pollo deshuesadas, sin piel
4 dientes de ajo
2 cucharadas de mostaza tipo Dijon
1 cucharada de puré de tomate
2 cucharadas de vinagre de vino
4 cucharadas de caldo de pollo o de agua
4 cebollitas de Cambray
2 cucharadas de aceite de oliva
250 g de fideos de huevo
Sal y pimienta negra
2 cucharaditas de harina de maíz
225 ml de crema

1 En una cacerola, ponga a hervir agua con un poco de sal. Mientras, corte las pechugas en tiras delgadas, en diagonal.

2 Pele los ajos y macháquelos en un recipiente; agregue la mostaza, el puré de tomate, el vinagre y el caldo, y mezcle muy bien.

3 Parta en rodajitas los rabos de las cebollitas de Cambray y resérvelos; luego, corte en rodajas las cabezas de las cebollitas y póngalas aparte.

4 En una sartén, caliente a fuego alto 1 ½ cucharadas de aceite. Fría el pollo de 1 a 2 minutos, o hasta que la carne se ponga blanca.

5 Agregue a la sartén la mezcla de ajo y vinagre y añada las cabezas de las cebollitas de Cambray. Espere a que suelte el hervor, tape y cocine a fuego bajo durante unos 5 minutos.

6 Mientras, añada los fideos a la cacerola con agua hirviendo y cuézalos siguiendo las instrucciones del paquete. Escurra bien los fideos y viértalos en el aceite de oliva restante, y revuelva.

7 Mezcle la harina de maíz con un poco de crema y añádala al pollo. Agregue los rabos de las cebollitas y añada el resto de la crema. Sazone con sal y pimienta al gusto. Cocine a fuego medio de 2 a 3 minutos, o hasta que espese.

8 Sirva el pollo con la salsa sobre los fideos, y adorne con las rodajas de los rabos de las cebollitas.

SUGERENCIA PARA SERVIR
Colecitas de Bruselas salteadas (pág. 255).

VARIACIÓN
Una pasta fresca, como el espagueti, puede sustituir al fideo.

INFORMACIÓN NUTRIMENTAL: calorías: 563, hidratos de carbono: 56 g, proteínas: 36 g, grasa: 22 g (grasa saturada: 9 g); buena fuente de vitaminas A, E y complejo B.

CONSEJO

Las fajitas son tiras de pollo muy delgadas cortadas en diagonal. Puede ahorrar tiempo comprando fajitas ya cortadas, pero asegúrese de que sea carne de pechuga, que es tierna.

POLLO ASADO AL ROMERO

Tiernos muslos asados, impregnados con la esencia del romero, servidos con puré de papitas nuevas y con el toque final de un tibio aderezo de cremosa mayonesa con ajo.

TIEMPO: 30 MINUTOS PORCIONES: 4

8 ramos de romero fresco
8 muslos de pollo grandes
500 g de papitas nuevas
Sal y pimienta negra
5 cucharadas de aceite de oliva
2 dientes de ajo grandes
6 cucharadas de mayonesa

1 Precaliente el asador a temperatura alta. Ponga a hervir agua en un recipiente. Lave y seque el romero, luego inserte un ramo de romero bajo la piel de cada muslo.

2 Lave las papitas y póngalas en una cacerola, cúbralas con agua hirviendo y agregue un poco de sal. Espere a que el agua vuelva a hervir y cocine durante 15 minutos, o hasta que estén tiernas.

3 Mientras tanto, acomode los muslos, con la piel hacia abajo, en la rejilla del asador. Barnícelos con 1 ½ cucharadas de aceite, sazónelos con sal y pimienta al gusto y cocine durante 10 minutos, a unos 10 cm de la fuente de calor. Voltee los muslos y barnícelos con 1 ½ cucharadas más de aceite, sazónelos y cocínelos otros 10 minutos, o hasta que la piel esté dorada. Apague el asador, pero deje el pollo en él para que no se enfríe.

4 Mientras el pollo se cuece, agregue el resto del aceite en una cacerola pequeña y caliéntela a fuego moderado. Pele el ajo y macháquelo en el aceite; revuelva y no permita que se acitrone ni que tome color. Apague el fuego. Bata la mayonesa con 2 cucharadas de agua muy caliente, e incorpórela a la cacerola. Tápela y manténgala caliente.

5 Escurra las papitas y, en la misma cacerola, machaquelas ligeramente con un tenedor.

6 Coloque dos muslos junto con las papas en cada plato. Bañe con la salsa de mayonesa; espolvoree con pimienta negra al gusto, y sirva de inmediato.

INFORMACIÓN NUTRIMENTAL: calorías: 552, hidratos de carbono: 19 g, proteínas: 31 g, grasa: 40 g (grasa saturada: 7 g); buena fuente de vitaminas C, E y complejo B.

POLLO CON REQUESÓN

La salsa al pesto le da un maravilloso sabor intenso a este platillo que hace gala de sus vivos colores y su toque realmente especial.

TIEMPO: 25 MINUTOS   PORCIONES: 4

4 pechugas de pollo deshuesadas, sin piel, de unos 175 g cada una

100 g de requesón o de queso ricotta

5 cucharadas de salsa pesto

2 cucharadas de aceite de oliva

Pimienta negra

2 jitomates medianos

1 cebolla morada pequeña

1 diente de ajo

Un puñito de hojas de albahaca

1 baguette

1 Precaliente el asador. Haga un corte profundo a lo largo de cada pechuga para formar una "bolsita".
2 Ponga el requesón en un recipiente pequeño con 1 cucharada de salsa pesto, y mezcle. Con una cu-

chara, ponga un cuarto de la mezcla en cada "bolsita", y ciérrelas con la ayuda de un palillo.
3 Coloque las pechugas en una bandeja para asar engrasada, barnícelas con el aceite de oliva y sazónelas con pimienta. Cocine a temperatura media de 7 a 8 minutos, por cada lado, o hasta que las pechugas estén bien cocidas.
4 Mientras tanto, lave y pique finamente los jitomates; luego, pele y pique la cebolla y el ajo; mézclelos y sazónelos bien con pimienta. Incorpore la albahaca a la salsa.
5 Parta cuatro rebanadas de pan y únteles el resto de la salsa pesto. Caliéntelas en la rejilla del asador hasta que estén doradas y sírvalas con el pollo y la salsa de jitomate.

VARIACIÓN
En lugar de requesón o de queso ricotta, puede utilizar jocoque, queso crema o algún queso duro, como Gruyère o Cheddar, rallado finamente.

INFORMACIÓN NUTRIMENTAL: *calorías: 420, hidratos de carbono: 21 g, proteínas: 53 g, grasa: 21 g (grasa saturada: 7 g); buena fuente de vitaminas A, C, E y complejo B.*

CONSEJO
Use un procesador de alimentos manual para picar más rápido los jitomates, la cebolla y el ajo, pero tenga cuidado de procesarlos sólo unos segundos para que la salsa tenga buena consistencia.

PECHUGAS DE POLLO AL PIMIENTO

El exquisito sabor de una salsa de pimientos y chiles asados, aderezada con aceite de oliva y jugo fresco de cítricos, convierte a las sencillas pechugas de pollo en un festín de color y sabor.

TIEMPO: 30 MINUTOS PORCIONES: 4

---

1 pimiento rojo y 1 pimiento amarillo

---

1 chile chilaca

---

5 cucharadas de aceite de oliva extra virgen

---

2 dientes de ajo

---

4 pechugas de pollo deshuesadas, de unos 175 g cada una

Sal y pimienta negra

½ limón

---

1 Precaliente el asador. Parta los pimientos en cuartos, quíteles las semillas y colóquelos, junto con el chile, en una bandeja para asar con la piel hacia abajo. Ase unos 15 minutos, o hasta que la piel esté dorada y con burbujas, pero no quemada.

2 Mientras, vierta ½ cucharada de aceite en un recipiente grande y el resto, en una ensaladera. Pele y machaque 1 diente de ajo en el recipiente y el otro, en la ensaladera.

3 Coloque las pechugas en el recipiente grande para que se impregnen con el aceite. Sazone las pechugas con pimienta y póngalas en la bandeja del asador con la piel hacia arriba, junto a los chiles. Áselas durante unos 8 minutos por cada lado.

4 Cuando los pimientos y el chile estén ampollados, póngalos en un tazón, tápelos y déjelos enfriar.

5 Mientras el pollo termina de cocerse, exprima el limón en la ensaladera, y añada sal y pimienta al gusto.

6 Quíteles la piel a los pimientos y pártalos en cubitos. Pele el chile, pártalo en dos, quítele las semillas y píquelo finamente. Agregue ambos al aderezo y bañe las pechugas con la salsa.

SUGERENCIA PARA SERVIR
Sirva con Achicoria horneada a la italiana (pág. 258).

VARIACIÓN
La salsa de esta receta también puede combinarse con pescado asado, el cual puede preparar con un par de días de anticipación y guardarlo en el refrigerador.

INFORMACIÓN NUTRIMENTAL: calorías: 352, hidratos de carbono: 5 g, proteínas: 39 g, grasa: 20 g (grasa saturada: 4 g); buena fuente de vitaminas A, C, E y complejo B.

CONSEJO

En lugar de chile chilaca, puede utilizar chile poblano, cuaresmeño, chile de árbol o, si desea un sabor mucho más picante, chile habanero.

POLLO AL LIMÓN

Las esencias del limón y del coco resaltan en este platillo de fajitas de pollo fritas con especias, crujientes castañas y fideos de arroz.

TIEMPO: 25 MINUTOS PORCIONES: 4

125 g de fideos de arroz
500 g de pechugas de pollo deshuesadas y sin piel
25 g de raíz de jengibre fresca
1 chile verde fresco
2 dientes de ajo
3 limones
225 g de castañas enlatadas
1 cucharada de aceite de nuez
½ cucharadita de azúcar
5 cebollitas de Cambray
125 ml de crema de coco
Salsa tailandesa para pescado o salsa de soya

1 Ponga a hervir agua en un recipiente. Coloque los fideos de arroz en un tazón grande, cúbralos con agua hirviendo y déjelos reposar, siguiendo las instrucciones del paquete.

2 Parta el pollo en tiras delgadas y resérvelas. Quítele la piel al jengibre y píquelo finamente. Desvene y pique el chile; pele y machaque el ajo.

3 Ralle finamente la cáscara de 2 limones sobre el jengibre. En un tazón, exprima el jugo de los 3 limones y déjelo a un lado. Escurra las castañas, pártalas por la mitad y resérvelas.

4 Ponga el aceite en un wok, o en una sartén grande, añada el jengibre, el chile, el ajo y la ralladura de limón y caliente a fuego alto. Cuando el aceite esté caliente, agregue el pollo y fríalo durante 2 minutos.

5 Añada el jugo de limón, el azúcar y las castañas. Revuelva, tape y cocine a fuego medio por 5 minutos.

6 Mientras, córteles las puntas a las cebollitas, enjuáguelas, séquelas y pártalas en rodajas muy delgadas.

7 Escurra muy bien los fideos de arroz, agréguelos al pollo junto con las cebollitas y la crema de coco, y revuelva bien. Añada salsa tailandesa, o de soya, al gusto (no necesitará agregar sal) y sirva inmediatamente.

VARIACIÓN
Puede convertir en platillo vegetariano esta exquisita receta si sustituye el pollo por tofu. Recuerde que el tofu debe cocinarse durante muy poco tiempo.

INFORMACIÓN NUTRIMENTAL: calorías: 313, hidratos de carbono: 32 g, proteínas: 30 g, grasa: 7 g (grasa saturada: 2 g); buena fuente de vitamina E y complejo B.

POLLO ESPECIAL AL CURRY

Tiernos trozos de pollo con el sabor de las especias hindúes, pasas, almendras, y un delicado toque final de yogur y crema, dan como resultado un platillo especial que encantará a toda la familia.

TIEMPO: 30 MINUTOS   PORCIONES: 4

350 g de caldo de pollo
1 cebolla mediana
2 dientes de ajo
3 cucharadas de aceite vegetal
3 cucharadas de harina
1 cucharadita de polvo de curry
750 g de pechugas de pollo deshuesadas, sin piel
Un puñito de cilantro fresco
2 cucharadas de pasitas sin semilla
25 g de almendras sin piel, tostadas y fileteadas
½ limón
2 cucharadas de yogur natural
2 cucharadas de crema espesa
Sal y pimienta negra

1 En una cacerola grande, caliente el caldo a fuego alto. Pele la cebolla y el ajo, píquelos finamente y fríalos bien en una sartén grande con aceite, durante unos 4 minutos.

2 En un recipiente grande, mezcle la harina y el polvo de curry. Parta las pechugas en cubos de unos 2.5 cm y enharínelos en la mezcla de harina. Incorpore los cubos de pechuga a la sartén y cocine, revolviendo, durante 3 minutos.

3 Lave, escurra y pique cilantro hasta obtener 1 cucharada; reserve algunas ramas para adornar.

4 Incorpore el cilantro picado a la sartén del pollo. Añada las pasitas y el caldo caliente. Cocine a fuego

medio durante unos 3 o 4 minutos, baje la flama y cocine a fuego lento durante 10 minutos más, o hasta que el pollo esté bien cocido.

5 Retire del fuego, agregue las almendras, el jugo de limón, el yogur, la crema y sal y pimienta al gusto. Caliente a fuego lento durante unos 2 o 3 minutos. Por último, adorne con ramas de cilantro.

SUGERENCIA PARA SERVIR
Acompañe este plato con arroz cocido.

INFORMACIÓN NUTRIMENTAL: calorías: 510, hidratos de carbono: 12 g, proteínas: 58 g, grasa: 25 g (grasa saturada: 4 g); buena fuente de vitamina E y complejo B.

CURRY DE POLLO Y ESPINACAS

Este delicado curry de pollo, con un ligero sabor de especias y espinacas, se prepara fácilmente en una cacerola grande y se sirve de manera sencilla con pan caliente.

TIEMPO: 25 MINUTOS PORCIONES: 4

3 cucharadas de aceite de girasol
1 cebolla pequeña
1 diente de ajo
2 rebanadas delgadas de raíz de jengibre fresca
½ cucharadita de cúrcuma en polvo
½ cucharadita de comino molido
½ cucharadita de cilantro molido
¼ cucharadita de chile en polvo
¼ cucharadita de garam masala (vea pág. 35)
2 jitomates maduros
4 pechugas de pollo deshuesadas, sin piel, de unos 175 g cada una
Sal y pimienta negra
150 ml de crema espesa
4 panes naan, o panes pita, grandes
200 g de espinacas tiernas

1 Caliente el aceite de girasol en una cacerola grande a fuego medio. Pele y pique la cebolla y fríala en el aceite. Pele y machaque el ajo y añádalo a la cebolla.

2 Quítele la piel al jengibre, píquelo finamente y añádalo a la cebolla junto con las especias. Fríalo durante 1 minuto.

3 Pele y pique los jitomates y añádalos a la cacerola. Cocine a fuego bajo durante unos 7 minutos.

4 Mientras, retire cualquier nervio que tenga el pollo y parta la carne en trozos.

5 Precaliente el asador a temperatura alta para calentar el pan. Cuando los jitomates estén listos, suba la flama, agregue el pollo y fría hasta que la carne de pollo esté blanca. Sazone con sal y pimienta; añada la crema y cocine a fuego bajo durante unos 6 minutos.

6 Caliente los panes en el asador. Mientras, enjuague y seque las espinacas, si es necesario.

7 Añada las espinacas al curry, oprímalas y mueva continuamente hasta que se marchiten. Espere que el guiso suelte el hervor; retírelo del fuego, y sírvalo con los panes.

INFORMACIÓN NUTRIMENTAL: calorías: 1,010, hidratos de carbono: 85 g, proteínas: 55 g, grasa: 53 g (grasa saturada: 14 g); buena fuente de vitaminas A, E, complejo B, ácido fólico, calcio y selenio.

PECHUGAS DE POLLO CON MANZANAS

Esta cremosa salsa se prepara con manzanas acarameladas en azúcar mascabado e impregnadas con sidra seca y salsa inglesa.

TIEMPO: 30 MINUTOS PORCIONES: 2

1 cucharada de aceite de oliva
15 g de mantequilla
2 chalotes
2 manzanas rojas, de 175 g cada una
½ cucharada de azúcar mascabada clara
2 pechugas de pollo deshuesadas, sin piel, de unos 175 g cada una
150 ml de sidra seca
2 cucharaditas de salsa inglesa
2 cucharadas de crema
Sal y pimienta negra

1 En una sartén, ponga el aceite y la mantequilla, y caliéntelos a fuego bajo.

2 Pele y pique finamente los chalotes y fríalos a fuego medio en la sartén con el aceite y la mantequilla, moviendo de vez en cuando, de 3 a 4 minutos, o hasta que estén suaves.

3 Mientras los chalotes se fríen, lave y seque las manzanas, quíteles el corazón y rebánelas. Añádalas a los chalotes y espolvoréelas con el azúcar mascabada. Suba la llama y cocine hasta que la mezcla adquiera un color caramelo.

4 Con una espátula o espumadera, saque los chalotes y las manzanas de la sartén y déjelas a un lado.

5 Añada un poco más de aceite a la sartén, si es necesario. Agregue las pechugas de pollo y fríalas a fuego alto durante 6 minutos por cada lado, o hasta que estén doradas.

6 Vierta la sidra sobre el pollo. Espere a que suelte el hervor y cocine a fuego bajo, sin tapar, durante 10 minutos, moviendo de vez en cuando y volteando el pollo una vez más, hasta que se cueza. El pollo estará listo cuando los jugos salgan claros al pincharlo con la punta de un cuchillo.

7 Cuando el pollo esté listo, añada la salsa inglesa y la crema; sazone con sal y pimienta negra al gusto. Devuelva los chalotes y las manzanas a la sartén y caliente de 1 a 2 minutos más, pero no deje que hierva la salsa.

SUGERENCIA PARA SERVIR
Sirva el pollo con papas al horno (vea el recuadro) o con arroz o fideos a la mantequilla y una ensalada verde o de verduras.

VARIACIÓN
Si prefiere, la salsa se puede preparar con un vino blanco seco o con un rico caldo de pollo en lugar de sidra. Recuerde que debe utilizar manzanas para postre, ya que las manzanas para cocinar perderían su forma.

INFORMACIÓN NUTRIMENTAL: calorías: 495, hidratos de carbono: 28 g, proteínas: 40 g, grasa: 23 g (grasa saturada: 11 g); buena fuente de vitaminas B_1, C y E.

HÁGALO FÁCILMENTE

Una manera rápida y fácil de cocer papas es en el horno de microondas: píquelas con un tenedor y colóquelas sobre una hoja de papel absorbente en el horno. Hornee a temperatura alta de 6 a 8 minutos, volteándolas a la mitad del tiempo. Envuélvalas en papel de aluminio y déjelas reposar durante 3 o 4 minutos.

HAMBURGUESAS DE PAVO

Estas saludables hamburguesas se engalanan con el sabor del chile, el cilantro, el ajo y el limón,
enriquecido con una pizca de salsa de soya. Son perfectas para una cena rápida.

TIEMPO: 30 MINUTOS PORCIONES: 4

2 chiles frescos
2 dientes de ajo
Un manojo de cilantro fresco
2 limones
675 g de carne molida de pavo
2 cucharaditas de salsa de soya
2 cucharaditas de aceite de ajonjolí
1 cucharada de harina de maíz
Sal y pimienta negra
1 cucharada de aceite de maíz
350 g de chícharos japoneses
225 g de germinado de soya
Para servir: salsa de soya adicional

1 Precaliente el asador a temperatura media. Lave, desvene y pique finamente los chiles y póngalos en un recipiente grande. Pele y machaque el ajo; lave el cilantro y pique lo suficiente para obtener 3 cucharadas; incorpore todo a los chiles.

2 Ralle la cáscara de 1 limón y añádala al ajo y al cilantro; reserve el otro limón para adornar.

3 Agregue la carne molida, la salsa de soya, el aceite de ajonjolí, la harina de maíz, y sazone. Con las manos, incorpore rápidamente todos los ingredientes hasta que queden bien mezclados.

4 Divida la mezcla en cuatro porciones iguales, déles forma de hamburguesa y aplánelas hasta que queden de unos 10 cm de grosor.

5 Barnice un lado de las hamburguesas con aceite de maíz; posteriormente, colóquelas en la rejilla del asador con el lado engrasado hacia abajo. Barnice los lados de arriba con el aceite restante y áselas durante 10 o 12 minutos, o hasta que estén en el punto de cocción deseado.

6 Mientras, ponga a calentar agua en una vaporera; luego, enjuague y parta las puntas de los chícharos japoneses y enjuague y escurra el germinado de soya.

7 Cuando el agua empiece a hervir, ponga los chícharos en la canastilla de la vaporera y añada un poco de sal. Tape y cocine al vapor durante unos 3 minutos. Agregue el germinado de soya, tape nuevamente y cocine durante 1 o 2 minutos más.

8 Acomode las verduras en platos individuales, coloque las hamburguesas encima y adórnelas con tajaditas de limón. Sirva caliente y póngales salsa de soya como acompañamiento.

INFORMACIÓN NUTRIMENTAL: calorías: 282, hidratos de carbono: 9 g, proteínas: 43 g, grasa: 8 g (grasa saturada: 2 g); buena fuente de vitaminas C, E, complejo B, ácido fólico, selenio y cinc.

HÁGALO FÁCILMENTE

Para cortarles las puntas a los chícharos rápidamente, forme un manojo y corte con tijeras. Voltee el manojo y corte las puntas del otro lado.

PAVO ADOBADO CON NUEZ DE LA INDIA

Tiernos trozos de pavo, castañas, nueces de la India y germinado de soya, con un un rico aderezo de miel y soya, dan un acentuado sabor oriental que combina con el acompañamiento de arroz.

TIEMPO: 30 MINUTOS PORCIONES: 4

---

300 g de arroz de grano largo

4 cucharadas más 2 cucharaditas de aceite de nuez

Sal

8 chiles rojos secos pequeños

1 diente de ajo

2 cucharadas de harina de maíz

1 clara de huevo

500 g de pechuga de pavo, deshuesada

2 cucharadas de miel

6 cucharadas de salsa de soya

2 cucharadas de jerez seco

225 g de castañas de agua enlatadas

8 cebollitas de Cambray

200 g de germinado de soya

85 g de nuez de la India salada

2 cucharaditas de vinagre de vino blanco

---

1 Ponga a hervir agua en un recipiente. Coloque el arroz en una cacerola y añada 1 cucharadita de aceite, un poco de sal y 750 ml de agua hirviendo. Tape y espere a que suelte el hervor; luego, cocine a fuego bajo de 10 a 15 minutos.

2 Ponga los chiles en una cacerola pequeña con agua y añada 1 cucharadita de aceite. Espere a que suelte el hervor y cocine a fuego bajo durante unos 10 minutos.

3 Pele y machaque el ajo en un recipiente; luego, añada la harina de maíz y la clara de huevo y revuelva bien. Parta el pavo en cubitos y añádalos a la mezcla de la clara de huevo, rebócelos perfectamente, y resérvelos.

4 Mezcle la miel, la salsa de soya y el jerez con 4 cucharadas de agua.

5 Escurra las castañas y pártalas en cubitos. Corte la punta de las cebollitas, luego pártalas en trozos del tamaño de las castañas, y mézclelos. Escurra los chiles.

6 Caliente 3 cucharadas del aceite en una sartén grande a fuego alto. Añada el pavo y fríalo hasta que empiece a ponerse blanco.

7 Agregue las nueces de la India y los chiles escurridos y cocine durante unos 30 segundos; después, añada el vinagre y revuelva. Coloque el pavo en un recipiente. Ponga el resto del aceite en la sartén, caliente de nuevo y añada las castañas y las cebollitas. Cocine durante unos 30 segundos.

8 Devuelva el pavo a la sartén, con el germinado de soya. Cocine durante 30 segundos y vierta la mezcla de miel y salsa de soya. Revuelva.

9 Escurra el arroz y sirva el pavo frito encima.

INFORMACIÓN NUTRIMENTAL: calorías: 811, hidratos de carbono: 82 g, proteínas: 43 g, grasa: 34 g (grasa saturada: 8 g); buena fuente de vitaminas C, E, complejo B y hierro.

ESCALOPAS DE PAVO CON LIMÓN Y PEREJIL

Tiernas rebanadas de pavo, servidas con una ligera salsa aromatizada con limón fresco, crean un platillo elegante y exquisito.

TIEMPO: **20** MINUTOS PORCIONES: **4**

2 limones
8 ramas de perejil fresco
4 rebanadas de pechuga de pavo o 4 escalopas de pavo, de 125 g cada una
Sal y pimienta negra
2 cucharadas de aceite de oliva
50 g de mantequilla sin sal
5 cucharadas de caldo de pollo

1 Exprima el jugo de 1 limón en un recipiente y resérvelo. Parta el otro limón en rodajas delgadas y resérvelo para adornar. Lave y seque el perejl. Reserve 4 ramas de éste para adornar y pique finamente el resto.

2 Coloque las rebanadas o las escalopas de pavo entre dos hojas de papel autoadherible, una a la vez, y páseles con fuerza un rodillo, hasta que queden extremadamente aplanadas. Sazónelas con sal y pimienta al gusto.

3 Caliente el aceite y la mitad de la mantequilla en una sartén grande a fuego alto. Fría las escalopas durante 1 ½ minutos por cada lado, o hasta que estén ligeramente doradas. Colóquelas en un plato previamente calentado.

4 Añada el caldo a la sartén y caliente, sin dejar de mover y raspando los residuos del fondo. Agregue el jugo de medio limón, el resto de la mantequilla y el perejil. Baje la flama, agregue las escalopas con todo y sus jugos y caliéntelas durante unos 30 segundos por cada lado. Sazone con sal y pimienta al gusto y añada más jugo de limón si así lo desea. Adorne con las rodajas de limón y el perejil, y sirva.

SUGERENCIA PARA SERVIR
Una ensalada de hojas mixtas y pan de corteza crujiente serían acompañamientos sencillos. O pruebe algún platillo de verduras, como Poros y zanahorias (pág. 256) o Papitas asadas con romero (pág. 267).

INFORMACIÓN NUTRIMENTAL: calorías: 281, hidratos de carbono: 0.5 g, proteínas: 31 g, grasa: 17 g (grasa saturada: 8 g); buena fuente de vitaminas A, E y complejo B.

BROCHETAS DE PAVO SALTIMBOCCA

Esta variación del saltimbocca clásico de ternera se prepara con bistecs de pavo enrollados con jamón, salvia fresca y pesto rojo, servidos sobre una cama de arroz y tomates cherry.

TIEMPO: 25 MINUTOS PORCIONES: 4

| 225 g de arroz de grano largo |
| Sal y pimienta negra |
| 500 g de bistecs de pechuga de pavo |
| 2 cucharadas de salsa pesto roja |
| 4 rebanadas de jamón serrano (unos 50 g) |
| 12 hojas grandes de salvia fresca |
| Aceite para engrasar |
| 8 tomates cherry |
| 2 limones |

1 Precaliente el asador a temperatura alta; ponga a hervir agua en un recipiente.

2 Coloque el arroz en una cacerola, agréguele un poco de sal y 600 ml de agua hirviendo. Revuelva, tape y cocine a fuego bajo durante 10 minutos. Retire del fuego y deje reposar, tapado, durante unos 5 minutos.

3 Mientras, lave las hojas de salvia. Ponga los bistecs de pavo entre dos hojas de papel autoadherible y páseles el rodillo, hasta dejarlos de 1 cm de grosor. Únteles salsa pesto por un solo lado, ponga una rebanada de jamón y una hoja de salvia encima de cada uno y sazone con pimienta.

4 Enrolle los bistecs a lo largo. Con un cuchillo muy afilado, parta los rollos en trozos de 2.5 cm.

5 Presione firmemente los rollos y ensártelos en 4 brochetas de alambre, procurando clavar la orilla de cada rollito.

6 Engrase ligeramente una bandeja para asar, ponga las brochetas en ella y áselas durante unos 5 minutos por cada lado, o hasta que los rollitos estén dorados.

7 Parta por la mitad los tomates cherry y añádalos al arroz. Lave los limones y ralle finamente la cáscara sólo de uno sobre el arroz. Mezcle perfectamente. Parta el otro limón en tajaditas, y resérvelas.

8 Sirva el arroz en un platón previamente calentado, coloque las brochetas encima y vierta los jugos. Adorne con las tajaditas de limón.

SUGERENCIA PARA SERVIR
Una sencilla ensalada verde es todo lo que necesita para acompañar este delicioso platillo.

INFORMACIÓN NUTRIMENTAL: calorías: 437, hidratos de carbono: 46 g, proteínas: 40 g, grasa: 10 g (grasa saturada: 3 g); buena fuente de vitamina E y complejo B.

Pechugas de pato con salsa de jengibre

Una deliciosa salsa preparada con cuatro tipos de jengibre es un espléndido acompañamiento para el pato, servido en una cama de poros fritos y con un toque final de vinagre de frambuesa.

Tiempo: 30 minutos   Porciones: 4

4 pechugas de pato, de unos 200 g cada una	3 cucharadas de vinagre de frambuesa
20 g de raíz de jengibre fresca	2 cucharadas de jarabe de jengibre
1 trozo de jengibre en conserva	225 ml de vino de jengibre verde
2 poros medianos	225 ml de caldo de pollo
	15 g de mantequilla
	Sal y pimienta negra

1 Precaliente el horno a temperatura baja. Fría en seco las pechugas de pato en una sartén con la piel hacia abajo, a fuego medio, durante unos 8 minutos; voltéelas y áselas durante 6 minutos más.

2 Mientras, pele el jengibre y córtelo en tiritas. Pique el jengibre en conserva.

3 Quítele las puntas a los poros, enjuáguelos y pártalos por la mitad, a lo largo, y luego, en tiritas muy finitas; reserve.

4 Coloque el pato cocido en el horno para mantenerlo caliente. Escurra toda la grasa del pato, sólo reserve 1 cucharada. Añada el vinagre y espere a que suelte el hervor, raspando los residuos del fondo; luego, añada el jengibre fresco y en conserva, el jarabe de jengibre, el vino de jengibre y el caldo. Espere a que suelte el hervor de nuevo, baje la llama y cocine a fuego bajo durante unos 8 minutos, o hasta que el líquido se reduzca.

5 Mientras, derrita la mantequilla en una sartén pequeña y fría los poros, previamente sazonados con sal y pimienta, de 3 a 4 minutos, o hasta que estén blandos.

6 Coloque las pechugas de pato en la salsa de jengibre, caliente durante 2 minutos y añada sal y pimienta al gusto.

7 Ponga los poros en un platón, acomode las pechugas de pato y báñelas con la salsa de jengibre.

Sugerencia para servir
Tortitas de camote rallado (pág. 266) o tortitas de papa.

Variación
Si prefiere una salsa más espesa, disuelva 1 cucharadita de arrurruz en 3 cucharadas de agua fría, añádalo a la salsa y cocine a fuego bajo durante unos 2 minutos.

Información nutrimental: calorías: 914, hidratos de carbono: 15 g, proteínas: 27 g, grasa: 78 g (grasa saturada: 23 g); buena fuente de complejo B y cinc.

PECHUGAS DE PATO CON SALSA DE ZARZAMORA

Este platillo sencillo pero con extravagante sabor, elaborado con tiernas pechugas de pato con especias exóticas, se sirve en una salsa de vino y es perfecto para una cena o una celebración especial.

TIEMPO: 25 MINUTOS PORCIONES: 4

4 pechugas de pato deshuesadas, con piel, de unos 175 g cada una
¼ cucharadita de polvo chino de cinco especias
Sal y pimienta negra
5 cucharadas de licor de zarzamora
5 cucharadas de vino tinto
½ rajita de canela
1 anís estrella, opcional
1 naranja pequeña
300 g de zarzamoras, frescas
2 cucharaditas de arrurruz

1 Retire cualquier nervio que tenga la carne y haga cortes en la grasa en forma de diamante. Mezcle el polvo de cinco especias con sal y pimienta, y espolvoréelo sobre las pechugas.

2 En una sartén pequeña, ponga el licor de zarzamora, el vino tinto, la canela y el anís estrella, si lo usa, y espere a que la mezcla hierva. Lave la naranja, ralle la cáscara finamente y agréguela.

3 Mientras, en una sartén, ase el pato, con la piel hacia abajo, a fuego medio durante 5 minutos, o hasta que la piel esté dorada y suelte suficiente grasa. Voltee y fría durante 5 minutos más para lograr un término medio, o más para un término bien cocido. Elimine el exceso de grasa con una cuchara.

4 Mientras el pato se cuece, enjuague las zarzamoras y agréguelas al vino. Exprima la naranja. Añada la mitad del jugo al vino, espere a que suelte el hervor, baje la llama y cocine a fuego bajo durante 5 minutos. Mezcle el resto del jugo con el arrurruz.

5 Cuele las zarzamoras en un tazón. Devuelva el líquido a la sartén, añada el arrurruz disuelto y mezcle. Deje que vuelva a hervir, moviendo, y mantenga en el fuego hasta que la salsa espese; agregue las zarzamoras y espere a que se calienten. Corte las pechugas de pato en rebanadas y sírvalas con la salsa de zarzamoras.

VARIACIÓN

El licor de zarzamora se puede conseguir en tiendas de licores o sustituir por licor de grosellas negras.

INFORMACIÓN NUTRIMENTAL: *calorías: 772, hidratos de carbono: 13 g, proteínas: 24 g, grasa: 65 g (grasa saturada: 19 g); buena fuente de vitaminas C, E, complejo B y cinc.*

BROCHETAS DE PATO CON MIEL Y NARANJA

El pato a la naranja, una combinación clásica, le da un toque oriental a estas sofisticadas brochetas con los sabores del jugo de naranja, miel y salsa de soya, servidas con aromático arroz.

TIEMPO: **20 MINUTOS** PORCIONES: **2**

150 g de arroz de grano largo o basmati
Sal
1 hoja de laurel o 1 rajita de canela
1 pimiento verde grande
2 pechugas de pato deshuesadas, sin piel, unos 350 g en total
1 naranja
4 cucharadas de miel espesa
2 cucharaditas de salsa de soya

1 Ponga a hervir agua en un recipiente y precaliente el asador a temperatura alta.

2 Ponga el arroz, una pizca de sal y la hoja de laurel o la canela en una cacerola grande y añada el agua hirviendo hasta 2.5 cm sobre la superficie del arroz. Espere a que suelte el hervor, tape y cocine a fuego bajo durante 15 minutos, o hasta que el arroz esté tierno.

3 Mientras, lave y seque el pimiento, quítele las semillas, pártalo junto con las pechugas de pato en cubos de tamaño uniforme, y ensártelos alternadamente en dos brochetas de alambre.

4 Para preparar la salsa, lave la naranja y ralle finamente la cáscara en una cacerola pequeña. Exprima la naranja hasta obtener 2 cucharadas de jugo; añádalo a la cacerola junto con la miel y la salsa de soya.

5 Coloque las brochetas en una rejilla en la bandeja del asador y úntelas con la salsa. Ase durante 5 minutos, voltéelas y únteles más salsa junto con los jugos de la bandeja y áselas otros 5 minutos.

Estarán listas cuando el pato esté cocido, la piel crujiente en las orillas, y los pimientos blandos y ligeramente dorados.

6 Caliente la salsa restante. Escurra el arroz, deseche la hoja de laurel, o la canela, y sírvalo con las brochetas. Vacíe los jugos de la bandeja en la salsa, caliente bien y pase a una salsera para acompañar las brochetas.

SUGERENCIA PARA SERVIR
Un sencillo platillo de germinado de soya frito, chícharos japoneses y delgadas rodajas de zanahoria y calabacita.

INFORMACIÓN NUTRIMENTAL: calorías: 1110, hidratos de carbono: 101 g, proteínas: 30 g, grasa: 66 g (grasa saturada: 19 g); buena fuente de vitaminas A, C, complejo B y cinc.

CONEJO A LA MOSTAZA

Mostaza suave, yogur espeso y limón forman una cubierta crujiente para deliciosos trozos de carne de conejo asada. Este platillo se acompaña con papas ligeramente doradas.

TIEMPO: 30 MINUTOS PORCIONES: 2

4 papas medianas
Sal y pimienta negra
2 piernas de conejo deshuesadas, de unos 140 g cada una
1 cucharada de aceite vegetal
2 cucharaditas de mostaza tipo Dijon
3 cucharadas de yogur natural espeso
½ limón
55 g de manteca de cerdo, o 2 cucharadas de aceite de oliva y 25 g de mantequilla
Para adornar: **2 ramas de estragón**
Para servir: **½ limón**

1 Precaliente el horno a temperatura alta y ponga a hervir agua en un recipiente.

2 Lave las papas y póngalas en una cacerola con un poco de sal. Cúbralas con agua hirviendo, espere a que suelte el hervor y cocine durante unos 8 minutos. Escurra las papas y déjelas enfriar.

3 Mientras, acomode la rejilla del asador para que la carne quede a 10 cm de la fuente de calor y acomode en ella las piernas de conejo.

4 Mezcle el aceite vegetal con la mostaza, el yogur, 1 cucharadita de jugo de limón y sazone. Barnice la mitad superior de las piernas de conejo, áselas durante unos 7 minutos; luego, voltéelas, barnícelas con el resto de la mezcla y áselas otros 7 minutos.

5 Mientras, parta las papas, una vez frías, en cubos de 3 cm. En una sartén, caliente la manteca, o el aceite de oliva, y la mantequilla y fría las papas de 10 a 12 minutos, a fuego medio, o hasta que estén doradas. Escúrralas sobre papel absorbente y espolvoréelas con sal.

6 Enjuague y seque el estragón y corte el medio limón en tajaditas.

7 Pase el conejo cocido a dos platos individuales y adorne cada pierna con una rama de estragón. Acompañe con las papas fritas y las rodajas de limón.

INFORMACIÓN NUTRIMENTAL: *calorías: 724, hidratos de carbono: 49 g, proteínas: 41 g, grasa: 42 g (grasa saturada: 16 g); buena fuente de vitaminas A, C, E, complejo B, ácido fólico, selenio y cinc.*

CONEJO CAMPESTRE CON PAPAS

La carne de conejo, suave y de delicioso sabor, combina con las fragantes alcaparras y los dulces pimientos.

TIEMPO: 30 MINUTOS PORCIONES: 4

300 g de papitas nuevas
1 pimiento amarillo y 1 pimiento rojo
2 cucharadas de aceite
1 diente de ajo
¼ de cebolla
2 rebanadas de tocino magro
1 conejo sin piel, limpio, cortado en 8 porciones, sin vísceras y cocido
1 tallo de apio, rebanado
1 tallo de apio
½ litro de vino tinto
Sal y pimienta negra
30 g de crema
1 cucharadita de alcaparras
10 aceitunas rellenas de anchoas

CONSEJO

Consiga el conejo lo más fresco posible, de preferencia cómprelo el mismo día en que va a prepararlo. En ocasiones, al refrigerarlo, el conejo adquiere un sabor a humedad que es difícil de quitar y que predomina a pesar de los ingredientes que usted incluya en su receta.

1 En una cacerola ponga a hervir agua y agregue las papitas, para que se cuezan.

2 Lave bien los pimientos, desvénelos y pártalos en tiritas, a lo largo.

3 En una sartén grande, ponga a calentar el aceite; pele el ajo y la cebolla, machaque el primero y parta en rebanadas medianas la segunda. Páselos a la sartén y sofríalos durante aproximadamente 2 minutos, o hasta que estén blandos. Mientras tanto, corte el tocino en trozos y agréguelos a la sartén junto con las piezas de conejo, y cocine durante unos 5 minutos, o hasta que empiecen a estar dorados.

4 Lave el apio y rebánelo; añádalo a la sartén junto con ¼ de litro de vino tinto. Sazone con sal y pimienta al gusto, y cocine durante 5 minutos más, con la sartén des-tapada para que se evapore el alcohol del vino y quede el bouquet.

5 Añada el pimiento, el resto del vino, la crema, las alcaparras y las aceitunas, y baje la llama. Retire las papitas del agua, báñelas con agua fría y pélelas; agréguelas a la sartén, y cocine a fuego bajo durante unos 5 minutos, o hasta que el guiso esté bien sazonado.

SUGERENCIA PARA SERVIR
Acompañe con ensalada verde o con una deliciosa guarnición de papas a la crema con un poco de cebollín finamente picado.

INFORMACIÓN NUTRIMENTAL: calorías: 617, hidratos de carbono: 0 g, proteínas: 45 g, grasa: 7 g (grasa saturada: 6 g); buena fuente de vitaminas E, fósforo y niacina.

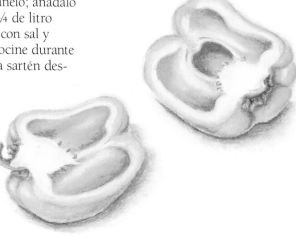

CONEJO A LA CREMA DE CHIPOTLE

*La saludable carne de conejo, libre de colesterol, se engalana con una picante crema
de chipotle y cebolla dulce, en un plato realmente original.*

TIEMPO: 20 MINUTOS PORCIONES: 4

200 g de piloncillo
1 cebolla mediana
⅓ de cucharadita de hierbas finas
250 ml de crema
100 g de queso crema
2 tazas de caldo de pollo
2 chiles chipotles grandes
Sal y pimienta
1 conejo limpio y cocido, partido en 8 porciones
2 cucharadas de aceite
2 cucharadas de tocino magro, frito y en trozos pequeños

1 En una cacerola pequeña con dos tazas de agua, coloque el piloncillo y cocine durante unos 10 minutos. Pele y parta la cebolla en rodajas, incorpórelas al piloncillo junto con las hierbas finas, y deje hervir durante unos 5 minutos, o hasta que la cebolla esté bien impregnada del sabor del piloncillo. Retire de la cacerola la cebolla y el piloncillo.

2 Licue la crema, el queso crema, el caldo de pollo, los chiles chipotles y sal y pimienta al gusto.

3 Salpimiente ligeramente las piezas de conejo. En una sartén grande y gruesa, coloque el aceite y fría las piezas de conejo durante unos 3 minutos.

4 En otra cacerola grande, coloque la crema de chipotle y cocine a fuego lento durante unos 5 minutos, revolviendo constantemente. Incorpore las piezas de conejo, revuelva suavemente y cocine durante otros 8 minutos, a fuego bajo.

5 Al servir, coloque dos trozos de conejo en cada plato, y encima de éstos distribuya una cuarta parte de los aros de cebolla. Finalmente, espolvoree encima con los trocitos de tocino.

SUGERENCIA PARA SERVIR
Si lo desea, puede colocar una rebanada de queso manchego encima de cada porción y hornear unos cuantos minutos hasta que se gratine el queso.

INFORMACIÓN NUTRIMENTAL: calorías: 724, hidratos de carbono: 15 g, proteínas: 19 g, grasa: 39 g (grasa saturada: 16 g); buena fuente de vitaminas A, C, E, complejo B, ácido fólico, fósforo, selenio y cinc.

CONEJO ENVUELTO

La pasta hojaldrada, que usted puede comprar ya lista en la panadería o en alguna tienda de autoservicio, envuelve suaves piezas de conejo, jugosas y de delicioso sabor.

TIEMPO: 20 MINUTOS PORCIONES: 4

500 g de pasta hojaldrada
2 cucharadas de harina
8 hojas grandes de espinaca
1 chile verde
¼ de cebolla
4 rebanadas grandes de tocino magro
1 conejo limpio, cocido y deshuesado, partido en 8 porciones
1 huevo

1 Precaliente el horno a 180 °C. Divida la pasta hojaldrada en 8 porciones y refrigérela.

2 Saque la pasta hojaldrada del refrigerador e intente tocarla lo menos posible con las manos para evitar que se derrita la mantequilla que contiene, extienda las porciones sobre una mesa ligeramente enharinada y córtelas en forma de círculo, dejando la pasta de 5 mm de espesor.

3 Lave y desinfecte las hojas de espinaca, y pique finamente el chile y la cebolla; de éste debe obtener 2 cucharadas. Sobre cada uno de los círculos de pasta hojaldrada, acomode con cuidado una hoja de espinaca, y un poco de chile y de cebolla picados.

4 Parta por la mitad, a lo largo, las rebanadas de tocino y enrede cada trozo de carne de conejo en una tira de tocino.

5 Ponga una porción de conejo con tocino en el centro de cada círculo de pasta hojaldrada, y envuélvalos formando una especie de rollo.

7 Bata ligeramente el huevo y barnice con él los rollos; colóquelos sobre una bandeja para hornear.

8 Meta la bandeja en el horno y deje que se los rollos se horneen durante unos 15 minutos, o hasta que la pasta hojaldrada esté bien cocida.

SUGERENCIA PARA SERVIR
Puede acompañar este platillo con una fresca ensalada verde. Estos rollitos son excelentes como platillo informal o como parte de un práctico buffet.

INFORMACIÓN NUTRIMENTAL: *calorías: 790, hidratos de carbono: 59 g, proteínas: 24 g, grasa: 24 g (grasa saturada: 14 g); buena fuente de vitaminas A, C, E, complejo B, ácido fólico, selenio y cinc.*

CODORNICES EN ESCABECHE

Esta exquisita receta se puede consumir recién preparada o bien guardarse en el refrigerador para el día siguiente, en cuyo caso aumenta la intensidad del sabor.

TIEMPO: 28 MINUTOS PORCIONES: 4

2 calabacitas grandes
4 chiles cuaresmeños
8 papitas nuevas, sin piel
2 zanahorias
4 ramos de coliflor
1 litro de vinagre de manzana
1 manojo de hierbas de olor
2 cucharaditas de sal
6 granos de pimienta negra
8 codornices pequeñas, cocidas
½ cebolla
1 diente de ajo
2 cucharaditas de azúcar
1 chorrito de aceite de oliva

1 Parta todas las verduras en trozos o en rodajas de tamaño mediano.

2 En una cacerola grande con 2 tazas de agua, ponga a hervir a fuego alto el vinagre, las hierbas de olor, la sal y los granos de pimienta. Evite respirar cerca de la cacerola, pues el vapor que se produce es irritante para las vías respiratorias. Deje hervir durante unos 5 minutos.

3 Añada las codornices y cocine durante unos 5 minutos.

4 Pele y rebane la cebolla y el ajo e incorpórelos a la cacerola junto con el azúcar y el aceite de oliva; cocine unos 10 minutos más, o hasta que todo esté bien cocido.

5 Retire las hierbas de olor y deséchelas.

6 Deje enfriar antes de servir. Si desea realzar el sabor del platillo, deje las codornices y las verduras reposando en el escabeche, en el interior del refrigerador. Si deja el guiso en el refrigerador durante un día completo, el sabor se acentúa.

SUGERENCIA PARA SERVIR

El sabor del pan recién salido del horno contrasta con el escabeche frío de las codornices. Si desea, unte rebanadas de baguette con ajo, espolvoree con perejil, sal y pimienta al gusto, y dore unos minutos en el horno.

INFORMACIÓN NUTRIMENTAL: calorías: 357, hidratos de carbono: 17 g, proteínas: 28 g, grasa: 16 g (grasa saturada: 6 g); buena fuente de vitaminas A, C, E, complejo B, ácido fólico, selenio y cinc.

TALLARINES CON MIGAS DE PAN

Los piñones y las migas recién tostadas le dan una crujiente textura a esta sencilla combinación de largos listones de pasta, con ajo y abundantes hierbas frescas.

TIEMPO: 30 MINUTOS PORCIONES: 4

350 g de baguette
Un manojo de perejil
Unas ramas de orégano
Cebollines
125 ml de aceite de oliva extra virgen
3 dientes de ajo
60 g de piñones
Sal y pimienta negra
500 g de tallarines frescos

Para servir: 60 g de queso parmesano recién rallado

1 En una cacerola grande, ponga a hervir agua para la pasta. Quítele la corteza al pan y deséchela; luego, hágalo migas en un procesador de alimentos o en una licuadora.

2 Enjuague y seque las hierbas. Píquelas hasta obtener 4 cucharadas de perejil y 1 ½ cucharadas de orégano y de cebollines. Añádalas a las migas y lícuelas ligeramente para combinarlas.

3 Caliente 3 cucharadas de aceite en una sartén a fuego medio. Pele y machaque el ajo y añádalo al aceite. Agregue los piñones y la mezcla de migas y revuelva. Sazone al gusto y revuelva de 5 a 6 minutos, o hasta que las migas estén ligeramente doradas. Luego retire la sartén del fuego y manténgala caliente.

4 Mientras tanto, coloque la pasta en el agua hirviendo con un poco de sal y cocine de 3 a 4 minutos, o hasta que esté *al dente*.

5 Escurra la pasta y póngala en un platón grande para servir. Añada el resto del aceite y revuelva bien; luego, agregue la mezcla de migas y revuelva de nuevo. Añada el queso.

SUGERENCIA PARA SERVIR

Una ensalada de jitomates sazonada con pimienta negra y espolvoreada con hojas de albahaca picadas podría acompañar muy bien este platillo de pasta. También puede servirlo acompañado con rebanadas de jitomate y queso panela, sazonadas al gusto.

INFORMACIÓN NUTRIMENTAL: calorías: 977, hidratos de carbono: 106 g, proteínas: 29 g, grasa: 52 g (grasa saturada: 9 g); buena fuente de vitamina E, complejo B, calcio, selenio y cinc.

PASTA CON VERDURAS

Pequeñas figuras de pasta y una suculenta selección de verduras conforman este platillo, perfecto para una cena familiar.

TIEMPO: 30 MINUTOS PORCIONES: 4

2 cucharadas de aceite de oliva
1 cebolla mediana
1 diente de ajo grande
1 pimiento rojo mediano
175 g de pasta de figuras secas (conchitas o coditos)
Sal y pimienta negra
400 g de jitomates
Una pizca de orégano seco
½ cucharadita de azúcar morena
225 g de habas precocidas
350 g de espinacas tiernas
300 g de corazones de alcachofa enlatados

Para servir: 50 g de queso parmesano; 1 hogaza de pan rústico

1 En una cacerola grande, ponga a hervir agua para la pasta. Precaliente el horno a la temperatura más baja. Caliente el aceite de oliva en otra cacerola grande. Pele la cebolla y el ajo; la primera píquela en trozos gruesos y el segundo macháquelo. Añádalos al aceite y fríalos 5 minutos, o hasta que estén blandos.

2 Lave el pimiento, pártalo por la mitad, quítele las semillas y rebánelo. Añádalo a la cebolla, y fría todo durante otros 2 minutos.

3 Coloque la pasta en el agua hirviendo, con un poco de sal. Espere a que reinicie el hervor y cocine de 10 a 12 minutos, o hasta que esté *al dente*.

4 Pique y agregue los jitomates, el orégano, el azúcar y un poco de pimienta negra a la mezcla de la cebolla. Espere a que suelte el hervor, tape parcialmente y cocine a fuego lento durante unos 10 minutos más.

5 Ponga el pan en el horno para que se caliente. Añada las habas a la salsa de tomate, espere a que reinicie el hervor y cocine a fuego lento durante unos 3 minutos.

6 Enjuague y escurra las espinacas, luego quíteles los tallos gruesos, agregue las hojas a la salsa y cocine otros 3 minutos.

7 Escurra los corazones de alcachofa y pártalos en cuartos. Escurra la pasta. Agregue ambos a la salsa y caliéntelos 1 o 2 minutos.

8 Pase la pasta con la salsa a un platón para servir, previamente calentado. Ralle el queso parmesano sobre la pasta y sírvala con el pan caliente.

INFORMACIÓN NUTRIMENTAL: calorías: 741, hidratos de carbono: 92 g, proteínas: 26 g, grasa: 30 g (grasa saturada: 6 g); buena fuente de vitaminas A, C, E, complejo B, ácido fólico y calcio.

CONSEJO

Si prefiere, puede usar fondos de alcachofa enlatados (los trozos inferiores, que no tienen hojas) en lugar de los corazones de alcachofa. Pártalos en rodajas en vez de cuartos y agréguelos a la cacerola como se indica.

ENSALADA DE FIDEOS ESTILO TAILANDÉS

Esta sencilla ensalada de crujientes verduras y camarones, revuelta con fideos de arroz,
se acompaña con chiles picantes y tiene un sabor inigualable.

TIEMPO: 30 MINUTOS PORCIONES: 4

200 g de chícharos japoneses

1 pimiento amarillo

200 g de fideos de arroz

8 cebollitas de Cambray, limpias
y sin puntas

250 g de camarones cocidos, pelados
y limpios

Para el aderezo:
2 chiles rojos frescos

1 trozo de raíz de jengibre fresco de
2.5 cm, sin piel

1 cucharada de cilantro picado

2 limones

3 cucharadas de aceite de girasol
o de maíz

2 cucharadas de aceite
de ajonjolí

3 cucharadas de salsa de soya

Para servir: galletas saladas

1 En una cacerola, caliente 1 litro de agua. Lave los chícharos y quíteles las puntas y, en cuanto el agua suelte el hervor, viértalos y baje la flama. Cocine a fuego lento durante unos 3 minutos. Lave y desvene el pimiento. Pártalo en rebanaditas.
2 Retire los chícharos del fuego. Agregue el pimiento y los fideos. Déjelos reposar durante unos 2 minutos, luego páselos por un colador, enjuáguelos bajo el chorro del agua fría y escúrralos.
3 Para preparar el aderezo, ponga los chiles, el jengibre y el cilantro en un procesador de alimentos o en una licuadora.
4 Incorpore el jugo de los limones, los aceites y la salsa de soya. Licue o procese muy bien hasta obtener un aderezo cremoso. Si es necesario, añada un poco de agua.

5 Corte las cebollitas en diagonal, en trozos de 1 cm, y póngalas en una ensaladera. Luego incorpore los camarones y la mezcla de fideos, y, por último, báñelo con el aderezo y revuelva. Sirva el platillo con las galletas saladas.

INFORMACIÓN NUTRIMENTAL: calorías: 341, hidratos de carbono: 22 g, proteínas: 19 g, grasa: 14 g (grasa saturada: 1 g), buena fuente de vitaminas A, C, niacina y fósforo.

CONSEJO

Los fideos para preparar esta receta puede adquirirlos en tiendas de productos orientales. La ensalada se puede preparar con anticipación y conservarse en el refrigerador durante 1 o 2 horas.

CHOW MEIN DE PATO

El chow mein, que significa "fideos fritos", es la base perfecta para verduras y carne fresca o cocida. El pato frito y la salsa hoisin, ligeramente dulce, dan a esta versión un rico sabor.

TIEMPO: 30 MINUTOS   PORCIONES: 4

250 ml de caldo de verduras o de pollo
250 g de fideos chinos medianos
3 o 4 filetes de pechuga de pato, sin piel, de unos 100 g cada uno
3 cucharadas de salsa de soya
1 diente de ajo
3 cebollitas de Cambray grandes
300 g de verduras mixtas (como hojas verdes, zanahorias, brócoli, pimiento rojo y poro)
2 cucharadas de aceite de nuez
115 g de elotitos
2 cucharadas de salsa hoisin
1 cucharadita rasa de harina de maíz
50 g de germinado de soya

1 Ponga a hervir agua en un recipiente. En una cacerola, caliente el caldo. Precaliente el horno a temperatura baja.

2 Ponga los fideos en un recipiente, cúbralos con el agua hirviendo y déjelos reposar durante 6 minutos, o cocínelos siguiendo las instrucciones del paquete.

3 Corte las pechugas en tiras de 1 x 7.5 cm y colóquelas en un recipiente con 1 cucharada de salsa de soya. Mezcle bien.

4 Pele y pique el ajo; enjuague las cebollitas, quíteles la punta y luego córtelas en rodajas; resérvelas. Corte las verduras, ya lavadas, en juliana. Escurra y enjuague los fideos.

5 Caliente la mitad del aceite en una sartén grande y fría el pato durante unos 5 minutos. Colóquelo en un plato y manténgalo caliente en el horno.

6 Caliente el aceite restante en la sartén grande. Añada el ajo, las cebollitas, las verduras y los elotitos, y cocine durante 30 segundos.

7 Coloque el pato en la sartén, añada la salsa hoisin y el caldo caliente, y cocine a fuego lento durante unos minutos.

8 Disuelva la harina de maíz en una cucharadita de agua fría y añádala a la sartén con el germinado de soya. Cocine durante 2 minutos más, luego añada los fideos y el resto de la salsa de soya. Revuelva bien, caliente 3 o 5 minutos y sirva.

INFORMACIÓN NUTRIMENTAL: calorías: 765, hidratos de carbono: 59 g, proteínas: 25 g, grasa: 50 g (grasa saturada: 13 g); buena fuente de vitaminas A, C, E, complejo B, ácido fólico y cinc.

TALLARINES TRICOLORES

La pasta no siempre tiene que ser de un solo color. Para nuestra fortuna, es posible conseguir deliciosas pastas multicolores.

TIEMPO: 20 MINUTOS PORCIONES: 4

½ cebolla partida en 3

½ cucharadita de hierbas finas

Sal y pimienta

100 g de tallarines rojos (de jitomate)

100 g de tallarines naturales

100 g de tallarines verdes
(de espinacas)

3 cucharaditas de mantequilla

150 ml de crema

1 chile poblano

1 pimiento rojo

1 taza de granos de elote cocidos

4 cucharadas de queso
parmesano rallado

1 En tres cacerolas pequeñas ponga suficiente agua, una parte de la cebolla, las hierbas finas, sal y pimienta, y cueza cada una de las variedades de tallarines, siguiendo las instrucciones del paquete.

3 Escurra los tallarines por separado en un colador.

4 Coloque cada una de las variedades de tallarines en un recipiente diferente y añada, a cada uno, 1 cucharadita de mantequilla, la tercera parte de la crema y sal y pimienta al gusto. Revuelva ligeramente.

5 Pele, desvene y parta en tiritas muy finas el chile poblano, y mézclelas con los tallarines verdes. Luego desvene y corte en cubitos el pimiento rojo y revuélvalo con los tallarines rojos; y, por útlimo, mezcle los granos de elote con los tallarines naturales.

6 Ya para servir, ponga en cada plato una porción de tallarines verdes, otra de tallarines naturales y otra de tallarines rojos. Finalmente espolvoree las mezclas con el queso parmesano.

SUGERENCIA PARA SERVIR

Si lo desea, puede espolvorear el platillo con tocino magro finamente picado; o bien, en lugar del queso parmesano, cubrir cada ración con una rebanada de queso manchego y gratinar al horno.

INFORMACIÓN NUTRIMENTAL: calorías: 288, hidratos de carbono: 34 g, proteínas: 9 g, grasa: 15 g (grasa saturada: 9 g); buena fuente de vitaminas A, D, E, calcio y magnesio.

PILAF DE TRIGO QUEBRADO CON CHAMPIÑONES

Una cama de granos cocidos, mezclados con una selección de hongos frescos, nueces y perejil, componen un ligero y sustancial platillo que también se puede servir como guarnición.

TIEMPO: 30 MINUTOS PORCIONES: 4

1 cebolla
115 g de mantequilla
350 g de trigo quebrado
850 ml de caldo de verduras
225 g de diversas variedades de hongos
Un manojito de perejil
1 cucharada de aceite de oliva
Sal y pimienta negra
50 g de almendras, fileteadas
50 g de avellanas, picadas

1 Parta la cebolla por la mitad, pélela y píquela finamente. Caliente la mitad de la mantequilla en una cacerola y acitrone ahí la cebolla.

2 Añada el trigo quebrado y fría, moviendo frecuentemente, durante 3 minutos. Agregue el caldo, espere a que suelte el hervor, baje la flama, tape la cacerola y cocine a fuego bajo de 10 a 15 minutos, o hasta que el caldo se haya consumido.

3 Mientras tanto, lave muy bien los hongos y pártalos en rebanaditas. Enjuague y seque el perejil, píquelo finamente y déjelo aparte.

4 Caliente el aceite de oliva en una sartén, ponga los hongos y fríalos hasta que se ablanden y estén ligeramente dorados. Sazone con sal y pimienta. Vierta los hongos con su jugo en el trigo parcialmente cocido, vuelva a tapar la cacerola y deje que se siga cociendo.

5 Añada las almendras fileteadas a la sartén y cocine a fuego moderado durante 1 o 2 minutos, moviéndolas constantemente; añada las avellanas picadas y déjelas dorar.

6 Cuando el caldo ya se haya consumido y el trigo esté bien cocido, añada el resto de la mantequilla junto con las nueces tostadas y el perejil. Rectifique la sazón y sirva inmediatamente.

INFORMACIÓN NUTRIMENTAL: calorías: 732, hidratos de carbono: 73 g, proteínas: 15 g, grasa: 44 g (grasa saturada: 17 g), buena fuente de vitaminas A, E, complejo B y hierro.

TABULE DE SALMÓN

El tabule es una ensalada preparada con trigo quebrado. Este estilizado platillo de trigo
y salmón cocido tiene el ligero sabor de las hierbas y del limón.

TIEMPO: 30 MINUTOS PORCIONES: 4

---

100 g de trigo quebrado

600 g de filete de salmón
sin piel

200 g de perejil

60 g de menta fresca

8 cebollitas de Cambray

1 limón grande

Sal y pimienta negra

1 corazón de lechuga

6 cucharadas de aceite
de oliva

Para servir: rodajitas de limón
y pan pita

---

1 Hierva el agua en un recipiente. Ponga a cocer el trigo en una cacerola con 300 ml de agua fría. Espere a que suelte el hervor, luego baje la flama y cocine de 8 a 10 minutos, o hasta que el trigo haya absorbido toda el agua.

2 Mientras tanto, corte el salmón en cuatro pedazos iguales, póngalos en una sartén y cúbralos con agua hirviendo. Espere a que reinicie el hervor, baje la llama y cocine durante 3 minutos. Luego pase el salmón a un plato para que se enfríe.

3 Lave y seque el perejil, la menta y las cebollitas. Pique todo finamente y póngalo en una ensaladera.

4 Exprima el limón y reserve el jugo; después, enjuague y seque muy bien la lechuga y caliente el pan pita.

5 Enjuague el trigo quebrado con agua fría, exprímalo con las manos y colóquelo en la ensaladera; añada el jugo de limón y el aceite. Sazone al gusto y mezcle bien.

6 Desmenuce el salmón, quítele las espinas, añádalo a la ensalada y revuelva bien.

7 Acomode las hojas de lechuga en un platón, coloque encima el tabule y sirva con las rajitas de limón y el pan pita caliente.

INFORMACIÓN NUTRIMENTAL: calorías: 755, hidratos de carbono: 66 g, proteínas: 33 g, grasa: 41 g (grasa saturada: 15 g); buena fuente de vitaminas A, C, E, complejo B, ácido fólico, calcio y hierro.

TABULE DE VERANO

En esta receta, el trigo quebrado se lleva de maravilla con las verduras crujientes ligeramente cocidas,
mezcladas con hierbas frescas y revueltas con un delicioso aderezo de miel y mostaza.

TIEMPO: 30 MINUTOS PORCIONES: 4

---

250 g de trigo quebrado

200 g de ejotes verdes, tiernos

200 g de chícharos precocidos

Sal

5 cebollitas de Cambray grandes

300 g de jitomates

1 limón

1 manojo de perejil

1 manojo de menta fresca

1 manojo de cebollines o eneldo

Para servir: 2 corazones de lechuga

Para el aderezo:

3 cucharadas de aceite de oliva

1 cucharada de vinagre de vino tinto

1 cucharadita de miel

1 cucharada de mostaza tipo Dijon

Sal y pimienta negra

---

1 Hierva agua en un recipiente. Ponga a cocer el trigo en una cacerola con 700 ml de agua fría. Espere a que suelte el hervor, luego baje la flama y cocine de 8 a 10 minutos, o hasta que el trigo haya absorbido toda el agua.

2 Mientras tanto, enjuague los ejotes, quíteles las puntas y córtelos en trozos de 2.5 cm. Póngalos en otra cacerola junto con los chícharos y cúbralos con el agua hirviendo; añada un poco de sal, espere a que vuelva a hervir, cocine de 1 a 2 minutos y escurra.

3 Lave y seque muy bien las cebollitas, quíteles las puntas y córtelas en rodajas muy delgadas. Lave y parta los jitomates en cubitos. Lave el limón, ralle la cáscara y exprímalo. Añada todo al trigo quebrado y esponje la mezcla con un tenedor.

4 Agregue los ejotes y los chícharos al tabule. Enjuague y seque las hierbas, píquelas y añádalas.

Enjuague y seque las hojas de lechuga y resérvelas.

5 En un tazón, mezcle bien los ingredientes del aderezo y viértalo al tabule. Sirva con lechuga.

INFORMACIÓN NUTRIMENTAL: calorías: 382, hidratos de carbono: 60 g, proteínas: 12 g, grasa: 11 g (grasa saturada: 15 g); buena fuente de vitaminas A, C, E, complejo B, ácido fólico y hierro.

CONSEJO

Esta ensalada se come, en el Medio Oriente, con las hojas de lechuga formando una cucharita, la cual se llena con tabule.

DOS ENSALADAS DE TRIGO QUEBRADO:
(arriba) TABULE DE SALMÓN;
(abajo) TABULE DE VERANO.

ALCUZCUZ CON VERDURAS

Dulces verduras y legumbres de invierno, combinadas con duraznos deshidratados y especias picantes, con un sabor al estilo del Medio Oriente, conforman este guisado cálido y reconfortante.

TIEMPO: 30 MINUTOS PORCIONES: 2

1 cebolla pequeña
15 g de mantequilla
1 cucharada de aceite de oliva
2 zanahorias pequeñas
½ nabo pequeño
½ papa cocida
Una pizca de pimienta de Cayena
Una pizca de cúrcuma
½ cucharadita de jengibre en polvo
½ cucharadita de canela en polvo
Una pizca de de azafrán en polvo, opcional
Sal y pimienta negra
50 g de duraznos deshidratados, listos para comer
60 g de chícharos precocidos
100 g de garbanzos cocidos
125 g de alcuzcuz
Para adornar: 2 ramitas de cilantro, fresco

1 Ponga a hervir agua en un recipiente. Pele y pique la cebolla. Caliente la mantequilla y el aceite de oliva en una cacerola grande y honda. Añada la cebolla y fríala ligeramente hasta que se suavice.

2 Mientras, pele y parta las zanahorias, el nabo y la papa en trozos de 1 cm y añádalos a la cebolla. Incorpore la pimienta de Cayena, la cúrcuma, el jengibre, la canela y el azafrán, revuelva y sazone con sal y pimienta negra al gusto.

3 Pique los duraznos y añádalos junto con los chícharos y los garbanzos; póngalos en la cacerola. Añada 300 ml de agua hirviendo y espere a que vuelva a hervir. Baje la flama, tape la cacerola y cocine a fuego lento unos 15 minutos.

4 Mientras tanto, vierta 225 ml de agua hirviendo en una cacerola y añada el alcuzcuz. Mezcle, apague la

flama y deje que repose tapado, mientras las verduras están listas. Entre tanto, enjuague y seque el cilantro y resérvelo.

5 Pruebe y sazone el alcuzcuz. Sepárelo con un tenedor y páselo a un platón para servir.

6 Pruebe y rectifique la sazón de las verduras; posteriormente, sírvalas sobre el alcuzcuz con todo y su jugo. Adorne el plato con las ramas de cilantro y luego llévelo a la mesa.

VARIACIÓN

El apio, el hinojo y el apionabo pueden ser un excelente sustituto para las zanahorias y el nabo.

INFORMACIÓN NUTRIMENTAL: calorías: 600, hidratos de carbono: 95 g, proteínas: 20 g, grasa: 17 g (grasa saturada: 5 g); buena fuente de vitaminas A, C, E, complejo B, ácido fólico, calcio y hierro.

ALCUZCUZ CON CAMARONES Y MENTA

El alcuzcuz es una maravillosa base para innumerables platillos rápidos y ligeros, porque mientras se remoja, usted puede preparar algunas delicias para acompañarlo, como estos frescos camarones.

TIEMPO: 25 MINUTOS PORCIONES: 4

400 ml de caldo de pescado o de pollo
2 chalotes
1 diente de ajo
350 g de calabacitas
3 cucharadas de aceite de oliva
Sal y pimienta negra
225 g de alcuzcuz
Un manojito de menta fresca
225 g de camarones cocidos y pelados
Para servir: salsa harissa, opcional (vea el recuadro de Consejo)

1 Vacíe el caldo a una cacerola. Pele y pique los chalotes y el ajo. Rebane finamente las calabacitas.

2 En una sartén, con dos cucharadas de aceite, fría los chalotes, el ajo y las calabacitas durante unos 4 minutos. Sazone con sal y pimienta al gusto.

3 Añada el caldo caliente, vuelva a poner al fuego y agregue el alcuzcuz. Retire del fuego, tape y deje reposar durante 10 minutos, o hasta que el caldo se consuma.

4 Lave, seque y pique las hojas de menta. En una sartén pequeña, caliente el aceite restante, añada los camarones y ponga al fuego.

5 Incorpore los camarones y la menta al alcuzcuz, revuelva y rectifique la sazón. Si lo desea, acompañe con salsa harissa.

INFORMACIÓN NUTRIMENTAL: calorías: 279, hidratos de carbono: 31g, proteínas: 18g, grasa: 10g (grasa saturada: 1g); buena fuente de vitaminas C, E, complejo B, ácido fólico y hierro.

CONSEJO

Si le gusta la comida condimentada, pruebe la salsa harissa, la cual se prepara con chiles rojos, ajo y aceite de oliva. La harissa se puede conseguir en tiendas de productos orientales.

PILAF DE CAMARONES

Arroz de color dorado, condimentado con fragante azafrán, que sólo necesita un poco de camarones cocidos y hierbas frescas para convertirse en un platillo memorable.

TIEMPO: 30 MINUTOS **PORCIONES: 4**

---

700 ml de caldo de pescado

1 cebolla pequeña

25 g de mantequilla

2 cucharadas de aceite de oliva

1 diente de ajo

2 chiles rojos secos

225 g de arroz de grano largo

Una pizca de azafrán en polvo

3 hojas de laurel

500 g de camarones crudos, sin cáscara

Sal y pimienta negra

Para adornar: unas ramitas de perejil o de eneldo fresco

---

1 Caliente el caldo en una cacerola. Pele y rebane finamente la cebolla. En una cacerola grande, caliente la mantequilla y el aceite y fría la cebolla. Pele y rebane finamente el ajo, desmorone los chiles ya desvenados, añádalos y fría unos minutos. Añada el arroz y mezcle bien.

2 Añada el azafrán y el caldo, espere a que vuelva a hervir, agregue las hojas de laurel, los camarones y un poco de sal. Tape, baje la llama y cocine durante unos 10 minutos; retire del fuego y deje reposar, tapado, durante 4 minutos.

3 Enjuague, seque y pique el perejil o el eneldo. Pase el pilaf a un platón para servir, sazone con sal y pimienta al gusto y adorne con el perejil o el eneldo.

INFORMACIÓN NUTRIMENTAL: calorías: 400, hidratos de carbono: 46 g, proteínas: 27 g, grasa: 12 g (grasa saturada: 4 g); buena fuente de vitamina E.

CONSEJO

Puede utilizar hebras de azafrán en lugar de azafrán en polvo.

PILAF AL AZAFRÁN

El aromático pilaf de Oriente proporciona una base perfecta para unas habas tiernas con aceite picante, que se sirven con una salsa espesa de yogur y cilantro fresco.

TIEMPO: 30 MINUTOS PORCIONES: 4–6

300 g de arroz de grano largo
50 g de mantequilla
1 cebolla morada mediana
2 dientes de ajo
1 cucharadita de cilantro molido
1 rajita de canela
Una pizca de azafrán molido
50 g de pasitas sin semilla
50 g de almendras en hojuelas
Sal y pimienta negra
450 g de habas precocidas
150 g de yogur natural
Unas ramitas de cilantro
3 cucharadas de aceite de oliva con sabor a chile

1 Ponga a hervir agua en una cacerola. Luego vacíe el arroz en un recipiente, cúbralo con agua fría y déjelo remojar, para eliminar un poco de almidón.

2 En otra cacerola, derrita la mantequilla a fuego muy bajo. Pique y pele la cebolla y el ajo y añádalos a la cacerola. Suba la flama y fría de 1 a 2 minutos, o hasta que la cebolla se ablande. Añada el cilantro y cocine a fuego muy bajo.

3 Ponga el arroz en un colador y enjuáguelo. Añádalo a la cacerola con la cebolla y agregue 375 ml de agua hirviendo. Incorpore la canela, el azafrán, las pasitas, las almendras, y sazone.

4 Cuando el agua suelte el hervor, baje la llama al mínimo. Tape y cocine durante unos 15 minutos, sin destapar.

5 Mientras tanto, ponga las habas en una cacerola, cúbralas con agua hirviendo y espere a que reinicie el hervor. Baje la llama, tape y cocine de 5 a 6 minutos.

6 Vacíe el yogur en un recipiente. Enjuague y seque el cilantro, píquelo y añádalo al yogur.

7 Escurra las habas, póngalas en otro tazón y rocíelas con el aceite de oliva sabor a chile.

8 Retire el arroz del fuego y déjelo reposar, sin destaparlo, durante unos 3 minutos. Luego espónjelo con un tenedor, deseche la canela y sirva con el yogur y las habas condimentadas.

INFORMACIÓN NUTRIMENTAL, SI SON 4 PORCIONES: calorías: 646, hidratos de carbono: 84 g, proteínas: 18 g, grasa: 27 g (grasa saturada: 9 g); buena fuente de vitaminas C, E, complejo B y ácido fólico.

GUMBO FÁCIL

*El sabor del sur de Estados Unidos está elegantemente
representado en este guiso favorito de Louisiana.*

TIEMPO: 30 MINUTOS PORCIONES: 4

1 cucharada de aceite de oliva
25 g de mantequilla
1 cebolla mediana
1 pimiento verde pequeño
1 tallo de apio
Sal
350 g de arroz blanco de grano largo
2 cucharadas de harina
400 g de jitomates
300 ml de caldo de pescado o de verduras
1 hoja de laurel
1 cucharada de pimienta de Cayena
½ cucharadita de páprika
300 g de angú
200 g de salchichas Frankfurt ahumadas
170 g de carne de cangrejo enlatada
250 g de mejillones enlatados, ahumados o naturales

1 Ponga a hervir agua en un recipiente. Caliente el aceite y la mantequilla en una cacerola grande. Pele y rebane la cebolla y acitrónela en la cacerola.

2 Mientras tanto, enjuague, desvene y pique el pimiento en trozos gruesos, y el ajo píquelo también. Luego agréguelos a la cebolla y siga guisando unos minutos más.

3 Vierta el agua caliente en una cacerola grande, añada un poco de sal e incorpore el arroz. Caliente y espere a que reinicie el hervor; tape y cocine a fuego lento durante unos 15 minutos o hasta que el arroz esté blando.

4 Añada la harina a las verduras, revuelva hasta incorporarla a la grasa para formar una roux, o salsa rubia; luego, cocine durante unos 2 minutos. Pique y añada los jitomates, el caldo, el laurel, la pimienta de Cayena y la páprika. Suba la flama y cocine durante 15 minutos, o hasta que el gumbo esté casi listo.

5 Mientras el gumbo se cocina, lave y limpie el angú y píquelo a lo ancho en trozos de 1 cm; añádalo a la cacerola.

6 Cuando el gumbo ya casi esté listo, rebane las salchichas en rodajas de 1 cm y después añádalas a la cacerola.

7 Escurra la carne de cangrejo y los mejillones y agréguelos al guisado. Cocine otros 2 o 3 minutos más para que se calienten bien los mariscos y las salchichas.

8 Escurra el arroz cocido, divídalo en cuatro platos individuales, previamente calentados, ponga un poco de gumbo en cada uno y sirva.

INFORMACIÓN NUTRIMENTAL: calorías: 727, hidratos de carbono: 85 g, proteínas: 30 g, grasa: 30 g (grasa saturada: 12 g); buena fuente de vitaminas A, C, E, complejo B, y ácido fólico, hierro y cinc.

CONSEJO

El jugo gelatinoso del angú ayuda a espesar este guisado. En el gumbo tradicional, la roux por lo general se cuece 45 minutos para darle un rico color ocre y un sabor ahumado. En este plato, el uso de salchichas ahumadas y de mejillones ahumados añade el sabor necesario para esta rápida roux.

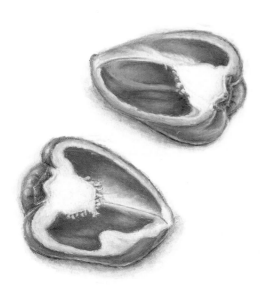

KEDGEREE CON HUEVOS

Los huevos pasados por agua combinan de maravilla con el arroz, el pescado y los camarones.

TIEMPO: 30 MINUTOS   PORCIONES: 4

280 g de arroz de grano largo
Sal y pimienta negra
55 g de mantequilla
1 cebolla pequeña
225 g de filete de huachinango, sin piel
Unas ramas de perejil
1 cucharada de vinagre de vino blanco
4 huevos
8 filetes de anchoas en pedacitos
20 alcaparras
½ limón
115 g de camarones cocidos, sin cáscara
3 cucharadas de crema

1   Ponga a hervir agua en un recipiente. Vacíe el arroz en una cacerola, cúbralo con agua hirviendo y añádale un poco de sal. Espere a que vuelva a hervir, tape y cocine a fuego medio durante 15 minutos, o hasta que esté cocido.

2   Mientras, derrita la mantequilla en una olla grande. Pele y pique la cebolla y fríala unos minutos.

3   Corte el pescado en cubos, retire las espinas y añádalo a la cebolla. Cocine durante 5 minutos. Lave y pique el perejil y resérvelo.

4   Llene una cacerola con agua hasta 6.5 cm, añada el vinagre y caliente hasta que suelte el hervor. Introduzca los huevos en la cacerola y déjelos cocinar durante 3 minutos, o hasta que se cueza la clara y la yema esté blanda.

5   Mientras los huevos se cocinan, pique los filetes de anchoas y las alcaparras, y exprima 1 cucharada de jugo del limón.

6   Agregue el arroz al pescado junto con los camarones y caliente. Sazone con sal y pimienta al gusto; luego sírvalo en platos individuales.

7   Espolvoree el arroz con el perejil, las anchoas, las alcaparras y el jugo de limón. Haga un hoyito en cada ración para que le coloque un huevo. Ponga la crema en una salsera.

INFORMACIÓN NUTRIMENTAL: calorías: 572, hidratos de carbono: 58 g, proteínas: 33 g, grasa: 23 g (grasa saturada: 11 g); buena fuente de vitaminas A, E y complejo B.

ARROZ FRITO

La inspiración para esta receta proviene de uno de los platillos cantoneses más populares.
Deje volar su imaginación y varíe las verduras, dependiendo de la temporada.

TIEMPO: 30 MINUTOS PORCIONES: 4

280 g de arroz de grano largo
Sal
3 cucharadas de aceite vegetal
4 huevos
225 g de tocino de lomo
3 zanahorias medianas
8 cebollitas de Cambray
2 dientes de ajo
175 g de chícharos precocidos
200 g de germinado de soya
250 g de camarones cocidos, sin cáscara
4 cucharadas de salsa de soya
4 cucharadas de jerez seco
1 cucharadita de miel
2 cucharadas de aceite de ajonjolí

1 Hierva el agua en un recipiente. Ponga el arroz en una cacerola con un poco de sal y agregue 700 ml de agua hirviendo y 1 cucharadita de aceite vegetal. Espere a que vuelva a soltar el hervor, baje la flama, tape y cocine de 10 a 15 minutos.

2 Mientras el arroz se está cociendo, caliente 1 cucharada de aceite en una sartén grande. Bata los huevos y viértalos en la sartén, inclinándola para formar una omelette delgada. Cocine a fuego medio y después pase la omelette a un plato para que se enfríe.

3 Corte el tocino en tiras. Añada el resto del aceite a la sartén y fría el tocino hasta que se dore.

4 Pele y pique las zanahorias y añádalas al tocino; baje la flama y cocine. Lave las cebollitas y quíteles las puntas, rebánelas y agréguelas a la sartén. Pele el ajo, macháquelo en la sartén e incorpore los chícharos.

5 Enjuague y escurra el germinado de soya y añádalo a la sartén. Suba la flama, cocine durante 1 minuto y agregue los camarones.

6 Pase la mitad de la mezcla a otra sartén (usar dos sartenes evita que la mezcla se cocine al vapor en lugar de freírse). Vacíe el arroz, corte la omelette en tiras delgadas y luego divídalas por igual entre las dos sartenes.

7 Añada la mitad de la salsa de soya, la mitad del jerez y la mitad de la miel a cada sartén. Luego agregue la mitad del aceite de ajonjolí. Mezcle todos los ingredientes y fría durante 5 minutos, o hasta que la mezcla se reseque. Sirva inmediatamente.

VARIACIÓN
Para preparar una versión vegetariana, puede usar nueces de la India y germinado de bambú en lugar de tocino y camarones.

INFORMACIÓN NUTRIMENTAL: calorías: 736, hidratos de carbono: 68 g, proteínas: 44 g, grasa: 28 g (grasa saturada: 5.5 g); buena fuente de vitamina A, complejo B, ácido fólico, hierro, selenio y cinc.

CONSEJO

Puede sustituir el jerez por sake, que es un licor de arroz fermentado. Puede conseguir el sake en algunos supermercados, en ciertas vinaterías, o en las tiendas de productos orientales. El Mirin, un sake dulce, también puede servirle para este platillo.

ARROZ A LA ESPAÑOLA CON CHORIZO Y SALVIA

La cúrcuma le da un delicioso sabor a este energético plato estilo español, rico en sabores, cuyos protagonistas son el arroz, las verduras y los trozos de chorizo.

TIEMPO: 30 MINUTOS   PORCIONES: 4

300 ml de caldo de pollo
2 cucharadas de aceite de oliva
1 cebolla morada mediana
1 diente de ajo
1 pimiento rojo mediano
200 g de arroz de grano largo
1 cucharadita de cúrcuma
400 g de jitomates
Sal y pimienta negra
175 g de chorizo magro
Un manojito de salvia fresca
175 g de chícharos precocidos

1 Ponga a calentar el caldo en una cacerola pequeña. Caliente el aceite de oliva en una sartén grande.

2 Pele y pique la cebolla y el ajo y acitrónelos en el aceite, a fuego alto, durante 3 minutos, o hasta que la cebolla se suavice.

3 Mientras, lave y desvene el pimiento y píquelo. Añádalo a la sartén junto con el arroz y la cúrcuma, y fría durante unos 3 minutos.

4 Añada el caldo caliente, los jitomates previamente picados y sazone al gusto. Espere a que suelte el hervor, baje la llama, tape y cocine a fuego bajo, moviendo ocasionalmente, durante unos 5 minutos.

5 Corte el chorizo en trozos gruesos, después incorpórelos al arroz y continúe cocinando durante otros 5 minutos.

6 Enjuague y pique en trozos gruesos la salvia y añádala al arroz junto con los chícharos. Espere a que reinicie el hervor, baje la llama y cocine a fuego lento 5 minutos más hasta que el arroz esté blando y haya absorbido todo el líquido. Si la mezcla se seca antes de que esté listo el arroz, añada un poco de caldo o algún vino blanco seco. Sirva caliente.

VARIACIÓN
En lugar de chorizo, se pueden utilizar salchichas ahumadas o salami condimentado cortado en rodajas.

INFORMACIÓN NUTRIMENTAL: calorías: 397, hidratos de carbono: 53 g, proteínas: 15 g, grasa: 14 g (grasa saturada: 4 g); buena fuente de vitaminas A, B, C, E, complejo y ácido fólico.

RISOTTO ESMERALDA

*Las tiernas y coloridas hojas de espinaca engalanan este risotto, el cual resulta ideal
para una cena saludable y muy fácil de preparar.*

TIEMPO: 30 MINUTOS PORCIONES: 4

**1 litro de caldo de verduras
o 4 cucharadas de consomé de
verduras, en polvo**

---

5 cucharadas de vino blanco

---

250 g de espinacas tiernas

---

4 cucharadas de aceite de oliva

---

1 cebolla pequeña

---

2 dientes de ajo

**350 g de arroz risotto
(arroz de grano redondo)**

Sal y pimienta negra

Nuez moscada entera, para rallar

1 En una cacerola, ponga a hervir
el caldo o disuelva el consomé de
verduras en polvo en 1 litro de agua.
Añada el vino, baje la flama y déjelo
que hierva.

2 Lave las espinacas y píquelas en
trozos gruesos, y resérvelas.

3 Caliente el aceite en una cacerola
grande. Pele y pique finamente
la cebolla y el ajo y fríalos de 2 a
3 minutos, o hasta queden suaves,
pero no dorados. Añada el arroz y
fría hasta que los granos estén
transparentes y cubiertos de aceite.

4 Agregue un cucharón de caldo a
la cacerola, ajuste la llama para
mantener un hervor suave y mezcle
hasta que el líquido se haya consumido. Siga añadiendo un cucharón
de caldo a la vez; revuelva y cocine
durante 15 minutos, o hasta que el
arroz esté casi cocido.

5 Agregue las espinacas y más
caldo y cocine, sin dejar de mover,
hasta que el arroz esté bien cocido.

6 Por último, sazone al gusto con
sal, pimienta y nuez moscada recién
molida. Sirva directamente de la
cacerola.

SUGERENCIA PARA SERVIR
Sirva con ensalada de hojas mixtas
y pan con nueces o aceitunas.

VARIACIÓN
El risotto esmeralda es un guisado
vegetariano; para uno no vegetariano, añada 2 o 3 cucharadas de queso parmesano rallado antes de servir.

*INFORMACIÓN NUTRIMENTAL: calorías: 448,
hidratos de carbono: 73 g, proteínas: 8 g,
grasa: 14 g (grasa saturada: 2 g); buena
fuente de vitaminas A, C, E, complejo B y
ácido fólico.*

CONSEJO

*El arroz para risotto italiano es un grano
chico y redondo. Nunca lo lave antes
de cocinarlo: perdería el almidón y
su textura cremosa.*

FRITATTA DE ESPINACAS Y CHAMPIÑONES

PLATILLOS PRINCIPALES DE VERDURAS

Conozca esta asombrosa variedad de deliciosos platillos elaborados con verduras, diseñados para complacer hasta el más exigente paladar.

VERDURAS PRIMAVERA

El secreto de este platillo está en la ligera cocción de una mezcla de finas verduras, que les da una textura crujiente y un sabor fresco, y contrasta adecuadamente con esta pasta rellena.

TIEMPO: 30 MINUTOS PORCIONES: 4

| 200 g de zanahorias miniatura |
| 150 g de elotitos |
| 200 g de ejotes tiernos |
| Sal y pimienta negra |
| 250 g de calabacitas pequeñas |
| Un manojo de perejil fresco |
| 400 g de tortellini fresco, relleno de espinacas y queso |
| 1 cucharada de aceite de oliva |
| ½ limón |
| 1 cucharada de semillas de mostaza enteras |

1 Hierva agua en una olla grande y también en un recipiente. Precaliente el horno a temperatura baja.

2 Lave las zanahorias y los elotitos. Parta los ejotes por la mitad a lo largo. Coloque las verduras en la cacerola con el agua hirviendo; añada sal, espere a que reinicie el hervor;

después cocine a fuego lento unos 5 minutos, procurando que las verduras queden crujientes.

3 Mientras tanto, lave las calabacitas y córteles las puntas; pártalas por la mitad a lo largo y resérvelas. Lave y pique el perejil.

4 Saque las verduras del agua hirviendo. Escúrralas, póngalas en un molde refractario y métalas en el horno para conservarlas calientes. Espere a que el agua vuelva a hervir; si es necesario, añada agua del recipiente. Agregue la pasta y cocine a fuego bajo de 5 a 6 minutos.

5 Mientras tanto, caliente el aceite de oliva en una cacerola grande, agregue las calabacitas y fríalas, revolviendo continuamente, durante unos 3 minutos.

6 Exprima el limón en las calabacitas; agregue las verduras, la mostaza y salpimiente al gusto. Revuelva.

7 Escurra la pasta y mézclela con las verduras. Coloque todo en un platón previamente calentado y espolvoree el perejil. Sirva caliente.

VARIACIÓN

Puede sustituir los ejotes por espárragos tiernos y, para darle un toque cremoso, añada un poco de crema ácida antes de servir.

INFORMACIÓN NUTRIMENTAL: calorías: 400, hidratos de carbono: 55 g, proteínas: 18 g, grasa: 12 g (grasa saturada: 5 g); buena fuente de vitaminas A, C, E, complejo B y ácido fólico.

CONSEJO

Puede usar cualquier tipo de pasta rellena, como agnolloti, cappelletti, ravioli o tortellini, pero debe ser fresca para que combine con las verduras.

PAY DE CEBOLLA Y QUESO FETA

La base para esta receta se prepara con masa para bollos. El sutil sabor del tomillo fresco es un acompañamiento ideal para la cremosa textura del relleno de queso griego.

TIEMPO: 30 MINUTOS   PORCIONES: 4

175 g de harina
1 cucharadita de polvos de hornear
85 g de mantequilla, a temperatura ambiente
150 ml de crema agria
500 g de cebolla
2 ramas de tomillo fresco
4 cucharadas de aceite de oliva
125 g de champiñones
250 g de queso feta griego
Sal y pimienta negra
Para adornar: cebollines

1   Precaliente el horno a 220 °C. En un recipiente, cierna la harina junto con los polvos de hornear; después, incorpore 50 g de mantequilla. Agregue 5 cucharadas de crema agria, y mezcle hasta obtener una masa suave.

2   Sobre una superficie enharinada, extienda la masa con un rodillo y corte un círculo de 28 cm de diámetro y cubra con él un molde para pay de 25 cm. Recorte las orillas, pinche la base, cúbrala con papel encerado y ponga encima de la masa frijoles o bolitas de papel de aluminio, para evitar que se infle. Hornee así durante 10 minutos.

3   Mientras, pele y rebane finamente las cebollas, y lave y pique las hojas de tomillo. Caliente el aceite en una sartén grande y acitrone las cebollas y el tomillo a fuego medio.

4   Derrita el resto de la mantequilla en otra sartén. Limpie y parta los champiñones por la mitad, y fríalos hasta que estén ligeramente dorados; luego añada el resto de la crema agria y manténgalos calientes.

5   Saque la base del horno, retire el papel encerado y los frijoles o las bolitas de papel de aluminio, hornee unos minutos más hasta que la pasta esté ligeramente dorada.

6   Limpie y pique los cebollines. Desmorone el queso feta sobre las cebollas. Caliente durante 1 minuto y sazone al gusto. Vierta la mezcla en la base para pay y cúbrala con los champiñones. Espolvoree los cebollines y la pimienta, y sirva.

INFORMACIÓN NUTRIMENTAL: calorías: 674, hidratos de carbono: 46 g, proteínas: 17 g, grasa: 48 g (grasa saturada: 26 g); buena fuente de vitaminas A, E, complejo B y ácido fólico y calcio.

FRITATTA DE ESPINACAS Y CHAMPIÑONES

Esta energética omelette, preparada con nueces de la India, espinacas y tiernos champiñones, se puede servir caliente para el almuerzo o la cena, o cortar en rebanadas gruesas y servir fría en un día de campo.

TIEMPO: **25 MINUTOS** PORCIONES: **4**

250 g de hojas de espinacas tiernas
Un manojo de perejil fresco
2 cucharadas de aceite de oliva
1 cebolla pequeña
350 g de champiñones
75 g de nueces de la India tostadas
5 huevos
Sal y pimienta negra
85 g de queso Cheddar o parmesano

1 Precaliente el asador a temperatura alta. Después enjuague y seque las espinacas. Lave, seque y pique suficiente perejil hasta obtener 2 cucharadas; reserve.

2 Caliente el aceite en una sartén grande. Pele y pique finamente la cebolla; fríala a fuego medio de 3 a 4 minutos, sin dejar de mover.

3 Limpie y parta los champiñones en cuartos; añádalos a la cebolla picada y fríalos 3 o 4 minutos, moviendo frecuentemente.

4 Añada las espinacas y cocine a fuego alto, de 3 a 4 minutos, moviendo constantemente o hasta que las hojas se marchiten y el líquido se evapore. Agregue las nueces y baje la flama.

5 Vacíe los huevos en un tazón pequeño, añada 2 cucharadas de agua fría y el perejil picado. Sazone con sal y pimienta, y bata.

6 Vierta la mezcla de huevo en las espinacas y cocine durante 5 minutos, o hasta que el huevo esté cocido y dorado por abajo. Levante la tortilla por las orillas.

7 Ralle el queso, espolvoréelo sobre la tortilla de huevo y métala en el asador durante 3 minutos, o hasta que esté dorada. Tenga cuidado para que el mango de la sartén no se queme. También puede pasar la tortilla a un recipiente antes de meterla en el asador.

SUGERENCIA PARA SERVIR
Sirva la fritatta, ya sea caliente o fría, con baguette y ensalada de jitomate.

INFORMACIÓN NUTRIMENTAL: calorías: 395, hidratos de carbono: 6 g, proteínas: 22 g, grasa: 32 g (grasa saturada: 10 g); buena fuente de vitaminas A, C, E, complejo B, ácido fólico, calcio, hierro, selenio y cinc.

ENCHILADAS DE GARBANZO GRATINADAS

La base de este delicioso platillo, ideal para una comida informal, son las tortillas de harina rellenas de garbanzo picante, gratinadas. Sírvalas con yogur frío o crema agria.

TIEMPO: 30 MINUTOS PORCIONES: 4

1 cebolla morada mediana
2 cucharadas de aceite de maíz
1 diente de ajo
1 chile rojo, fresco y pequeño
500 g de jitomates
425 g de garbanzos cocidos
1 cucharadita de comino molido
Sal y pimienta negra
1 lechuga romana pequeña
100 g de queso Cheddar maduro
Para servir: yogur natural espeso o de crema agria
Para adornar: unas ramas de cilantro

1 Precaliente el asador a temperatura alta. Pele y rebane finamente la cebolla. Caliente el aceite en una sartén y acitrone cebolla rebanada a fuego alto, sin dejar de mover; debe quedar suave y ligeramente dorada.

2 Pele y machaque el ajo; lave, desvene y rebane finamente el chile. Lave, pele y pique los jitomates. Escurra y enjuague los garbanzos.

3 Añada el comino a la sartén de la cebolla; luego, el ajo, el chile y los jitomates. Cocine a fuego medio durante unos 8 minutos, o hasta que la mayor parte del líquido se haya evaporado; posteriormente, sazone con sal y pimienta al gusto.

4 Corte en tiras la lechuga. Ralle el queso en tiras gruesas.

5 Extienda las tortillas y divida las hojas de lechuga entre ellas. Con una cuchara, rellénelas con la mezcla de garbanzo, enróllelas y colóquelas en un molde refractario. Espolvoréelas con el queso Cheddar y ponga en el asador hasta que el queso gratine.

6 Sirva con yogur o crema agria y adorne con el cilantro ya lavado.

VARIACIÓN
Puede utilizar crepas muy gruesas en lugar de las tortillas de harina.

INFORMACIÓN NUTRIMENTAL: calorías: 526, hidratos de carbono: 61 g, proteínas: 27 g, grasa: 21 g (grasa saturada: 7 g); buena fuente de vitaminas C y E, de complejo B y de ácido fólico.

CONSEJO

Si desea obtener un sabor más picante, aumente la cantidad de chile. Use su imaginación y haga algunas variantes del relleno.

OMELETTES ORIGINALES

Las omelettes constituyen un ingenioso recurso para preparar exquisitos platillos, desde las tradicionales omelettes para el desayuno hasta unos originales entremeses, e incluso platillos fuertes para satisfacer todos los gustos.

Las omelettes no necesariamente tienen que rellenarse; sin embargo, admiten una interminable variedad de sabores, solas y combinadas. Desde la sencilla omelette rellena de queso o champiñones hasta las variedades más elaboradas, usted puede utilizar su imaginación y su buen gusto para hacer de este sencillo platillo a base de huevo, un manjar inolvidable. Puede añadir sabor, agregando champiñones a la crema o a las hierbas frescas. Enriquezca la omelette con queso fundido y trocitos de papa o utilice pequeñas cantidades de sobrantes de comida, una o dos cucharadas de ratatouille caliente, una cama de espinacas bien sazonadas o pescado ahumado con crema de hierbas, etcétera.

No hay reglas fijas para rellenar las omelettes, excepto que no hay que exagerar.

RELLENOS PARA OMELETTES:

Cada uno de estos rellenos es suficiente para omelettes de 2 o 3 huevos. Prepare el relleno en una sartén diferente mientras hace la omelette, para que estén listos al mismo tiempo.

CHÍCHAROS A LA MANTEQUILLA

Derrita 40 g de mantequilla en una sartén y añada tres hojas de menta picada y 4 cucharadas de chícharos cocidos; sazone al gusto.

CHAMPIÑONES A LA CREMA

Sofría 150 g de champiñones rebanados en 25 g de mantequilla, luego añada dos cucharadas de crema y una cucharadita de aceite de trufas y revuelva. Sazone con sal y pimienta negra al gusto.

LA OMELETTE PERFECTA

Para obtener resultados perfectos, prepare omelettes individuales, usando una sartén para omelettes de unos 15 cm de diámetro.

1 Para una persona, rompa 4 huevos en una taza de medir grande, sazone ligeramente con sal y pimienta negra, y bata.

2 En una sartén, ponga a calentar 15 g de mantequilla a fuego alto. Cuando esté muy caliente, vierta la mitad de la mezcla de huevo batido.

3 Coloque la mezcla en el centro de la sartén e inclínela para permitir que el huevo no cocido se desplace. Cocine hasta que la omelette esté dorada por abajo, pero sin cuajar por arriba.

4 Retire la sartén del fuego; con una cuchara tome la mitad del relleno elegido y póngalo abajo de la mitad de la omelette, pero ligeramente descentrado; luego dóblela, poniendo el resto del relleno al envolverla para cubrir éste antes de pasarla al plato.

5 Sírvala inmediatamente o cúbrala con papel de aluminio, para mantenerla caliente mientras prepara la segunda omelette.

HIERBAS FINAS

Esta receta es una forma francesa clásica para dar sabor a una omelette. Córtele la punta y el rabo a una cebollita de Cambray y rállela finamente. Mézclela con dos cucharaditas de perifollo y perejil fresco, junto con una cucharadita de estragón fresco.

Las hierbas picadas finamente se deben mezclar con los huevos al momento de preparar la omelette, o bien, se pueden agregar a dos cucharadas de crema espesa caliente, sazonada al gusto, por separado, para posteriomente usarla como relleno para las omelettes a la manera tradicional.

PAPA, CEBOLLA Y QUESO

Rebane una cebolla mediana, parta en cubitos una papa cocida, después ralle 40 g de queso Gruyère. En una sartén, acitrone la cebolla en dos cucharadas de aceite a fuego lento; luego añada las papas y caliente muy bien, moviendo de vez en cuando. Sazone con sal y pimienta negra al gusto, luego divídalas entre las omelettes mientras todavía estén bien calientes y espolvoree con un poco de queso.

TOCINO Y CRUTONES

Corte en cubitos 4 lonjas de tocino en una sartén y fríalas en una cucharada de aceite hasta que estén crujientes. Agregue más aceite, en caso de ser necesario, y fría tres cucharadas de cubitos de pan duro. Regrese el tocino a la sartén para que se caliente. Coloque el relleno en las omelettes, dóblelas y sírvalas de inmediato.

ROBALO EN CREMA DE PEREJIL

Desmenuce 100 g de robalo cocido, sin piel y sin espinas. En una sartén, caliente el pescado en tres cucharadas de crema espesa; luego agregue una cucharada de perejil finamente picado y revuelva; sazone con suficiente pimienta negra al gusto.

Puede utilizar cualquier otro tipo de pescado, ya sea ahumado o guisado, y preparar este cremoso relleno para una deliciosa omelette. Por ejemplo, el salmón o la trucha son pescados ideales para preparar este exquisito relleno.

CLÁSICO PLATILLO DE HUEVO: OMELETTE A LAS HIERBAS FINAS.

BRÓCOLI Y COLIFLOR PICANTES

Esta deliciosa combinación de brócoli y coliflor con alcaparras y granos de pimienta verde en escabeche, se engalana con un toque final de queso con migas de pan.

TIEMPO: **25** MINUTOS PORCIONES: **4**

5 dientes de ajo
1 chile verde
500 g de ramos de brócoli
500 g de ramos de coliflor
2 cucharadas de aceite de oliva
Sal y pimienta negra
50 g de queso Gruyère
50 g de queso parmesano
3 cucharadas de migas de pan seco
2 cucharadas de alcaparras
2 cucharadas de granos de pimienta verde en escabeche

1 Precaliente el asador. Ponga a hervir agua en un recipiente.

2 Pele y rebane finamente el ajo, luego lave y desvene el chile cuidadosamente. Enjuague los ramos de brócoli y de coliflor.

3 Caliente el aceite en una sartén grande con tapa. Añádales el ajo, el chile, los ramos de brócoli y de coliflor y revuelva bien; agregue sal, pimienta y 150 ml de agua hirviendo. Tape la sartén y cocine las verduras a fuego alto unos 5 minutos, o hasta que estén tiernas. Revuelva las verduras a la mitad del tiempo de cocción.

4 Mientras tanto, ralle los quesos Gruyère y parmesano, y mézclelos muy bien con las migas de pan.

5 Agregue las alcaparras y los granos de pimienta y revuelva. Pase las verduras a un platón refractario, espolvoree con la mezcla de queso y migas de pan y métalo en el asador hasta que el queso se derrita y esté dorado. Sírvalo caliente.

SUGERENCIA PARA SERVIR

Para preparar un platillo vegetariano, sirva con arroz, papas o Pilaf de trigo quebrado con champiñones (pág. 213).

INFORMACIÓN NUTRIMENTAL: calorías: 286, hidratos de carbono: 16 g, proteínas: 20 g, grasa: 16 g (grasa saturada: 6 g); buena fuente de vitaminas A, C, E, complejo B, ácido fólico, calcio y cinc.

VERDURAS CON SALSA DE FRIJOL

Una sencilla salsa cremosa, preparada con frijoles molidos, orégano y jugo de limón, complementa los intensos sabores ligeramente acaramelados de las verduras crujientes.

TIEMPO: 25 MINUTOS   PORCIONES: 4

1 berenjena mediana
1 cebolla morada
2 calabacitas italianas grandes
1 pimiento amarillo
3 cucharadas de aceite de oliva
200 g de frijoles negros cocidos
½ limón
1 diente de ajo
6 ramas de orégano fresco
Sal y pimienta negra
6 aceitunas negras
Para servir: pan de centeno

1 Precaliente el asador a temperatura alta. Lave y seque la berenjena, elimine las puntas y pártala horizontalmente en rodajas de 1 cm. Pele y parta la cebolla en cuartos.

2 Lave las calabacitas, quíteles las puntas y pártalas por la mitad a lo largo. Desvene y corte el pimiento en cuartos.

3 Agregue la mitad del aceite en un plato y engrase las verduras con una brocha para repostería. Áselas de 6 a 8 minutos de cada lado.

4 Mientras tanto, vierta los frijoles con su líquido en un procesador de alimentos o en una licuadora y añada el jugo de limón y el ajo sin piel. Licue hasta obtener una salsa uniforme.

5 Lave y deshoje el orégano y desmenuce las hojas sobre los frijoles molidos. Añada el resto del aceite de oliva y sazone al gusto.

6 Ponga las verduras asadas en platos individuales, báñelas con la salsa y adórnelas con aceitunas. Sírvalas calientes con el pan de centeno.

INFORMACIÓN NUTRIMENTAL: calorías: 708, hidratos de carbono: 103 g, proteínas: 26 g, grasa: 22 g (grasa saturada: 4 g); buena fuente de vitaminas C y E, de complejo B, y de ácido fólico.

TARTA DE PORO Y QUESO CHEDDAR

Con la pasta hojaldrada, ya preparada, puede convertir los poros, el queso y una pizca de mostaza en un platillo suculento a simple vista.

TIEMPO: 30 MINUTOS PORCIONES: 4

8 poros delgados, unos 950 g en total
Sal y pimienta negra
250 g de pasta hojaldrada
1 cucharada de mostaza tipo Dijon
1 huevo
50 g de queso Cheddar

1 Precaliente el horno a 230 °C. En una cacerola o en cualquier otro recipiente, ponga a hervir agua.

2 Limpie los poros, pártalos de 18 cm de largo y lávelos. Acomódelos formando una sola capa en una cacerola o en una sartén; cúbralos con el agua hirviendo, añada una pizca de sal, espere a que vuelva a soltar el hervor, baje la flama y cocínelos, tapados, de 6 a 8 minutos.

3 Mientras tanto, extienda la pasta sobre una superficie enharinada y corte un cuadrado de 25 cm; póngalo en una bandeja para hornear.

4 Corte una tira de pasta de 1 cm de cada uno de los cuatro lados. Humedezca con agua los extremos alrededor del cuadrado, coloque las tiras de pasta y ajústelas al ponerlas sobre las orillas humedecidas, de manera que formen un marco. Presiónelas ligeramente en su lugar.

5 Escurra los poros y enfríelos bajo el chorro de agua fría. Escúrralos de nuevo, después envuélvalos con una servilleta de cocina y presiónelos ligeramente para secarlos.

6 Acomode los poros en el cuadro de pasta y barnícelos con la mostaza. Bata un huevo en un recipiente pequeño y barnice la orilla superior de la tarta con él. Ralle el queso Cheddar y espolvoréelo de manera uniforme sobre los poros.

7 Hornee en la rejilla superior del horno durante 15 minutos, o hasta que la pasta esté dorada y el queso se haya derretido y burbujee. Saque la tarta del horno y pártala en cuartos con un cuchillo de sierra. Sirva caliente o tibia.

SUGERENCIA PARA SERVIR
Acompañe con una ensalada frondosa, como la Ensalada de escarola y pepino (pág. 98).

INFORMACIÓN NUTRIMENTAL: calorías: 402, hidratos de carbono: 31 g, proteínas: 11 g, grasa: 26 g (grasa saturada: 3 g); buena fuente de vitaminas A, C, E, de complejo B y de ácido fólico.

CONSEJO

Cuando compre los ingredientes para esta receta, escoja poros limpios y frescos, los cuales puede encontrar en cualquier supermercado. Esto le ahorrará tiempo en la preparación.

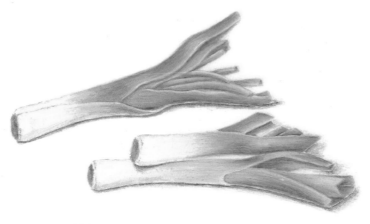

ENSALADA CALIENTE DE FRIJOLES Y VERDURAS SALTEADAS

El vinagre balsámico intensifica el sabor de las verduras en esta cálida y picante ensalada, excelente para un almuerzo ligero.

TIEMPO: 20 MINUTOS PORCIONES: 4

1 pimiento rojo
1 pimiento amarillo
1 cebolla mediana
2 calabacitas medianas
2 cucharadas de aceite de oliva
420 g de frijoles negros enlatados
420 g de lentejas enlatadas
2 ramas de albahaca
2 jitomates medianos
2 cucharadas de jitomates deshidratados en aceite
1 cucharada de vinagre balsámico
Sal y pimienta negra
Para adornar: 12 aceitunas negras grandes, deshuesadas

1 Lave, seque, desvene y pique los pimientos en trozos gruesos. Pele y rebane la cebolla. Lave y seque las calabacitas, retíreles las puntas y pártalas en rodajas muy delgadas.

2 Caliente el aceite en una sartén grande y acitrone los pimientos, la cebolla y las calabacitas a fuego alto, moviendo ocasionalmente.

3 Mientras tanto, escurra y lave los frijoles y las lentejas. Lave y seque la albahaca y córtele las hojas, y lave, seque y pique los jitomates frescos en trozos gruesos.

4 Añada los frijoles y las lentejas a la sartén, revuelva, agregue la albahaca, los jitomates frescos, los jitomates deshidratados y el vinagre.

5 Sazone y cocine la mezcla, sin dejar de mover.

6 Ponga la ensalada en un platón previamente calentado, adorne con las aceitunas y sirva.

VARIACIÓN

El vinagre balsámico se puede sustituir por vinagre de manzana. Utilice otra variedad de frijoles.

INFORMACIÓN NUTRIMENTAL: calorías: 390, hidratos de carbono: 52 g, proteínas: 21 g, grasa: 11 g (grasa saturada: 1 g); buena fuente de vitaminas A, C y E, y del complejo B.

CONSEJO

Para este sabroso platillo, puede sustituir las aceitunas negras por aceitunas verdes rellenas de anchoas.

ENSALADA CALIENTE DE PAPA CON SALCHICHAS

Esta deliciosa ensalada caliente que sirve como plato principal, y se prepara con papitas nuevas y salchichas condimentadas, se hace con un aderezo a base de ajo y mostaza francesa.

TIEMPO: 30 MINUTOS PORCIONES: 4

650 g de papitas nuevas
Sal y pimienta negra
500 g de salchichas condimentadas
2 cucharadas de aceite vegetal
1 chalote
1 diente de ajo grande
Un manojo de perejil fresco
Un manojo de cebollines
1 cucharadita de mostaza tipo Dijon
1 cucharada de harina
½ limón
3 cucharadas de vinagre de vino blanco
6 cucharadas de aceite de oliva
1 cucharada de azúcar refinada
85 g de queso mozarella

1 Precaliente el asador a temperatura alta. Lave las papitas nuevas y póngalas a hervir en una cacerola con agua y sal durante unos 15 o 20 minutos.

2 Mientras tanto, ase las salchichas unos 10 minutos, o de acuerdo con las instrucciones del paquete, volteándolas frecuentemente hasta que se cuezan y se doren.

3 Caliente el aceite vegetal en una cacerola chica. Pele y pique el chalote y el ajo, y acitrónelos durante unos 3 minutos.

4 Lave, seque y pique el perejil y los cebollines, y añádalos a la cacerola junto con la mostaza y la harina; cocine durante 1 minuto más.

5 Retire la cacerola del fuego. Exprima el medio limón, hasta obtener 1 cucharada, y añádalo a la cacerola con el vinagre de vino blanco, el aceite de oliva y el azúcar. Regrese la cacerola al fuego, vierta poco a poco la mezcla y espere a que hierva, sin dejar de mover, hasta que espese y se vea uniforme. Añada sal y pimienta al gusto y retire del fuego.

6 Escurra las papitas y póngalas en un platón; parta las salchichas en rodajas gruesas y mézclelas con las papitas; luego, báñelas con el aderezo de ajo y mostaza; revuelva suavemente. Desmorone el queso encima y sirva.

INFORMACIÓN NUTRIMENTAL: *calorías: 794, hidratos de carbono: 41 g, proteínas: 28 g, grasa: 56 g (grasa saturada: 13 g); buena fuente de vitaminas C y E y del complejo B.*

CONSEJO

Puede utilizar cebollines de ajo. Aunque son difíciles de conseguir, le dan un mejor sabor a este platillo.

GRATÍN DE FRIJOLES Y VERDURAS

Pasas, chiles y hierbas frescas añaden sabores irresistibles a una rica cacerola de arroz, verduras y frijoles, gratinada con queso parmesano y servida con refrescante y cremoso yogur natural.

TIEMPO: 30 MINUTOS PORCIONES: 4

3 cucharadas de aceite de oliva
1 cebolla mediana
2 trozos de apio
2 dientes de ajo
1 pimiento rojo mediano
125 g de pasitas sin semilla
Una pizca de orégano molido
Una pizca de chile piquín en polvo
1 cucharadita de comino molido
Sal y pimienta negra

400 g de jitomates
175 g de ramitos de brócoli
Unas ramas de cilantro
420 g de frijoles negros cocidos
275 g de arroz cocido
125 g de granos de elote precocidos
70 g de queso parmesano
Para servir: 200 ml de crema agria, yogur cremoso y baguette

1 Ponga a hervir agua en un recipiente. Caliente el aceite en una cacerola grande a fuego muy bajo.

2 Pele y pique la cebolla; enjuague el apio y pártalo en rebanadas muy delgadas. Pele y machaque el ajo, y acitrone los tres ingredientes durante unos 5 minutos.

3 Desvene y pique el pimiento y añádalo a la cacerola junto con las pasitas, el orégano, el chile y el comino, y cocine durante 2 minutos.

4 Añada sal y pimienta, los jitomates ya picados y 5 cucharadas de agua. Espere a que suelte el hervor, baje la flama y cocine a fuego lento durante otros 5 minutos.

5 Lave el brócoli, quite los floretes, póngalos en una cacerola y cúbralos con agua hirviendo. Coloque la cacerola al fuego y espere a que vuelva a soltar el hervor; cocine unos 2 minutos, escurra y reserve.

6 Precaliente el horno a temperatura media. Lave el cilantro y pique suficiente para tener 4 cucharadas.

7 Escurra los frijoles y añádalos a la mezcla de verduras, junto con el arroz y los granos de elote. Espere a que vuelva a hervir, baje la flama y cocine a fuego lento 2 minutos. Añada el brócoli y cocine 1 minuto más.

8 Saque la cacerola del fuego, añada el cilantro; revuelva. Ralle el queso parmesano encima. Ponga la cacerola en el asador unos 6 minutos.

9 Acompañe con yogur cremoso o con crema agria y baguette.

INFORMACIÓN NUTRIMENTAL: calorías: 625, hidratos de carbono: 85 g, proteínas: 26 g, grasa: 22 g (grasa saturada: 8 g); buena fuente de vitaminas A, C, E, de complejo B, de ácido fólico, de calcio y de cinc.

CONSEJO

Si no tiene una cacerola que pueda meterse en el horno, o si el mango es de plástico o de madera, puede pasar el guisado a un recipiente refractario.

PIZZA INSTANTÁNEA

Puede disfrutar de una pizza aún sin utilizar la clásica base; sólo emplee salsa de tomate, añádale pimientos y alcachofas, aromatice con hierbas, póngalo sobre pan tostado y espolvoree con queso.

TIEMPO: 30 MINUTOS PORCIONES: 4

2 cucharadas de aceite de oliva

1 cebolla mediana

1 pimiento verde mediano

1 pimiento rojo mediano

400 g de corazones de alcachofa enlatados

400 g de jitomates

1 diente de ajo

1 cucharadita de albahaca seca

1 cucharadita de hierbas finas

Sal y pimienta negra

½ cucharadita de azúcar

1 hogaza de pan multigrano o de pan tipo rústico, en rebanadas de 1 cm

200 g de queso Cheddar o mozzarella, o una mezcla de ambos

16 aceitunas negras

Para adornar: ramas de albahaca fresca

1 Caliente una cucharada del aceite en una sartén a fuego medio. Pele y pique la cebolla y fríala unos 3 minutos, hasta que esté blanda.

2 Desvene y rebane los pimientos. Escurra los corazones de alcachofa, pártalos por la mitad, y resérvelos.

3 Pique los jitomates y póngalos en un recipiente. Pele y machaque el ajo sobre ellos, añada la cebolla frita, las hierbas finas, la sal y la pimienta al gusto y el azúcar. Mezcle los ingredientes y resérvelos.

4 Precaliente el asador a temperatura alta. Caliente el resto del aceite en la sartén, fría los aros de pimiento durante unos 5 minutos.

5 Tueste las rebanadas de pan por un solo lado, en el asador. Ralle el queso Cheddar o corte en cubos el queso mozzarella; enjuague y seque la albahaca y reserve.

6 Voltee el pan y úntele la mezcla de jitomate por el lado no tostado. Acomode aros de pimiento y corazones de alcachofa encima; adorne con algunas aceitunas y cubra con el queso.

7 Cocine en el asador de 4 a 5 minutos, o hasta que el queso se derrita y se dore. Adorne con la albahaca y sirva inmediatamente.

VARIACIÓN

En lugar de los corazones de alcachofa puede utilizar champiñones o aguacates rebanados. También puede añadir jamón o salami, camarones o filetes de anchoa.

INFORMACIÓN NUTRIMENTAL: calorías: 1011, hidratos de carbono: 104 g, proteínas: 34 g, grasa: 54 g (grasa saturada: 15 g); buena fuente de vitaminas A, del complejo B, C, E, ácido fólico, calcio, hierro y cinc.

HAMBURGUESAS DE HONGOS Y FRIJOLES

A los niños les encantarán estas energéticas hamburguesas vegetarianas, preparadas con ingredientes nutritivos y servidas con pan pita, ensalada y un dulce aderezo de cebolla morada.

TIEMPO: 30 MINUTOS PORCIONES: 4

400 g de frijoles bayos cocidos

2 cebollas moradas medianas, unos 200 g en total

4 cucharadas de aceite de oliva

2 cucharadas de vinagre de vino tinto

2 cucharadas de azúcar mascabado clara

200 g de champiñones

1 diente de ajo

2 cucharadas de harina integral

Un manojo de menta fresca

Sal y pimienta negra

Para servir: **4 panes pita**

1 Lave los frijoles, y séquelos o escúrralos bien.

2 Para preparar el aderezo de cebolla morada, caliente 1 cucharada de aceite de oliva en una cacerola. Rebane finamente una cebolla y fríala; añada el vinagre y el azúcar. Sin dejar de mover, espere a que suelte el hervor, y luego baje la flama. Cocine, sin tapar y moviendo de vez en cuando, durante 15 o 20 minutos, o hasta que la cebolla esté blanda y ligeramente pegajosa. Retire la cacerola del fuego y manténgala caliente.

3 Mientras tanto, parta la otra cebolla en cuartos y póngala en un procesador de alimentos manual. Lave los champiñones, póngalos en el procesador y píquelos finamente.

4 Caliente otra cucharada de aceite de oliva en una sartén, fría la mezcla de cebolla y champiñones a fuego alto, moviendo de vez en cuando durante 5 u 8 minutos, o hasta que estén dorados y secos.

5 Pele y machaque el ajo en la mezcla de champiñones; añada la harina y fría durante 1 minuto. Enjuague, seque y pique menta, la suficiente para obtener 2 cucharadas. Retire la sartén del fuego, añada la menta, y sazone con sal y pimienta.

6 Ponga los frijoles en un plato hondo y macháquelos; luego agregue la mezcla de champiñones ya fría, y revuelva.

7 Divida la mezcla en cuatro partes iguales, póngase harina en las manos y forme las hamburguesas.

8 Caliente el aceite restante en una sartén grande y ahí fría las hamburguesas a fuego alto durante 6 u 8 minutos, o hasta que estén doradas; voltéelas sólo una vez. Caliente el pan pita.

9 Caliente un platón grande, acomode las hamburguesas y báñelas con el aderezo. También puede servirlas en platos individuales, previamente calientes.

10 Sirva con el pan pita y una ensalada verde.

INFORMACIÓN NUTRIMENTAL: calorías: 461, hidratos de carbono: 73 g, proteínas: 15 g, grasa: 13 g (grasa saturada: 2 g); buena fuente de vitaminas del complejo B, de vitamina E y de ácido fólico.

CONSEJO

Es importante escurrir bien los frijoles antes de preparar las hamburguesas, pues de lo contrario el procedimiento será más difícil.

TORTITAS DE ZANAHORIA Y GARBANZO

Estas saludables croquetas de zanahoria y garbanzo se hacen en procesador de alimentos o en licuadora, con hierbas frescas y especias fuertes, para lograr una fresca variante de la hamburguesa vegetariana.

TIEMPO: 20 MINUTOS PORCIONES: 4

350 g de zanahorias

1 diente de ajo

Un manojo de cilantro fresco

400 g de garbanzos enlatados

1 ½ cucharaditas de comino molido

1 ½ cucharaditas de cilantro seco

1 huevo

2 cucharadas de harina

Aceite para freír

Para servir: **bollos para hamburguesa, o marinas y ensalada**

1 Pele las zanahorias, rállelas en tiras gruesas y reserve.

2 Pele y pique el ajo; lave y pique cilantro, para obtener 6 cucharadas.

3 Escurra los garbanzos y póngalos en una licuadora o en un procesador junto con el ajo, el cilantro fresco y el seco y el comino. Lícuelos hasta lograr una pasta; añada las zanahorias ralladas, el huevo y la harina y licue la mezcla hasta que quede uniforme, pero ligeramente gruesa.

4 Caliente el aceite en una sartén y divida la mezcla en 8 tortitas. Fríalas unos 3 minutos de cada lado, o hasta que estén doradas; luego, escúrralas en papel absorbente. Sírvalas en los bollos y la ensalada.

VARIACIÓN

Pruebe hacer las tortitas más pequeñas y sírvalas como botana o como guarnición.

INFORMACIÓN NUTRIMENTAL: calorías: 464, hidratos de carbono: 66 g (azúcar 12 g), proteínas: 21 g, grasa: 14 g (grasa saturada: 2 g); buena fuente de vitaminas A y E, y de complejo B.

SALUDABLES HAMBURGUESAS VEGETARIANAS: *(arriba)* HAMBURGUESAS DE HONGOS Y FRIJOLES; *(abajo)* CROQUETAS DE ZANAHORIA Y GARBANZO.

TOFU Y VERDURAS CON SALSA TAHINI

El tofu ahumado le da cuerpo y sabor a estas verduras asadas, servidas con una cremosa salsa tahini.

TIEMPO: 30 MINUTOS PORCIONES: 2

4 cucharadas de salsa de soya
4 cucharadas de aceite de oliva
350 g de calabacitas pequeñas, firmes
125 g de champiñones
225 g de tofu ahumado

Para la salsa:

Un manojo de perejil
4 cucharadas de pasta tahini ligera
1 diente de ajo
½ cucharadita de aceite de ajonjolí tostado
1 cucharadita de mostaza tipo Dijon
Sal y pimienta negra

1 Precaliente el asador a temperatura moderada. Mezcle la salsa de soya y el aceite de oliva en un recipiente grande.

2 Lave las calabacitas, córteles las puntas y rebánelas en rodajas delgadas. Limpie y parta en rebanadas gruesas los champiñones, y luego corte el tofu en pedacitos.

3 Agregue las verduras y el tofu a la mezcla de salsa de soya y aceite, y revuelva hasta que estén completamente cubiertos con la mezcla.

4 Extienda las verduras y el tofu en una sola capa sobre la bandeja del asador. Ase durante unos 20 minutos, hasta que estén bien cocidas y doradas.

5 Mientras tanto, prepare la salsa. Lave, seque y pique suficiente perejil hasta obtener 2 cucharadas, y resérvelo. Coloque la pasta tahini en una taza de medir; pele y machaque el ajo en la taza, después añada suficiente agua para dar a la salsa una consistencia cremosa. Incorpore el perejil picado, el aceite de ajonjolí tostado y la mostaza tipo Dijon; sazone con sal y pimienta al gusto.

6 Cuando las verduras y el tofu estén cocidos, póngalos en el platón en que los va a servir, previamente calentado, y báñelos con la salsa tahini. Sirva caliente o frío.

INFORMACIÓN NUTRIMENTAL: calorías: 586, hidratos de carbono: 8 g, proteínas: 29 g, grasa: 49 g (grasa saturada: 9 g); buena fuente de vitaminas A, C, E, complejo B, ácido fólico, calcio, hierro y cinc.

TOFU CON NUEZ DE LA INDIA

*El suave tofu absorbe el sabor fuerte de esta marinada estilo oriental, a base de salsa de soya y jerez seco,
que luego se fríe rápidamente a fuego alto con una mezcla de verduras y nueces de la India.*

TIEMPO: 30 MINUTOS PORCIONES: 4

280 g de tofu
100 g de hongos shiitake, o de setas
1 pimiento rojo o amarillo grande
400 g de lechuga orejona, desinfectada
Un manojo de cebollitas de Cambray
3 cucharadas de aceite de oliva
1 cm de raíz de jengibre fresco
150 g de chícharos chinos, sin puntas
250 g de fideos de huevo
Sal
85 g de nueces de la India tostadas

Para la mezcla para marinar:

2 dientes de ajo
1 cucharadita de aceite de oliva
1 ½ cucharadas de salsa de soya
2 cucharadas de jerez seco
1 cucharadita de azúcar morena
Sal y pimienta negra

1 Precaliente el horno a 160 °C. En una cacerola, ponga a hervir agua. Para hacer la mezcla para marinar, pele y machaque el ajo en un recipiente mediano, incorpore el aceite, la salsa de soya, el jerez y el azúcar; salpimiente al gusto. Revuelva.

2 Escurra el tofu y pártalo en rectángulos de 1 cm. Colóquelo en el recipiente de la marinada.

3 Rebane las setas. Lave el pimiento, desvénelo y pártalo en cuartos, y luego a lo largo, en tiritas.

4 Corte las hojas de lechuga en tiras de 1 cm de ancho. Lave las cebollitas de Cambray, elimine las puntas y pártalas en rodajas.

5 En una sartén, caliente a fuego medio 1 cucharada de aceite de oliva, escurra y fría el tofu unos 3 minutos. Retírelo y mantenga caliente. Reserve la marinada.

6 Caliente el resto del aceite de oliva en la sartén grande. Pele y pique el jengibre y añádalo con los chícharos previamente lavados y las setas, y fríalos a fuego alto durante unos 2 minutos. Incorpore el

pimiento rebanado y cocine aproximadamente 2 minutos más, a fuego medio. Añada la lechuga y cocine durante otros 2 minutos.

7 Ponga los fideos en un tazón, añada sal y cúbralos con agua hirviendo. Agite suavemente, tape y deje reposar, o bien, siga las instrucciones del paquete.

8 Mientras los fideos se cuecen, vierta la mezcla para marinar sobre las verduras, añada las nueces de la

India y cocine 1 o 2 minutos, o hasta que la mezcla para marinar se haya calentado bien.

9 Añada el tofu a las verduras y manténgalas calientes. Escurra los fideos y mézclelos con las verduras.

INFORMACIÓN NUTRIMENTAL: calorías: 458, hidratos de carbono: 42 g, proteínas: 17 g, grasa: 28 g (grasa saturada: 4 g); buena fuente de ácido fólico, calcio, magnesio y fósforo.

JITOMATES RELLENOS DE ESPINACAS

Un relleno generoso de espinacas frescas enriquecidas con piñones y queso parmesano le dan un sabor italiano a los jitomates gigantes, en este plato vegetariano que se sirve frío o caliente.

TIEMPO: 30 MINUTOS PORCIONES: 2

1 ½ cucharadas de aceite de oliva

250 g de espinacas frescas

4 jitomates grandes, de aproximadamente 225 g cada uno

125 g de piñones

1 diente de ajo

125 g de queso parmesano

Sal y pimienta negra

1 Precaliente el horno a 220 °C. Engrase ligeramente una bandeja para asar. Retire los tallos de las espinacas, lávelas y séquelas.
2 Caliente el resto del aceite en una cacerola y fría las espinacas, tapadas, durante 2 minutos. Destápelas, revuelva y cocine otro minuto. Escurra las espinacas, páselas a un recipiente y déjelas aparte.

3 Lave y seque los jitomates, córteles la parte superior y conserve el resto. Sáqueles el centro y las semillas a cada uno.
4 Tueste ligeramente los piñones (vea el recuadro de la derecha) y añádalos a las espinacas. Pele y machaque el ajo en las espinacas y ralle encima el queso parmesano; salpimiente.
5 Rellene los jitomates con la mezcla y colóqueles sus tapas sobre el relleno. Hornee en la rejilla superior del horno de 12 o 15 minutos.

INFORMACIÓN NUTRIMENTAL: calorías: 948, hidratos de carbono: 19 g (azúcar: 18 g), proteínas: 40 g, grasa: 80 g (grasa saturada: 18 g); buena fuente de vitaminas A, C, y E, y de complejo B, de ácido fólico, de calcio, de hierro y de cinc.

HÁGALO FÁCILMENTE

Los piñones tienen un maravilloso sabor que aumenta al tostarlos. Colóquelos en una sartén a fuego bajo y tuéstelos, moviendo rápidamente, hasta que adquieran un color dorado.

DESFILE DE ESPÁRRAGOS

En este delicioso plato español, los espárragos frescos, los pimientos dulces y los jitomates picados se combinan de manera atractiva con esponjados huevos revueltos.

TIEMPO: 30 MINUTOS PORCIONES: 4

1 cebolla grande

1 chile verde

1 pimiento rojo grande

1 pimiento verde grande

3 cucharadas de aceite de oliva

3 dientes de ajo

Sal y pimienta negra

500 g de espárragos

400 g de jitomates

8 rebanadas de pan

Mantequilla para untar

4 huevos

1 Pele y parta la cebolla; lave, desvene y parta el chile en cubitos. Lave, desvene y rebane los pimientos.
2 Caliente el aceite de oliva en una sartén grande con tapa. Pele y machaque el ajo en el aceite; añada la cebolla, el chile y los pimientos rebanados; sazone con sal y pimienta al gusto. Fría a fuego alto 1 minuto, luego tape y cocine a fuego alto durante unos 3 o 4 minutos, agitando la sartén ocasionalmente.
3 Quite los extremos duros de los espárragos y luego enjuáguelos; después córtelos en cuatro partes. Añádalos a la cebolla, tape la sartén y déjelos cocer durante unos 7 u 8 minutos, moviéndolos de vez en cuando. Precaliente el asador a temperatura alta.
4 Pique los jitomates e incorpórelos a las verduras y revuelva; suba la flama, espere a que suelte el her-

vor y cocine a fuego lento, sin tapar, durante unos 2 minutos.
5 Mientras tanto, tueste las rebanadas de pan y en seguida únteles mantequilla.
6 Rompa los huevos en un recipiente mediano y bátalos ligeramente; añádalos a las verduras y cocine a fuego medio, hasta que los huevos estén cocidos.
7 Sirva el platillo con el pan tostado y untado con mantequilla al lado.

INFORMACIÓN NUTRIMENTAL: calorías: 650, hidratos de carbono: 50 g, proteínas: 20 g, grasa: 43 g (grasa saturada: 20 g); buena fuente de vitaminas A, C, y E, y de complejo B, ácido fólico, selenio y cinc.

TENTADORES PLATOS VEGETARIANOS: *(arriba)* JITOMATES RELLENOS DE ESPINACAS; *(abajo)* DESFILE DE ESPÁRRAGOS.

CURRY DE PAPAS Y EJOTES

GUARNICIONES

Deliciosos y originales acompañamientos para sus platillos principales que agradarán a todos los paladares y harán de cada comida un acontecimiento muy especial.

BERENJENAS A LA PARMESANA

En esta sencilla variación de un clásico italiano, las berenjenas se acomodan en capas con una espesa salsa de jitomate, hierbas aromáticas y cremoso queso mozzarella, con un toque final de queso parmesano gratinado.

TIEMPO: 25 MINUTOS PORCIONES: 4

500 g de berenjenas
5–10 cucharadas de aceite de oliva
125 g de queso mozzarella
Un manojo de albahaca u orégano
200 ml de salsa espesa de jitomate
Sal y pimienta negra
25 g de queso parmesano

1 Lave las berenjenas y pártalas en rodajas muy delgadas.

2 En una sartén grande, caliente una cucharada de aceite y fría las berenjenas a fuego alto, volteándolas una vez, hasta que estén doradas. Añada más aceite a medida que sea necesario.

3 Mientras tanto, precaliente el asador a temperatura alta y parta el queso mozzarella en rebanadas delgadas. Lave, seque y pique suficiente albahaca u orégano hasta obtener 2 cucharadas. Reserve.

4 Cuando las berenjenas estén listas, acomódelas en capas en un refractario amplio. Altérnelas con capas de queso mozzarella, salsa espesa de jitomate y especias.

5 Ralle el queso parmesano sobre la capa superior y coloque en el asador de 4 a 5 minutos, o hasta que el guiso esté dorado y burbujee.

SUGERENCIA PARA SERVIR
Sírvalas con carnes asadas, como chuletas o bistecs de cordero, con pescado blanco cocido o con el risotto vegetariano.

INFORMACIÓN NUTRIMENTAL: calorías: 323, hidratos de carbono: 5 g, proteínas: 12 g, grasa: 28 g (grasa saturada: 8 g); buena fuente de vitamina E, complejo B y calcio.

CONSEJO

Para darle un mejor sabor a la salsa espesa de jitomate, puede condimentarla con un poco de ajo, especias, y sal y pimienta al gusto.

BERENJENAS CON ADEREZO TAHINI

*La pasta tahini se prepara procesando, a muy alta velocidad, semillas de ajonjolí
y aceite de oliva de buena calidad.*

TIEMPO: 25 MINUTOS PORCIONES: 4

---

400 g de berenjenas

4 cebollitas de Cambray

**25 g de jitomates deshidratados
en aceite**

Para adornar: **ramas de eneldo fresco**

Para el aderezo:

1 diente de ajo

1 limón

1 cucharada de pasta tahini

3 cucharadas de aceite de oliva

Sal y pimienta negra

1 Llene una vaporera con agua y
póngala a hervir.

2 Lave las berenjenas y pártalas
a lo ancho en rebanadas de unos

5 mm de grosor. Póngalas en la vaporera, tape y cocine de 6 a 8 minutos, o hasta que estén blandas.

3 Para preparar el aderezo, pele y
machaque el ajo en un tazón pequeño; exprima el limón hasta obtener
3 cucharadas de jugo y añádalas al
ajo. Incorpore la pasta tahini y el
aceite de oliva; sazone con sal y
pimienta al gusto, y mezcle.

4 Lave las cebollitas, córteles las
puntas, y pártalas en diagonal;
escurra y pique los jitomates.

5 En un colador, presione las berenjenas con una cuchara, para eliminar la mayor cantidad posible de
jugo. Póngalas en una ensaladera y
añada las cebollitas y los jitomates
deshidratados.

6 Bañe con el aderezo tahini y
revuelva muy bien. Luego enjuague
el eneldo y séquelo; pique suficiente
cantidad para obtener 1 cucharada,
y distribúyalo sobre las berenjenas.
Por último, deje enfriar durante
unos 5 minutos antes de servir, con
objeto de permitir que el sabor se
intensifique.

SUGERENCIA PARA SERVIR

Este platillo se lleva muy bien con
cordero o pollo asado. También se
puede servir como entremés, acompañado con baguette.

*INFORMACIÓN NUTRIMENTAL: calorías: 140,
hidratos de carbono: 4 g, proteínas: 2 g,
grasa: 13 g (grasa saturada: 2 g); buena
fuente de vitaminas C, E y complejo B.*

DAHL

La cocina hindú utiliza diversas variedades de lentejas y chícharos para preparar dahl: *un cremoso acompañamiento para los curries.*

350 g de lentejas rojas partidas
1 cucharadita de cúrcuma molida
½ cucharadita de chile en polvo
1 cm de raíz de jengibre fresco
2 dientes de ajo
½ cucharadita de garam masala
Sal
25 g de mantequilla
Una pizca de comino molido
1 cebolla pequeña

1 Ponga a hervir 1 litro de agua en un recipiente. Limpie las lentejas, vacíelas en un colador y enjuáguelas bajo el chorro del agua.

2 Ponga las lentejas en una cacerola y cúbralas con el agua hirviendo. Luego añada la cúrcuma y el chile en polvo; tape y espere a que suelte el hervor.

3 Mientras, pele el jengibre, pártalo en 4 rebanadas delgadas y agréguelas a las lentejas. Pele y machaque el ajo en la cacerola. Tan pronto como las lentejas suelten el hervor, baje la llama y cocine durante unos 10 minutos, o hasta que estén blandas y casi todo el líquido se haya absorbido.

4 Añada el garam masala y revuelva; después, agregue sal al gusto y cocine durante otros 5 minutos más. Si la mezcla está muy líquida, cocine sin tapar para que espese.

5 Mientras tanto, en una sartén pequeña, caliente la mantequilla y añada el comino. Pele y parta la cebolla en cubos, y acitrónela en la mantequilla condimentada.

6 Coloque el dahl en un platón previamente calentado; añada la cebolla, y revuelva. Sirva caliente.

INFORMACIÓN NUTRIMENTAL: calorías: 333, hidratos de carbono: 51 g, proteínas: 21 g, grasa: 6 g (grasa saturada: 4 g); buena fuente de vitamina E, complejo B, hierro y cinc.

CONSEJO

Muchas leguminosas requieren remojarse en agua fría antes de cocerse, pero las lentejas rojas no lo necesitan, ya que se cuecen rápidamente.

CURRY DE PAPAS Y EJOTES

Las papitas nuevas rebanadas y los ejotes tiernos cocidos en una aromática mezcla de mantequilla y delicadas especias se pueden servir con arroz o como guarnición de otro curry.

TIEMPO: 30 MINUTOS PORCIONES: 4

500 g de papitas nuevas
250 g de ejotes tiernos
15 g de mantequilla
3 cucharadas de aceite de girasol
2 chiles verdes pequeños
½ cucharadita de semillas de comino
½ cucharadita de cúrcuma molida
¼ cucharadita de garam masala
1 diente de ajo
Sal

1 Lave bien las papitas nuevas y pártalas en rebanadas gruesas. Parta los ejotes en trozos de 2.5 cm de largo; después lávelos y déjelos que escurran un rato.

2 En una cacerola grande, caliente a fuego alto la mantequilla y el aceite. Cuando ya esté muy caliente, añada los chiles verdes enteros y las semillas de comino, la cúrcuma y el garam masala. Pele y machaque el ajo en la cacerola y cocine sin dejar de mover durante 30 segundos.

3 Agregue las papas y sazone con un poco de sal. Revuelva hasta que queden bien cubiertas con la mantequilla y el aceite.

4 Añada los ejotes, tape la cacerola, baje la flama a fuego moderado y cocine unos 15 minutos; mueva de vez en cuando. El curry estará listo cuando las papas estén blandas.

INFORMACIÓN NUTRIMENTAL: calorías: 197, hidratos de carbono: 20 g, proteínas: 3 g, grasa: 12 g (grasa saturada: 3 g); buena fuente de vitaminas C, E, complejo B y ácido fólico.

GELATINA DE DURAZNO, ZANAHORIA Y UVAS

Esta fresca gelatina puede servirse como entrada o bien como guarnición de algún platillo principal tibio o frío. No se recomienda para acompañar platillos calientes, pues puede derretirse.

TIEMPO: **20 MINUTOS, MÁS EL TIEMPO DE CUAJADO** PORCIONES: **4**

---

2 cucharadas de grenetina sin sabor, de cuajado rápido

---

500 ml de caldo de pollo

---

1 cucharadita de salsa inglesa

---

1 cucharadita de perejil, finamente picado

Sal y pimienta

---

12 uvas verdes sin semilla, no muy maduras

---

4 zanahorias

---

1 tallo de apio de unos 5 cm de largo

---

4 mitades grandes de duraznos en almíbar

Para decorar: **4 mitades de duraznos**

---

1 En una cacerola, disuelva la grenetina en 250 ml de caldo de pollo previamente desgrasado y espere unos 3 minutos para que se hidrate.

2 Ponga la cacerola al fuego hasta que se derrita la grenetina. Retire del fuego y añada la salsa inglesa, el caldo restante, el perejil y sal y pimienta al gusto, y revuelva.

3 Lave las uvas, las zanahorias y el apio. Pique finamente este último y parta en cubitos el durazno; pele y ralle finamente la zanahoria y, si las uvas están muy grandes, pártalas por la mitad. En un recipiente revuelva todos estos ingredientes.

4 Distribuya la gelatina en un molde y refrigere durante unos 10 minutos, o hasta que la gelatina esté cuajada ligeramente. Saque el molde del refrigerador y añada la mezcla de durazno.

5 Por último, revuélvala con movimientos suaves y luego vuelva a refrigerar hasta que haya terminado de cuajar.

6 Para servir, sumerja la parte exterior del molde en un recipiente con agua tibia, desmolde y decore con una mitad de durazno en almíbar, fileteado en abanico.

SUGERENCIA PARA SERVIR

Si lo desea, añada un poco de lechuga picada a la mezcla de zanahorias y frutas. También puede añadir pasitas o nueces finamente picadas.

INFORMACIÓN NUTRIMENTAL: calorías: 143, hidratos de carbono: 27 g, proteínas: 11 g, grasa: 0 g (grasa saturada: 0 g); buena fuente de vitamina A.

COLECITAS DE BRUSELAS SALTEADAS

Crujientes colecitas de Bruselas fritas, mezcladas con trozos de tocino y castañas de agua, conforman este singular platillo, el cual se engalana con el sabor de las semillas de mostaza y la naranja.

TIEMPO: 25 MINUTOS PORCIONES: 4

---

1 cucharada de aceite de maíz

75 g de tocino ahumado magro

500 g de colecitas de Bruselas frescas

1 naranja

50 g de mantequilla

2 cucharadas de semillas de mostaza enteras

115 g de castañas de agua enlatadas

Sal y pimienta negra

1 En una sartén, caliente el aceite de maíz; luego parta en cubitos el tocino ahumado y fríalo de 2 a 3 minutos, o hasta que esté dorado.

2 Parta las colecitas por la mitad. Lave y ralle la cáscara de naranja sobre la sartén del tocino; añada la mantequilla, la mostaza y las colecitas. Cocine a fuego medio durante unos 5 minutos, o hasta que las colecitas estén bien cocidas, sin dejar de mover.

3 Mientras, escurra y pique en trozos gruesos las castañas y añádalas a las colecitas. Cocine durante 3 o 4 minutos, o hasta que el platillo esté listo. Posteriormente, agregue sal y pimienta al gusto, y sirva de inmediato.

INFORMACIÓN NUTRIMENTAL: calorías: 224, hidratos de carbono: 7 g, proteínas: 8 g, grasa: 19 g (grasa saturada: 9 g); buena fuente de vitaminas C, E, complejo B y ácido fólico.

LA MAGIA DE LOS SABORES FRESCOS

POROS Y ZANAHORIAS

Dos deliciosas verduras combinan con el estragón para crear esta refrescante combinación.

TIEMPO: 20 MINUTOS PORCIONES: 4

750 g de poros
250 g de zanahorias
2 cucharadas de aceite de oliva
1 rama grande de estragón fresco
Sal y pimienta negra

1 Deseche las hojas exteriores de los poros y dos tercios de los rabos, luego pártalas en rodajas muy delgadas. Póngalos en un colador y enjuáguelos bajo el chorro de agua fría; escúrralos bien.

2 Pele y ralle las zanahorias.

3 Caliente el aceite en un wok o en una sartén grande a fuego moderado. Enjuague y pique el estragón.

4 Sofría los poros en el aceite durante unos 2 minutos, o hasta que empiecen a marchitarse.

5 Incorpore las zanahorias ralladas y un poco de sal, pimienta y el estragón picado. Cocine durante 2 minutos más y sirva.

VARIACIÓN
Puede utilizar alguna otra hierba fresca de su preferencia.

INFORMACIÓN NUTRIMENTAL: calorías: 89, hidratos de carbono: 7 g (azúcar: 6 g), proteínas: 2 g, grasa: 6 g (grasa saturada: 1 g); buena fuente de vitaminas A, C, E, complejo B, y ácido fólico.

ZANAHORIAS TIERNAS A LA NARANJA

El crujiente sabor natural de las zanahorias tiernas se realza al cocinarlas en jugo de naranja.

TIEMPO: 25 MINUTOS PORCIONES: 4

500 g de zanahorias tiernas, pequeñas
1 naranja mediana
15 g de mantequilla o 1 cucharada de aceite de girasol
Sal y pimienta negra
1 cucharada de semillas de ajonjolí

1 Si las zanahorias no están muy pequeñas, pélelas y pártalas por la mitad a lo largo.

2 Lave la naranja y ralle la cáscara. Exprima el jugo en una cacerola y añada la ralladura, la mantequilla o el aceite de girasol y cocine a fuego medio hasta que suelte el hervor.

3 Agregue las zanahorias a la cacerola y sazone con sal y pimienta negra al gusto. Haga que vuelva a hervir y baje la llama a fuego medio; luego tape la cacerola y cocine a fuego bajo durante unos 10 o 12 minutos, o hasta que las zanahorias estén lo suficientemente cocidas pero no muy blandas, agitando de vez en cuando.

4 Mientras tanto, ponga las semillas de ajonjolí en una sartén y áselas en seco durante unos 2 minutos, agitando la sartén, hasta que estén doradas.

5 Añada las semillas de ajonjolí a las zanahorias y sirva.

VARIACIÓN
Si no es temporada de zanahorias tiernas, utilice zanahorias grandes, pero necesitará partirlas por la mitad a lo ancho y después, en rebanadas delgadas a lo largo.

INFORMACIÓN NUTRIMENTAL: calorías: 87, hidratos de carbono: 8 g (azúcar: 7 g), proteínas: 2 g, grasa: 6 g (grasa saturada: 2 g); buena fuente de vitaminas A y E, y de complejo B.

PURÉ DULCE DE CAMOTE

Una guarnición sencilla, ideal para acompañar platillos de cordero o de cerdo.

TIEMPO: 20 MINUTOS PORCIONES: 4

700 g de camotes
4 ramas de perejil fresco
25 g de mantequilla
Sal y pimienta negra
⅓ de cucharadita de semillas de anís
½ cucharadita de canela en polvo
Azúcar al gusto

1 Ponga a hervir agua en un recipiente. Pele los camotes, pártalos en pedazos y cúbralos con agua hirviendo. Espere a que hierva y cocine durante 10 minutos, o hasta que estén blandos.

2 Con un machacador, haga puré los camotes.

3 Lave, seque y pique el perejil. En una cacerola, coloque la mantequilla y espere hasta que se derrita. Añada el puré de camote, 4 cucharadas de agua, una pizca de sal y otra de pimienta, las semillas de anís y la canela en polvo.

4 Mezcle bien y cocine a fuego lento durante unos 3 minutos, revolviendo constantemente. Añada azúcar al gusto. El grado de dulzor del puré dependerá del tipo de platillo que desee usted acompañar.

5 Cocine durante 2 minutos más, revolviendo constantemente. Si es necesario, añada 2 cucharadas de agua. Por último, añada el perejil, revuelva y sirva.

INFORMACIÓN NUTRIMENTAL: calorías: 355, hidratos de carbono: 78 g, proteínas: 3 g, grasa: 4 g (grasa saturada: 3 g); buena fuente de vitamina A, ácido fólico, calcio, magnesio y fósforo.

GUARNICIONES FRESCAS Y FÁCILES:
(*arriba*) POROS Y ZANAHORIAS; (*abajo, izquierda*) ZANAHORIAS TIERNAS A LA NARANJA; (*derecha*) PURÉ DULCE DE CAMOTE.

ACHICORIA HORNEADA A LA ITALIANA

Cabezas de achicoria, unidas a los sabores mediterráneos de los jitomates deshidratados, el limón y las aceitunas negras, se saborean horneadas bajo una crujiente capa de queso parmesano y migas de pan.

TIEMPO: 30 MINUTOS PORCIONES: 4

1 rebanada gruesa de pan del día anterior, o 15 g de migas de pan blanco frescas
40 g de queso parmesano
6 jitomates deshidratados en aceite
4 cabezas grandes de achicoria, de unos 175 g cada una
½ limón
3 cucharadas de aceite de oliva
Pimienta negra
16 aceitunas negras deshuesadas

1 Precaliente el horno a 200 °C. Retire y deseche la corteza del pan y hágalo migas con un procesador de alimentos manual. Ralle el queso parmesano y mézclelo muy bien con las migas.

2 Escurra los jitomates deshidratados sobre papel absorbente; después píquelos y resérvelos.

3 Retire las hojas externas dañadas de las achicorias, lave muy bien las bases y parta cada cabeza en cuartos, a lo largo.

4 Exprima el limón y ponga 1 cucharada en un refractario grande. Luego agregue 2 cucharadas de aceite de oliva y revuelva.

5 Acomode los cuartos de achicoria en el molde refractario, con el lado cortado hacia arriba. Rocíelas con el resto del aceite de oliva y sazone con pimienta negra al gusto.

6 Esparza los jitomates deshidratados sobre las achicorias, y agregue las aceitunas negras; después, espolvoree la mezcla del queso parmesano con las migas de pan. Por último, meta el molde refractario en el horno durante unos 15 minutos, o hasta que esté perfectamente dorado.

INFORMACIÓN NUTRIMENTAL: calorías: 189, hidratos de carbono: 7 g, proteínas: 5 g, grasa: 16 g (grasa saturada: 4 g); buena fuente de vitamina E y complejo B.

ACHICORIA Y BETABEL A LA PARRILLA

Esta colorida combinación de achicoria, con un aderezo de jugo de naranja y semillas de mostaza enteras, mezclada con rebanadas de betabel, se puede servir fría o caliente con asados o carnes frías.

TIEMPO: 25 MINUTOS   PORCIONES: 4

---

4 cabezas grandes de achicoria blanca, de unos 175 g cada una

---

4 cucharadas de aceite de oliva

---

250 g de betabel cocido

---

1 naranja

---

3 cucharadas de mayonesa

---

2 cucharaditas de semillas de mostaza enteras

---

1 Precaliente el asador. Enjuague y seque la achicoria; luego, limpie las cabezas y deseche las hojas exteriores que estén maltratadas. Parta las cabezas de achicoria por la mitad, a lo largo.

2 Coloque las mitades en la rejilla del asador con los lados cortados hacia abajo, barnícelas con aceite de oliva y áselas durante 5 minutos, a unos 10 cm de la fuente de calor. Voltéelas y barnícelas con el aceite restante y áselas 3 minutos más.

3 Mientras, pele y parta el betabel en rodajas delgadas, y resérvelo.

4 Para preparar el aderezo de naranja y mostaza, exprima 1 cucharada de jugo de naranja en un recipiente pequeño; agregue la mayonesa, después las semillas de mostaza y mezcle muy bien los ingredientes.

5 Saque la achicoria del asador y acomódela en un platón alternando con el betabel, incorpore el aderezo, y sirva.

INFORMACIÓN NUTRIMENTAL: calorías: 223, hidratos de carbono: 10 g, proteínas: 2 g, grasa: 21 g (grasa saturada: 3 g); buena fuente de vitamina E, de complejo B y de ácido fólico.

259

CALABACITAS, MANZANAS Y PERSILLADE

La persillade, una combinación maravillosamente aromatizada de perejil y ajo picados, contribuye con un clásico sabor francés en la preparación de este delicioso platillo.

TIEMPO: 25 MINUTOS PORCIONES: 4

1 cebolla morada o blanca
4 cucharadas de aceite de oliva
1 manzana mediana
1 jitomate mediano
500 g de calabacitas pequeñas
Sal y pimienta negra
Un manojo de perejil
1 diente de ajo

1 Retire la piel de la cebolla y rebánela finamente. Caliente en una sartén 2 cucharadas de aceite de oliva, sofría la cebolla a fuego lento durante unos 7 u 8 minutos, o hasta que se ablande.

2 Lave la manzana y descorazónela; píquela en cubos, después lave el jitomate y píquelo en cubos. Añada la manzana y el jitomate a la cebolla y cocine a fuego bajo durante 5 minutos, moviendo de vez en cuando.

3 Lave las calabacitas y elimine las puntas; pártalas a lo largo en tiritas de unos 5 cm. Póngales sal y revuélvalas con las manos. Caliente el resto del aceite en otra sartén y fría las calabacitas a fuego medio hasta que suelten jugo. Suba la flama y cocine hasta que se evapore todo el líquido, agitando bien la sartén para evitar que se quemen.

4 Baje la flama, agregue la mezcla de manzana, jitomate y cebolla a las calabacitas, y luego póngalo a que hierva durante 5 o 6 minutos.

5 Mientras la mezcla se cocina, enjuague, seque y pique suficiente perejil hasta obtener 4 cucharadas; luego, pele y machaque finamente el ajo y mézclelo con el perejil para

hacer la persillade; añádala a la sartén con las verduras. Deje la sartén al fuego durante unos minutos más para que se cueza bien el ajo; después muela un poco de pimienta negra y agréguele un poco de sal, en caso de ser necesario. Sirva inmediatamente.

VARIACIÓN

Este guisado puede convertirse en un platillo principal si fríe en una sartén 225 g de jamón picado y lo agrega al persillade.

INFORMACIÓN NUTRIMENTAL: calorías: 150, hidratos de carbono: 9 g, proteínas: 3 g, grasa: 12 g (grasa saturada: 2 g); buena fuente de vitaminas C y E, complejo B, y ácido fólico.

CALABACITAS AL LIMÓN

Éste es un platillo sencillo, pero refrescante, de tiernas calabacitas cortadas en delgadas rodajas, salpicadas generosamente con ralladura de limón y sazonadas con sal de grano y pimienta negra.

TIEMPO: 15 MINUTOS PORCIONES: 4

---

500 g de calabacitas tiernas

1 ½ cucharadas de aceite de oliva

1 limón

Sal de grano y pimienta negra

1 Elimine las puntas de las calabacitas y después pártalas diagonalmente en rodajas delgadas.

2 En una sartén grande, caliente el aceite de oliva, y fría las calabacitas hasta que estén blandas.

3 Mientras, lave el limón y ralle la cáscara. Cuando las calabacitas estén cocidas espolvoréelas con la ralladura de limón y sazone con la sal y la pimienta al gusto.

SUGERENCIA PARA SERVIR

Las calabacitas al limón son una excelente guarnición para cualquier platillo principal, especialmente para las Pechugas de pollo con manzanas (pág. 180) o para un pescado asado.

INFORMACIÓN NUTRIMENTAL: calorías: 56, hidratos de carbono: 2 g, proteínas: 2 g, grasa: 4 g (grasa saturada: 1 g); buena fuente de vitaminas C, E y complejo B.

GUARNICIÓN DE PAPA Y MANZANA

El sabor de la manzana combina de maravilla con las papas ralladas en esta sencilla pero original guarnición que se dora en el horno y que es muy adecuada para acompañar asados o parrilladas.

TIEMPO: 25 MINUTOS PORCIONES: 4

500 g de papas blancas
2 manzanas descorazonadas
2 cucharadas de aceite de oliva
3 ramas de tomillo fresco
Sal y pimienta negra
1 limón
60 ml de crema espesa
½ cucharadita de cebollín picado

1 Precaliente el horno a temperatura baja. Lave, pele y ralle las papas y las manzanas en tiras gruesas.
2 Caliente el aceite de oliva en una sartén grande, y fría las papas ralladas a fuego medio unos 2 minutos. Incorpore las manzanas ralladas y cocine durante 1 minuto más.

3 Añada algunas hojas de tomillo finamente picadas y revuelva. Salpimiente al gusto, y exprima media cucharada de jugo de limón.
4 Pase la mezcla de papa a una bandeja para hornear, previamente engrasada. Cubra con papel de aluminio y hornee a 180 °C durante 5 minutos.
5 Retire el papel de aluminio, vierta la crema y revuelva ligeramente. Hornee durante 2 minutos más, o hasta que la superficie esté dorada. Sirva con crema y cebollín.

INFORMACIÓN NUTRIMENTAL: calorías: 218, hidratos de carbono: 33 g, proteínas: 3 g, grasa: 6 g (grasa saturada: 3 g); buena fuente de vitaminas A y C, y de calcio.

HÁGALO FÁCILMENTE

Para deshojar el tomillo, tome la rama por la punta y pase los dedos pulgar e índice hacia abajo, a lo largo de la rama, al tiempo que retira las hojas.

EJOTES Y FRIJOLES CON TOCINO

Ejotes y frijoles mezclados con cubitos de tocino ahumado frito, y cocidos a fuego lento en una salsa de hierbas, se llevan bien con cualquier carne o pescado firme, especialmente pollo, conejo o salmón.

TIEMPO: 30 MINUTOS PORCIONES: 4

225 ml de caldo de pollo o vino blanco
1 manojo de hierbas de olor
350 g de ejotes tiernos
425 g de frijoles bayos cocidos
225 g de tocino ahumado
1 cebolla morada o blanca mediana
Unas ramas de estragón fresco o de perejil
1 cucharada de crema
Sal y pimienta negra

1 En una cacerola, vacíe el caldo o el vino blanco junto con el manojo de hierbas de olor; espere a que suelte el hervor y cocine a fuego lento, hasta que el líquido se haya reducido a la mitad.

2 Mientras, retire las puntas de los ejotes y córtelos en trozos de unos 2.5 cm. Escurra los frijoles.

3 Parta el tocino en cubitos. Fríalo en una sartén grande de 1 a 2 minutos, o hasta que esté bien dorado; luego, escúrralo sobre papel absorbente. Deseche toda la grasa, excepto 1 cucharada.

4 Pele y pique finamente la cebolla y acitrónela, a fuego moderado, en la grasa que reservó.

5 Añada los ejotes, los frijoles y el caldo o el vino de la cacerola. Espere a que suelte el hervor, tape la sartén y cocine a fuego lento durante 10 minutos, o hasta que los ejotes estén tiernos. Para probar si lo están, enfríe un ejote bajo el chorro de agua fría y muérdalo. Cuando estén listos, casi no debe quedar líquido en la sartén.

6 Mientras, enjuague y pique el estragón o el perejil. Agregue la crema a la sartén, espere a que se caliente; después, añada el tocino, el estragón y salpimiente al gusto. Caliente bien y sirva de inmediato.

INFORMACIÓN NUTRIMENTAL: calorías: 322, hidratos de carbono: 19 g, proteínas: 20 g, grasa: 19 g (grasa saturada: 2 g); buena fuente de vitaminas C, E, complejo B y ácido fólico.

VERDURAS TIERNAS CON CREMA ÁCIDA

Este trío de crujientes verduras al vapor es un excelente acompañamiento para platillos de pescado o carne a la parrilla, y también se puede servir como una ensalada vegetariana.

TIEMPO: 20 MINUTOS PORCIONES: 4

175 g de zanahorias tiernas
250 g de calabacitas tiernas
250 g de espárragos tiernos
200 ml de crema ácida
2 cucharadas de semillas de mostaza enteras
15 g de mantequilla con sal, a temperatura ambiente
Pimienta negra

1 Prepare una vaporera con agua hasta la mitad y póngala a hervir.
2 Pele y retire las puntas de las zanahorias y de las calabacitas, y pártalas por la mitad, a lo largo. Quíteles las puntas a los espárragos y enjuáguelos.
3 Coloque las zanahorias en la vaporera, tápelas y cocínelas durante 5 minutos. Después, ponga las calabacitas sobre las zanahorias y luego los espárragos sobre las calabacitas. Vuelva a tapar y cocine unos 5 minutos más.
4 Mientras las verduras están en la vaporera, ponga la crema ácida en una cacerola, añada la mostaza y caliente la mezcla a fuego lento, sólo hasta que se entibie.
5 Entibie una ensaladera y ponga ahí las verduras, agregue la mante-

HÁGALO FÁCILMENTE

Si usted no dispone de una vaporera, puede poner un colador de aluminio en el interior de una cacerola con una tapa de tamaño adecuado.

quilla y la pimienta negra. Por último, bañe las verduras con el aderezo de crema ácida, revuelva bien, y sirva de inmediato.

VARIACIÓN

Si no es temporada de espárragos, puede sustituirlos por ejotes tiernos.

INFORMACIÓN NUTRIMENTAL: calorías: 170, hidratos de carbono: 7 g, proteínas: 5 g, grasa: 14 g (grasa saturada: 8 g); buena fuente de vitaminas A, C, E, complejo B y ácido fólico.

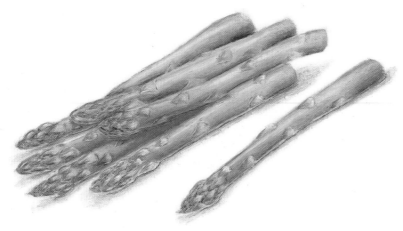

TORTITAS DE CAMOTE RALLADO

Las tortitas de camote rallado son una crujiente guarnición individual, ideal para carne a la parrilla.
Aquí se presentan con una apariencia fresca, que le dan unos suculentos camotes.

TIEMPO: 30 MINUTOS PORCIONES: 4

---
650 g de camote

Sal y pimienta negra
---
3 cucharadas de aceite de girasol
---
25 g de mantequilla
---

1 Precaliente el horno a su temperatura más baja. Forre una bandeja para hornear con dos capas de papel absorbente y déjela aparte.

2 Pele y ralle en tiras gruesas los camotes y póngalos en un recipiente. Salpimiente y mezcle bien.

3 Caliente la mitad del aceite de girasol en una sartén antiadherente grande, y añada la mitad de la mantequilla.

4 Tome la mitad de la mezcla de camote y divídala en cuatro, forme una tortita con cada porción y oprímalas firmemente. En cuanto la mantequilla esté muy caliente, coloque con cuidado las tortitas en la sartén.

5 Fríalas a fuego medio durante unos 5 minutos, o hasta que estén dorados, después voltéelas con un movimiento rápido y fríalas otros 5 minutos (no se preocupe si las tortitas se rompen al voltearlas, simplemente vuelva a darles forma). Mientras se fríen, forme otras cuatro tortitas.

6 Cuando las primeras tortitas estén listas, páselas a la bandeja forrada con papel absorbente y escúrralas 1 o 2 minutos. Manténgalas calientes en el horno.

7 Agregue el resto del aceite y de la mantequilla a la sartén, y fría el resto de las tortitas.

VARIACIÓN
El camote también puede ser cocinado para hacer un pastel y, en la mesa, dividirlo en ocho porciones. Además, puede añadirle tocino o jamón picado para darle otro sabor.

INFORMACIÓN NUTRIMENTAL: calorías: 233, hidratos de carbono: 28 g, proteínas: 2 g, grasa: 14 g (grasa saturada: 5 g); buena fuente de vitaminas A, C, E y complejo B.

CONSEJO

La piel de los camotes varía de blanco y rosado a café rojizo, y su carne de blanca a anaranjada. Aunque los de piel rosada y carne blanca son los más comunes, los de carne anaranjada tienen mejor sabor.

PAPITAS ASADAS CON ROMERO

Pequeñas y tiernas papitas nuevas, delicadamente perfumadas con limón y con el sabor del romero fresco,
se asan hasta obtener un dorado perfecto en este apetitoso platillo que se prepara en muy poco tiempo.

TIEMPO: 30 MINUTOS PORCIONES: 4

---

600 g de papitas nuevas

---

2 cucharadas de aceite de oliva

---

1 limón

2–3 ramas de romero fresco

Sal y pimienta negra

1 Precaliente el horno a 230 °C; y mientras ponga a hervir agua en un recipiente.

2 Lave las papas y póngalas en una cacerola grande. Cúbralas con el agua hirviendo, espere a que vuelva a soltar el hervor y hierva a fuego moderado durante 5 minutos.

3 Mientras, vierta el aceite de oliva en una bandeja para asar y métala en el horno para que se caliente.

4 Lave el limón y ralle finamente la cáscara. Enjuague el romero y deshójelo.

5 Escurra bien las papitas. Póngalas en el aceite caliente y hágalas rodar para que queden bien cubiertas. Espolvoréelas con la ralladura de limón, el romero y un poco de sal y pimienta. Asegúrese de que el aceite esté bien caliente antes de dorarlas (las papitas deben chisporrotear en cuanto se coloquen en el aceite).

6 Ase las papitas en la rejilla superior del horno unos 20 minutos, o hasta que estén doradas..

INFORMACIÓN NUTRIMENTAL: calorías: 158, hidratos de carbono: 25 g, proteínas: 3 g, grasa: 6 g (grasa saturada: 1 g); buena fuente de vitaminas C, E y complejo B.

CONSEJO

Elija papitas nuevas pequeñas, tiernas y de tamaño uniforme. Además de asegurar un buen sabor, logrará una atractiva apariencia.

COL CON CREMA Y QUESO

Col de Saboya, la reina de las coles, con un aderezo caliente de crema y queso manchego, es un platillo que se lleva bien con cordero asado.

TIEMPO: 20 MINUTOS PORCIONES: 4

1 cucharada de aceite de oliva
1 cebolla grande
1 col de Saboya pequeña, de unos 450 g
115 g de queso manchego
Sal y pimienta negra
200 ml de crema

1 Caliente el aceite de oliva en una cacerola. Pele y pique finamente la cebolla; añádala a la cacerola con el aceite, y acitrónela.

2 Mientras, corte y deseche las hojas exteriores de la col que estén maltratadas. Pártala en mitades, quíteles el centro y pique las hojas. Enjuáguelas y déjelas escurrir.

3 Añada la col a la cacerola y revuelva; luego tápela y cocine a fuego medio de 6 a 8 minutos, agitando frecuentemente.

4 Mientras la col se cocina, parta el queso en cubitos. Retire la cacerola del fuego, añada la crema, el queso y un poco de pimienta negra. Por último, regrese la cacerola al fuego y mueva constantemente hasta que el queso se derrita; pero no deje que hierva. El queso derretido espesará la crema.

INFORMACIÓN NUTRIMENTAL: calorías: 255, hidratos de carbono: 13 g, proteínas: 10 g, grasa: 20 g (grasa saturada: 10 g); buena fuente de vitaminas A, C, E, complejo B, y ácido fólico.

COL CON HOJAS VERDES

La col blanca contrasta con las oscuras hojas verdes en este platillo, al que añaden sabor crujientes nueces de la India y apio.

TIEMPO: 20 MINUTOS PORCIONES: 4–6

350 g de col blanca
350 g de hojas verdes
2 dientes de ajo
2 cm de raíz de jengibre fresco
2 tallos de apio,
4 cebollitas de Cambray
2 cucharadas de aceite de ajonjolí
55 g de nuez de la India, al natural
Para servir: salsa de soya ligera

1 Deseche las hojas maltratadas de la col y de las hojas verdes; lávelas, séquelas y píquelas. Pele y pique el ajo; pele y ralle el jengibre y enjuague; lave, seque y corte finamente en rebanadas el apio y las cebollitas.

2 Caliente el aceite de ajonjolí en una sartén grande y sofría las nueces de la India unos 30 segundos, o hasta que empiecen a dorarse.

3 Añada el ajo, el jengibre, el apio y las cebollitas; fríalos 30 segundos, cuidando que no se queme el ajo.

4 Añada la col y las hojas verdes; fría a fuego alto 5 minutos, o hasta que se ablanden, pero teniendo cuidado de que no se marchiten.

5 Antes de servir, rocíe con la salsa de soya.

INFORMACIÓN NUTRIMENTAL, SI SON 4 PORCIONES: calorías: 182, hidratos de carbono: 10 g (incluyendo azúcar: 7 g), proteínas: 7 g, grasa: 13 g (grasa saturada: 2 g); buena fuente de vitaminas A, C, complejo B, ácido fólico y calcio.

CREATIVOS PLATOS DE COL:
(*arriba*) CON CREMA Y QUESO;
(*abajo*) CON HOJAS VERDES.

HONGOS CON BRANDY

Una armoniosa mezcla de hongos secos y frescos, fritos en aceite de oliva y cocidos en su propio jugo, con cebolla, ajo, perejil fresco y un chorrito de brandy, es una suculenta guarnición.

TIEMPO: 30 MINUTOS PORCIONES: 4

Un manojito de perejil
25 g de setas secas o de morillas
25 g de mantequilla
1 cucharada de aceite de oliva
2 dientes de ajo
1 cebolla mediana
200 g de champiñones
200 g de hongos silvestres
150 g de setas
1 o 2 cucharadas de brandy
Sal y pimienta negra

1 Ponga a hervir agua en un recipiente. Lave muy bien, seque y pique suficiente perejil hasta obtener 3 cucharadas. Ponga las setas secas en un tazón pequeño, cúbralas con 200 ml de agua hirviendo y déjelas remojando.

2 Mientras, caliente la mantequilla y el aceite de oliva en una sartén grande a fuego moderado. Pele y machaque el ajo, y déjelo aparte. Pele y pique finamente la cebolla y sofríala en la sartén.

3 Lave los hongos. Parta en mitades los champiñones y parta en rebanadas gruesas los hongos silvestres. Las setas pártalas en tiritas.

4 Suba la flama de la sartén y agregue el ajo y la mezcla de hongos que preparó en el paso anterior. Fría durante unos 5 minutos.

5 Entre tanto, forre un colador con papel absorbente y colóquelo sobre un tazón. Vierta las setas remojadas en él, de manera que el papel atrape toda la arenilla y el agua escurra en el tazón. Conserve el líquido. Lave y pique las setas.

6 Con una espumadera, saque la cebolla y la mezcla de hongos de la sartén y póngalos en un tazón; deje el jugo en la sartén.

7 Coloque en la sartén las setas escurridas y el agua en que se remojaron. Cocine hasta que el líquido adquiera una consistencia de jarabe.

8 Añada el brandy y revuelva. Regrese los hongos a la sartén, sazone con sal y pimienta al gusto, añada el perejil y vuelva a calentar. Páselos a un platón previamente calentado para servir.

INFORMACIÓN NUTRIMENTAL: calorías: 126, hidratos de carbono: 4 g, proteínas: 5 g, grasa: 9 g (grasa saturada: 14 g); buena fuente de vitamina E, complejo B, ácido fólico y selenio.

QUESO RELLENO DE PIMIENTOS ASADOS

Un plato colorido y de delicioso sabor, que es ideal para acompañar platillos de pollo, pato, pavo, ternera o pescado.

TIEMPO: **20 MINUTOS** PORCIONES: **4**

1 queso manchego redondo, de 600 g
2 cucharadas de aceite de oliva
1 cebolla pequeña
2 pimientos rojos
2 dientes de ajo
1 cucharadita de perejil
8 aceitunas rellenas de anchoas
Sal y pimienta

Para el aderezo:

1 ajo
2 cucharadas de aceite de oliva
Sal y pimienta
1 cucharada de vinagre
⅛ de cucharadita de hierbas finas

1 Precaliente el horno a 180 ºC.
2 Con un cuchillo de sierra, parta el queso por la mitad, a lo largo.

Con una cucharita, retire el queso del centro, de manera que se forme una costra de queso de 1 cm de grosor. (El queso restante lo puede utilizar para preparar después algún platillo gratinado.)
3 Para preparar el aderezo, pele y machaque el ajo; luego mezcle con el resto de los ingredientes y déjelos reposar mientras continúa con el procedimiento.
4 En una sartén grande, caliente el aceite de oliva. Parta en rodajas la cebolla, y desvene y corte en tiras los pimientos. Añádalos a la sartén y sofríalos unos 4 minutos. Pele los ajos y macháquelos; lave y pique el perejil hasta obtener 1 cucharadita, y añádalos a la sartén, junto con las aceitunas; salpimiente al gusto.
5 Revuelva suavemente y cocine durante 3 minutos, o hasta que los

ingredientes se impregnen con el sabor del ajo.
6 Rellene el queso con la mezcla de pimiento y cebolla. Con un cuchillo filoso, parta el queso relleno en cuatro porciones y colóquelas, con 10 cm de separación, en una bandeja para hornear, previamente engrasada.
7 Hornee durante unos 5 minutos, o hasta que el queso empiece a derretirse.

SUGERENCIA PARA SERVIR
Deje volar su imaginación y rellene el queso con los sabores de su preferencia.

INFORMACIÓN NUTRIMENTAL: calorías: 560, hidratos de carbono: 8 g, proteínas: 31 g, grasa: 39 g (grasa saturada: 22 g); buena fuente de vitaminas A, C, calcio y fósforo.

EN INVIERNO SON MEJORES

APIO Y MANZANAS

El apio y la manzana juntos pueden ser una deliciosa combinación si los mezcla con vino, hierbas y alcaparras.

TIEMPO: 30 MINUTOS PORCIONES: 4

1 apio
3 manzanas rojas para postre
3 cucharadas de aceite de oliva
12 hojas de salvia fresca
1 diente de ajo grande
1 hoja de laurel
150 ml de vino blanco seco
2 cucharadas de alcaparras, opcional
Sal y pimienta negra

1 Parta el extremo de la raíz del apio y corte los tallos en rebanadas delgadas. Lávelo y déjelo a un lado.
2 Lave las manzanas y quíteles el corazón, pero no las pele. Pártalas en cubitos y déjelas aparte.
3 Cubra generosamente con aceite de oliva el fondo de una sartén grande y caliéntelo hasta que suba una nubecilla azul. Enjuague las hojas de salvia, pártalas con las manos y vacíelas en la sartén. Pele el ajo y macháquelo ahí. Deje que la salvia y el ajo se frían durante unos segundos y añada rápidamente el apio, las manzanas y la hoja de laurel, y revuelva.
4 Después de 1 minuto, vierta vino blanco suficiente para cubrir la mezcla. Deje cocer a fuego alto, moviendo ocasionalmente, hasta que el apio esté cocido pero crujiente. Si la mezcla se seca antes de que se cueza el apio, añada un poco más de vino.
5 Cuando el apio esté listo, añada las alcaparras y espere a que se calienten. Sazone con sal y pimienta al gusto; por último, retire el laurel de la sartén, y sirva.

INFORMACIÓN NUTRIMENTAL: calorías: 141, hidratos de carbono: 13 g (azúcar: 12 g), proteínas: 1 g, grasa: 7 g (grasa saturada: 1 g), buena fuente de vitaminas del complejo B y E.

JITOMATES SKIRLIE

El skirlie es un aderezo de harina de avena servido con frecuencia en Escocia con platos de caza y aves, o esparcido sobre puré de papa.

TIEMPO: 30 MINUTOS PORCIONES: 4

4 jitomates grandes, de unos 200 g cada uno
Sal y pimienta negra
1 cebolla mediana
50 g de manteca de res
125 g de harina de avena
Un manojo de perejil fresco

1 Precaliente el horno a 200 °C. Parta los jitomates por la mitad a lo ancho y haga cortes profundos, cruzados en la pulpa. Póngalos en una charola para hornear, con los lados cortados hacia arriba; sazónelos y hornéelos 20 minutos.
2 Mientras se hornean los jitomates, pele y pique finamente la cebolla, mézclela con la manteca en una sartén y caliente a fuego lento 15 minutos, moviendo frecuentemente.
3 Cuando la cebolla se ablande y empiece a dorarse, añada la harina de avena y sazone. Suba la flama a fuego moderado y cueza otros 5 o 10 minutos, o hasta que la avena se tueste, sin dejar de mover.
4 Enjuague, seque y pique perejil suficiente para obtener 2 cucharadas. Ponga una porción de *skirlie* encima de cada jitomate y espolvoréelos con el perejil.

INFORMACIÓN NUTRIMENTAL: calorías: 266, hidratos de carbono: 23 g (azúcar: 20 g), proteínas: 7 g, grasa: 12 g (grasa saturada: 6 g), buena fuente de vitaminas A, C y fósforo.

CONSEJO

Esta receta se prepara con harina de avena, no con hojuelas para atole. La harina de avena se puede conseguir fina, mediana, gruesa y casi entera.

CEBOLLAS GLASEADAS

Las cebollas con salsa de soya, mostaza y romero; son un rico acompañamiento para carne asada o rostizada.

TIEMPO: 30 MINUTOS PORCIONES: 4-6

500 g de cebollitas en escabeche
½ o 1 cucharadita de romero seco
25 g de mantequilla
1 cucharada de melaza negra
2 cucharadas de mostaza tipo Dijon
1 cucharada de salsa de soya

1 Ponga a hervir agua en un recipiente. Coloque las cebollas en una cacerola, cúbralas con agua hirviendo y póngalas a cocer a fuego moderado durante unos 5 minutos. Luego, escúrralas en un colador y enfríelas bajo el chorro de agua fría. Cuando pueda tomarlas, escúrralas y quíteles la piel.
2 Machaque el romero tanto como sea posible, usando un molcajete o un rodillo.
3 Derrita la mantequilla en una sartén a fuego medio. Luego añada el romero, la melaza negra, la mostaza y la salsa de soya, y mézclelos perfectamente para formar una emulsión.
4 Agregue las cebollitas y cocine a fuego lento, moviendo y bañándolas con la salsa frecuentemente durante unos 10 o 15 minutos, o hasta que el glaseado se espese y las cebollitas estén blandas y doradas. Vigílelas constantemente, para que el glaseado no se queme.

INFORMACIÓN NUTRIMENTAL, SI SON 4 PORCIONES: calorías: 110, hidratos de carbono: 14 g (azúcar: 11 g), proteínas: 2 g, grasa: 6 g (grasa saturada: 3 g), buena fuente de vitaminas del complejo B y E.

VERDURAS INVERNALES:
(arriba) APIO Y MANZANAS;
(centro) CEBOLLITAS GLASEADAS;
(abajo) JITOMATES SKIRLIE.

PERAS CON MERENGUE

POSTRES, PASTELES Y PANECILLOS

*Nada como cerrar una comida con broche de oro,
con fruta madura y jugosa, un cremoso postre,
un pudín condimentado o un delicioso
pastel o panecillo casero.*

FRUTA EN SALSA DE CHOCOLATE

Duraznos e higos, cocinados en brandy y jugo de manzana, acompañados con una espléndida salsa de chocolate blanco, enriquecida con crema y jugo de naranja para darle un sabor cítrico.

TIEMPO: 20 MINUTOS   PORCIONES: 4

85 g de chocolate blanco
250 ml de jugo de manzana
1 cucharada de azúcar refinada
2 cucharadas de brandy
8 higos frescos pequeños
2 duraznos grandes
150 g de crema
1 naranja

1 Ponga agua caliente en una cacerola pequeña y meta en ella un recipiente, asegurándose de que no le entre el agua. Parta el chocolate, colóquelo en el recipiente y mantenga caliente el agua a fuego muy bajo. Revuelva un poco el chocolate a medida que se derrita. No permita que el agua hierva. Cuando el chocolate se haya derretido, retire el recipiente y déjelo aparte; conserve el agua caliente de la cacerola.

2 Mientras tanto, vierta el jugo de manzana en una sartén con tapa. Añada el azúcar refinada y el brandy, espere a que la mezcla suelte el hervor, y luego baje la flama.

3 Lave los higos y pártalos en cuartos. Rebane los duraznos por la mitad y quíteles el hueso; en seguida parta cada mitad en cuatro rebanadas. Coloque la fruta en el jugo de manzana, tápelo y cocine durante 4 minutos.

4 Mientras la fruta se cocina, añada poco a poco la crema al chocolate derretido y, con un batidor de globo, bata hasta que la mezcla quede uniforme. Vuelva a poner la salsa en la cacerola con agua caliente y déjela reposar en lo que termina de preparar la fruta.

5 Pase la fruta cocida y escurrida a un platón para servir. Cocine el jugo durante unos 5 minutos, o hasta que adquiera una consistencia de jarabe: luego, bañe la fruta con él, y reserve 2 cucharadas.

6 Mientras tanto, lave muy bien la naranja y ralle la mitad de la cáscara en la mezcla de chocolate; añada las 2 cucharadas del jugo. Por último, revuelva la salsa y sírvala con la fruta.

INFORMACIÓN NUTRIMENTAL: calorías: 369, hidratos de carbono: 36 g, proteínas: 5 g, grasa: 22 g (grasa saturada: 14 g); buena fuente de vitaminas C, E y complejo B.

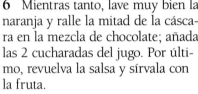

HÁGALO FÁCILMENTE

Derrita el chocolate en el horno de microondas. Coloque los trozos en un recipiente, caliente a temperatura baja durante 30 segundos, y luego mezcle. Si todavía tiene grumos, caliente y agite en ciclos de 10 segundos.

WAFFLES CON FRUTA Y CARAMELO

Las naranjas y los plátanos remojados en jugo de naranja son un lujoso acompañamiento para waffles recién tostados, servidos con una tibia salsa de caramelo enriquecida con crema espesa.

TIEMPO: 20 MINUTOS PORCIONES: 4

2 naranjas grandes
1 plátano grande
50 g de mantequilla sin sal
50 g de azúcar morena
4 cucharadas de crema espesa
4 waffles congelados cuadrados
Para servir: **4 cucharadas de yogur natural cremoso, opcional**

1 Pele la naranja y, con un cuchillo, quite la membrana blanca que la cubre. Pele los gajos de cada naranja sobre un recipiente, para que el jugo y los gajos caigan en él. Exprima la piel restante de los gajos para que extraiga lo que queda del jugo.

2 Quítele la cáscara al plátano, y después rebánelo sobre las naranjas; mézclelos ligeramente. Precaliente el asador.

3 En una sartén pequeña, derrita la mantequilla a fuego medio. Añada el azúcar y agite durante unos 2 minutos, o hasta que se haya disuelto. Luego agregue la crema y caliente a fuego lento durante unos 3 minutos, o hasta que se torne color caramelo, moviendo frecuentemente. Retírela del fuego y manténgala caliente.

4 Caliente los waffles siguiendo las instrucciones del paquete y póngalos en cuatro platos individuales. Coloque un cuarto de la mezcla de naranja y plátano sobre cada uno y báñelos con la salsa de caramelo. Añada una cucharada de yogur, si lo desea, y sirva.

INFORMACIÓN NUTRIMENTAL: calorías: 534, hidratos de carbono: 50 g, proteínas: 7 g, grasa: 36 g (grasa saturada: 16 g); buena fuente de vitaminas A, C, E, complejo B y calcio.

CONSEJO

Si calienta los waffles mientras prepara la crema, esté al pendiente de ellos, ya que pueden quemarse con mucha facilidad.

MANZANAS AL HORNO CON BÍSQUETS

Dulces manzanas para postre bañadas con una condimentada salsa de naranja, que se pueden hornear mientras usted disfruta de su platillo principal.

TIEMPO: 30 MINUTOS PORCIONES: 4

4 manzanas dulces para postre, de unos 150 g cada una
15 g de mantequilla
1 naranja grande
½ cucharadita de canela en polvo
2 cucharadas de azúcar mascabada
4 bísquets pequeños
150 ml de crema batida

1 Precaliente el horno a 220 °C y ponga a calentar un molde refractario para hornear las manzanas.

2 Quíteles el corazón a las manzanas; pártalas por la mitad, a lo largo, y hágales cortes profundos en la piel con un cuchillo.

3 Coloque las manzanas, con la cáscara hacia arriba, en el molde refractario caliente, y únteles muy bien la mantequilla.

4 Lave muy bien la naranja, ralle finamente la cáscara y exprima el jugo en un recipiente. Agregue la canela y la mitad del azúcar. Incorpore los ingredientes y vierta la mezcla sobre las manzanas.

5 Cubra el molde refractario con una tapa o con papel de aluminio y hornee de 10 a 15 minutos, o hasta que las manzanas estén tiernas.

6 Mientras, parta los bísquets por la mitad, a lo ancho. Si desea tostar los bísquets, precaliente el asador a temperatura alta, y bata la crema.

7 Dos minutos antes de que las manzanas estén listas, tueste las mitades de bísquets durante 1 minuto por cada lado, o hasta que estén ligeramente doradas. Coloque dos de ellas en cada plato y ponga

FRITURAS DE MANZANA

*Servidas calientes, estas crujientes rebanadas de manzana, capeadas
con una mezcla ligera, llenarán la casa con un irresistible aroma.*

en medio de cada una la mitad de
una manzana.

8 Báñelas con el jugo, espolvoréelas con el azúcar restante y sírvalas
calientes con crema batida.

*INFORMACIÓN NUTRIMENTAL: calorías: 429,
hidratos de carbono: 59 g, proteínas: 6 g,
grasa: 20 g (grasa saturada: 11 g); buena
fuente de vitaminas A y D.*

TIEMPO: **15** MINUTOS PORCIONES: **2**

Aceite de maíz para freír
1 huevo
Sal
6 cucharadas de agua mineral con gas
4 cucharadas de harina
2 cucharadas de azúcar refinada
1 cucharada de canela en polvo
2 manzanas para postre

1 Llene hasta la mitad con aceite
una freidora, o una sartén honda,
y póngala a calentar. Agregue una
pizca de sal al huevo y bata hasta
que esté espumoso. Sin dejar de
batir, añada el agua mineral y
después la harina (no es necesario
que la mezcla quede tersa).

2 Mezcle el azúcar y la canela en
un plato pequeño y resérvelo. Pele
las manzanas, quíteles el corazón
y luego córtelas en aros de unos
5 mm de grosor.

3 Sumerja cada aro en la mezcla
de huevo, con un tenedor. Cuando
el aceite haya alcanzado una temperatura de 190 °C y unas gotas de la
mezcla salten en cuanto caigan en
él, fría las manzanas en tandas de
dos o tres durante 2 minutos cada
uno, o hasta que esponjen y estén
doradas; voltéelas con una espumadera a la mitad del tiempo.

4 Escurra sobre papel absorbente,
espolvoree con el azúcar y la canela,
y sírvalas bien calientes.

*INFORMACIÓN NUTRIMENTAL: calorías: 413,
hidratos de carbono: 45 g, proteínas: 5 g,
grasa: 25 g (grasa saturada: 4 g); buena
fuente de vitamina E y complejo B.*

SOUFFLÉS DE CHOCOLATE AL RON

Contrariamente a lo que se cree, los pequeños soufflés de chocolate son fáciles de preparar y resultan deliciosos para cerrar con broche de oro una comida.

TIEMPO: 30 MINUTOS PORCIONES: 4–6

15 g de mantequilla sin sal, a temperatura ambiente
6 cucharadas de azúcar refinada
225 ml de leche
100 g de chocolate oscuro
5 huevos
3 cucharadas de harina de maíz
2 cucharadas de crema espesa
3 cucharadas de ron
1 cucharada de azúcar glass, para espolvorear

1 Engrase con mantequilla cuatro moldes para soufflé de 200 ml o seis de 150 ml; después, cubra las paredes con una capa uniforme de azúcar refinada.

2 Caliente la leche en una cacerola pequeña a fuego medio. Rompa el chocolate en trozos y añádalo a la leche; justo antes de que hierva, retírela del fuego, tápela y déjela reposar de 2 a 3 minutos, o hasta que el chocolate se derrita.

3 Mientras, separe los huevos, ponga las claras en un tazón grande y déjelas aparte. Coloque 3 yemas en un recipiente pequeño (las otras dos no se necesitan y puede guardarlas para otro propósito).

4 En una sartén grande, vierta la harina de maíz y 3 cucharadas de azúcar refinada. Cocine a fuego medio y vacíe gradualmente la leche con chocolate para formar una pasta lisa. Luego suba la flama, sin dejar de mover, hasta que la salsa hierva y espese.

5 Retire del fuego e incorpore la crema, el ron y las yemas, sin dejar de batir. Raspe la mezcla de las paredes de la sartén con una espátula y tápela.

6 Antes de que empiece a cocinar, precaliente el horno a 230 °C. Meta una bandeja con orillas en el horno, para que se caliente.

7 Un poco antes de servir, bata las claras a punto de turrón. Añada el azúcar refinada restante y vuelva a batir hasta que las claras estén firmes y brillantes.

8 Incorpore una cucharada grande de claras en la salsa de chocolate y luego incorpore el resto poco a poco. Con una cuchara, vierta la mezcla en los moldes para soufflé y hornee durante unos 8 o 10 minutos, o hasta que levanten y estén ligeramente firmes, con el centro blando y viscoso.

9 Por último, saque los moldes del horno, espolvoree con el azúcar glass, y sirva de inmediato.

VARIACIÓN

Para preparar un soufflé sin alcohol, puede sustituir el ron si agrega a la salsa ralladura de naranja.

INFORMACIÓN NUTRIMENTAL: SI SON 4 PORCIONES: calorías: 475, hidratos de carbono: 53 g, proteínas: 9 g, grasa: 24 g (grasa saturada: 13 g); buena fuente de vitaminas A, E y complejo B.

CONSEJO

Para que los soufflés queden bien, el horno debe estar muy caliente y las claras deben batirse en un tazón con un batidor limpio y seco.

SOUFFLÉS DE FRAMBUESA

Las frambuesas le dan a estos postres individuales un suave color rosa y un sabor delicioso. Deben comerse recién salidos del horno para atrapar su deliciosa textura que se derrite en la boca.

TIEMPO: 25 MINUTOS PORCIONES: 4

---

10 g de mantequilla sin sal, a temperatura ambiente

---

115 g de azúcar refinada, con sabor a vainilla o natural

---

250 g de frambuesas frescas

---

1 cucharada de kirsch, opcional

---

4 claras de huevo

---

1 cucharada de azúcar glass, para espolvorear

Para servir: crema espesa

1 Antes de que se siente a la mesa a consumir el platillo principal, precaliente el horno a 190 ºC. Engrase con la mantequilla cuatro moldes para soufflé de 200 ml y cubra las paredes con un poco de azúcar refinada. Colóquelos en una bandeja para hornear.

2 Haga puré las frambuesas; para lograrlo, con una cuchara presiónelas contra un colador de acero o de nailon. Póngalas en un recipiente y añada el kirsch.

3 Cuando termine el platillo principal, bata las claras a punto de turrón con una batidora eléctrica; luego añada poco a poco el azúcar refinada restante. Continúe batiendo hasta que la mezcla esté brillante.

4 Incorpore el puré de frambuesas a las claras; vierta la mezcla en los moldes y haga un pequeño remolino sobre cada uno. Hornee en el centro del horno, dejando espacio entre ellos para que esponjen, durante 12 minutos, o hasta que suban y estén cocidos.

5 Sáquelos del horno, espolvoréelos con el azúcar glass y sírvalos con crema.

INFORMACIÓN NUTRIMENTAL: calorías: 401, hidratos de carbono: 38 g, proteínas: 5 g, grasa: 26 g (grasa saturada: 16 g); buena fuente de vitaminas A, C, E y complejo B.

TRES POSTRES RÁPIDOS CON YOGUR

MANGO BRÛLÉE

Deliciosos mangos remojados en ron y canela, bajo una capa de azúcar dorada.

TIEMPO: 20 MINUTOS PORCIONES: 4

2 mangos grandes, de unos 400 g cada uno
2 cucharadas de ron
½ cucharadita de canela en polvo
350 g de yogur natural cremoso
85 g de azúcar mascabada

1 Precaliente el asador a temperatura alta.
2 Pele los mangos (vea el recuadro inferior), separe la pulpa del hueso y pártala en cubitos. Con la fruta, llene hasta la mitad cuatro moldes para hornear individuales.
3 Rocíe el mango con el ron y espolvoréelo con la canela. Con una cuchara, añada una capa de yogur y luego espolvoréelos con el azúcar.
4 Coloque los moldes en el asador, a unos 9 cm de la fuente de calor, y hornéelos durante 5 minutos, o hasta que el azúcar se derrita y esté dorada.

VARIACIÓN
Si lo prefiere, en lugar de mangos puede usar duraznos o plátanos frescos rebanados, frambuesas o fresas; quedan igual de ricos.

INFORMACIÓN NUTRIMENTAL: calorías: 291, hidratos de carbono: 60 g, proteínas: 4 g, grasa: 4 g (grasa saturada: 1 g); buena fuente de vitaminas A y de calcio.

FRAMBUESAS CON AVENA

La crujiente granola con pasas y almendras es una compañera ideal de las frambuesas.

TIEMPO: 10 MINUTOS PORCIONES: 4

350 g de frambuesas
2 cucharadas de azúcar refinada
500 g de yogur natural
150 g de granola, o cereal de avena con miel, pasas y almendras
1 cucharada de miel líquida

Para adornar: un poco de miel extra, granola o cereal de avena

1 Desinfecte las frambuesas, colóquelas en un recipiente y mézclelas.
2 En otro recipiente, mezcle el yogur y la granola o el cereal. Añada la miel, revolviendo ligeramente para que la mezcla quede veteada.
3 Divida dos tercios de la mezcla en cuatro copas anchas de 255 ml. Llénelas con las frambuesas y luego añada la mezcla restante. Agregue un chorrito de miel o espolvoree con granola o con cereal.
4 Si se sirve inmediatamente, este postre tendrá una textura crujiente, pero si lo prefiere más suave y cremoso, métalo en el refrigerador durante 3 o 4 horas antes de servirlo. De las dos formas este postre sabe exquisito.

INFORMACIÓN NUTRIMENTAL: calorías: 318, hidratos de carbono: 52 g, proteínas: 14 g, grasa: 7 g (grasa saturada: 3 g); buena fuente de vitaminas C, E y complejo B.

NUBES DE FRESA

Las fresas machacadas mezcladas con un merengue de yogur y vainilla son un postre tan ligero como el aire.

TIEMPO: 20 MINUTOS PORCIONES: 4

250 g de fresas
70 g de azúcar refinada
2 claras de huevo
250 g de yogur natural cremoso y frío
½ cucharadita de extracto natural de vainilla

1 Lave, seque y corte el rabo a las fresas. Reserve 4 fresas enteras para decorar y luego coloque las demás en un recipiente; espolvoree 1 cucharada de azúcar y machaque con un tenedor.
2 En un recipiente grande y seco, bata las claras a punto de turrón; gradualmente, añada el resto del azúcar refinada, batiendo bien después de agregarla, para lograr un merengue firme.
3 Añada el yogur y el extracto de vainilla al merengue, y suavemente mezcle con una cuchara.
4 Incorpore a la mezcla de yogur las fresas machacadas con su jugo. Tenga cuidado de no revolver vigorosamente, ya que se perdería la textura ligera.
5 Vierta el merengue en cuatro copas de 200 ml y decore con las fresas que reservó. Sirva inmediatamente o congele durante unas 3 o 4 horas.

VARIACIÓN
Puede decorar cada nube de fresa con nueces picadas.

INFORMACIÓN NUTRIMENTAL: calorías: 165, hidratos de carbono: 23 g, proteínas: 6 g, grasa: 6 g (grasa saturada: 3 g); buena fuente de vitaminas C, E y complejo B.

HÁGALO FÁCILMENTE

Para pelar el mango, haga cortes en la piel a lo largo y divida la fruta en cuatro secciones. Tenga cuidado de no cortar la carne. Inserte un tenedor en el extremo del tallo. Levante la esquina de cada sección con un cuchillo y el dedo pulgar, y lentamente pélelo hacia atrás.

DELICIAS CON YOGUR: *(arriba)* FRAMBUESAS CON AVENA; *(centro)* NUBES DE FRESA; *(abajo)* MANGO BRÛLÉE.

Peras con merengue

Estas peras con una ligera cubierta de merengue sabor vainilla se sirven con una colorida salsa de vino tinto.

TIEMPO: 30 MINUTOS   PORCIONES: 4

Mantequilla para engrasar	½ rajita de canela o ¼ cucharadita de canela en polvo
4 peras grandes maduras, pero firmes	2 claras de huevo
1 limón	¼ cucharadita de extracto natural de vainilla
400 ml de vino tinto	25 g de almendras en hojuelas
250 g de azúcar refinada	2 cucharadas de azúcar glass

1 Precaliente el horno a 220 °C. Engrase ligeramente con mantequilla una bandeja para hornear, en la cual pueda colocar las peras partidas en mitades.

2 Exprima el limón en una cacerola, lo suficientemente ancha para acomodar las mitades de pera en una sola capa. Añada el vino tinto, 6 cucharadas de azúcar refinada y la canela. Espere a que suelte el hervor y baje la llama.

3 Pele las peras, pártalas por la mitad y descorazónelas. Póngalas en la cacerola que tiene el jarabe de vino tinto y cocínelas durante unos 10 minutos, o hasta que estén blandas, bañándolas con el jarabe de vez en cuando.

4 Mientras, prepare el merengue. Coloque las claras de huevo en un recipiente limpio y seco, y bátalas a punto de turrón. Espolvoree el azúcar refinada restante, una cucharada a la vez, batiendo bien después de agregarla.

5 Saque las peras con una espumadera, para que escurra el jugo y colóquelas en la bandeja para hornear, con los lados huecos hacia arriba. Con una cuchara mediana, sirva un poco de merengue en cada mitad y espolvoree las almendras y el azúcar glass sobre el merengue. Hornee en la rejilla de en medio del horno durante unos 5 minutos, o hasta que las peras estén ligeramente doradas.

6 Mientras tanto, cocine la salsa de vino hasta que se reduzca a un jarabe espeso. Luego deseche la canela y vierta el jarabe en una jarra pequeña.

7 Saque las peras del horno con mucho cuidado para que el merengue no resbale. Sírvalas con la salsa de vino tinto.

VARIACIÓN

Si lo prefiere, puede utilizar manzanas para postre, duraznos o aros de piña fresca en lugar de las peras, y el agua puede ser sustituida por el vino tinto.

INFORMACIÓN NUTRIMENTAL: calorías: 451, hidratos de carbono: 90 g, proteínas: 4 g, grasa: 4 g (grasa saturada: 0.3 g); buena fuente de vitamina E y complejo B.

TARTA DE CHABACANOS CON CREMA

Chabacanos enlatados en una mezcla preparada con jugo de frutas y crema agria, con una cubierta de mantequilla y azúcar, logran un postre cálido y de incomparable sabor.

TIEMPO: 30 MINUTOS PORCIONES: 4–6

Mantequilla para engrasar
800 g de mitades de chabacanos enlatados, en almíbar
Para servir: **crema simple o espesa**

Para la mezcla:
150 ml de crema ácida
100 g de harina
2 huevos
75 g de azúcar morena
Unas gotas de extracto de vainilla natural

Para la cubierta:
15 g de mantequilla
2 cucharadas de azúcar morena

1 Precaliente el horno a 200 °C y engrase un molde para pay.

2 Escurra los chabacanos y aparte, en un recipiente, 100 ml del almíbar. En el molde para pay, acomode las mitades con los lados planos hacia abajo.

3 Para preparar la mezcla, agregue la crema al almíbar que reservó. Ponga la harina en un recipiente separado y haga un hueco en el centro. Agregue el azúcar, los huevos y el extracto de vainilla; bata rápidamente, incorporando la harina hasta obtener una pasta uniforme; posteriormente, añada poco a poco el almíbar con crema, sin dejar de batir.

4 Vierta la mezcla sobre los chabacanos y meta la tarta en el horno durante 20 minutos.

5 Mientras tanto, prepare la cubierta; para ello, mezcle la mantequilla y el azúcar con un tenedor en un recipiente pequeño.

6 Saque la tarta del horno después de 15 minutos y cúbrala con la mezcla de mantequilla y azúcar, de manera uniforme. Vuelva a meter la tarta en el horno durante otros 5 minutos más, o hasta que la mezcla esté ligeramente dorada y esponjada.

7 Sirva caliente, con crema simple.

VARIACIÓN
En lugar de la cubierta, puede espolvorear la tarta con azúcar glass antes de servirla.

INFORMACIÓN NUTRIMENTAL: SI SON 4 PORCIONES: calorías: 555, hidratos de carbono: 65 g, proteínas: 10 g, grasa: 31 g (grasa saturada: 18 g); buena fuente de vitaminas A, C, E y complejo B.

PERAS AL HORNO

Este lujoso postre de peras se hornea con un delicioso jarabe de frutas y se cubre con galletas sabor almendra o con crujientes y doradas almendras tostadas.

TIEMPO: 30 MINUTOS   PORCIONES: 4

50 g de mantequilla, a temperatura ambiente

1 cucharada de azúcar refinada

4 peras grandes maduras, pero firmes

4 cucharadas de vino blanco o de jugo de naranja

85 g de jalea de chabacano o 2 cucharadas de miel

6 galletas amaretti (sabor almendra) o 70 g de almendras sin piel

Para servir: **crema**

1 Precaliente el horno a 200 °C. Engrase un refractario redondo y poco profundo con la mitad de la mantequilla, y espolvoree el azúcar.

2 Pele y parta las peras por la mitad; después, pártalas a lo largo en rebanadas de 1 cm y acomódelas en una sola capa, sobre el molde refractario.

3 Mezcle muy bien el vino blanco o el jugo de naranja con la jalea o con la miel y vierta la mezcla sobre las peras.

4 Desmorone las galletas amaretti con un rodillo o pique finamente las almendras. Espolvoree sobre las peras y salpíquelas con la mantequilla restante. Por último, hornee durante unos 20 minutos, o hasta que las peras estén blandas y las galletas o las almendras estén ligeramente doradas. Sirva este postre con crema.

VARIACIÓN

Para prepararlo más rápido, sustituya las peras naturales por 8 mitades de peras enlatadas, rebanadas o enteras, y mezcle 2 cucharadas del almíbar con 2 cucharadas de jugo de naranja en lugar del vino blanco.

INFORMACIÓN NUTRIMENTAL: calorías: 490, hidratos de carbono: 42 g, proteínas: 2 g, grasa: 35 g (grasa saturada: 22 g); buena fuente de vitaminas A, B_6 y E.

DURAZNOS FLAMEADOS CON QUESO CREMA

El sabor envinado de estos duraznos combina de maravilla con el suave sabor del queso crema espolvoreado con nuez y pistaches.

TIEMPO: 20 MINUTOS PORCIONES: 4

1 ½ cucharadas de azúcar mascabada
⅓ de taza de jugo de naranja
1 cucharada de mantequilla
1 lata grande de mitades de duraznos en almíbar
30 ml de de brandy de buena calidad
100 g de queso crema a temperatura ambiente
30 g de nueces picadas
20 g de pistaches sin sal, sin cáscara y picados
4 fresas

1 En una sartén gruesa y grande, ponga una cucharada de agua junto con el azúcar mascabada, el jugo de naranja y la mantequilla. Cocine a fuego medio durante 3 minutos, revolviendo constantemente.

2 Escurra las mitades de durazno, colóquelas en la sartén y cocine durante 2 minutos más.

3 Retire la sartén del fuego. Distribuya bien el brandy sobre los duraznos y, con mucho cuidado, flaméelos con la ayuda de un cerillo largo o de un encendedor. Recuerde que debe tener mucho cuidado al flamear un postre y cuidar que fuera de la sartén no haya brandy esparcido, pues podría encenderse. Mientras los duraznos se flamean, mezcle suave y cuidadosamente para que se impregnen los sabores.

4 Una vez que los duraznos estén flameados, sírvalos aún calientes en platos para postre. No deje que se enfríen para que no pierdan sabor.

5 A un lado de cada porción de duraznos, coloque una cuarta parte del queso crema a temperatura ambiente, y espolvoréelo junto con las nueces y los pistaches picados. Desinfecte y filetee las fresas en forma de abanico y colóquelas sobre los duraznos.

INFORMACIÓN NUTRIMENTAL: *calorías: 392, hidratos de carbono: 48 g, proteínas: 6 g, grasa: 19 g (grasa saturada: 8 g); buena fuente de vitaminas A, D, calcio, fósforo y magnesio.*

Para coronar sus helados

Con un helado o una nieve en el congelador, ya tiene la mitad del camino andado para ofrecer un gran postre. Añada un decorado especial (vea pág. 22) o transfórmelo de manera original.

Cada receta rinde 4 porciones.

SALSA DE CHOCOLATE
La salsa más sencilla y más rica.

Corte una barra de chocolate en trocitos y colóquelos en un tazón con 150 ml de crema. Ponga el recipiente a baño María y mezcle hasta que el chocolate se derrita. Vierta inmediatamente sobre helado de vainilla o chocolate.

SALSA DE MALVAVISCOS
Una salsa deliciosa para acompañar el helado de chocolate.

Ponga 115 g de malvaviscos blancos grandes y dos cucharadas de crema para batir en un recipiente a baño María. Mezcle despacio hasta que los ingredientes se derritan por completo y vierta en seguida sobre el helado de su preferencia.

SALSA DE VINO TINTO
Una sofisticada salsa para bañar nieves de frutas cítricas o tropicales.

Ponga 50 g de mantequilla sin sal, 50 g de azúcar refinada y cuatro cucharadas de vino tinto en una cacerola; bata ligeramente mientras calienta. Deje enfriar un poco, bata de nuevo y sirva de inmediato.

ESPECIAL DE CEREZAS NEGRAS
Alegre un brownie con helado y una salsa caliente de cereza.

Coloque 425 g de cerezas negras deshuesadas y la mitad de su jugo en una cacerola pequeña y caliente ligeramente. Luego agregue una cucharada de kirsch. Coloque un brownie de chocolate en cada plato y póngale encima una o dos cucharadas de helado de vainilla. Vierta encima las cerezas calientes, junto con su jugo, y cubra el brownie con crema batida, acomodada artísticamente.

SALSA DE LIMÓN
Una tibia salsa de limón y crema es la cubierta perfecta para un helado de vainilla con fruta de la pasión.

Tome 500 ml de helado de vainilla y deje que se ablande un poco. Añádale la pulpa de dos frutas de la pasión, incorpórela y regrese el helado al congelador. Sirva las bolas de helado con una salsa preparada con cuajada de limón, entibiada y adelgazada con crema. Sirva la salsa a temperatura ambiente.

HELADO GARAPIÑADO
Una carnosa mezcla de fruta y nueces, malvaviscos y chocolate convierte el helado de chocolate o de chispas de chocolate en un crujiente bocado.

Ponga en un recipiente helado de chocolate ligeramente ablandado, añada 20 g de almendras picadas y tostadas, 20 g de pasitas sin semilla y 40 g de malvaviscos miniatura. Revuelva. Regrese el helado al congelador durante 10 minutos para que endurezca un poco. Sirva con crema batida, salsa de chocolate y decore con granillo de chocolate.

COULIS DE FRAMBUESA
Suaves frambuesas hacen una jugosa salsa para muchos helados y nieves.

Licue 350 g de frambuesas frescas o congeladas a punto de puré en un procesador de alimentos o en una licuadora. Cuele la mezcla para quitar todas las semillas, y endulce al gusto con azúcar glass. Si lo desea. Agregue jugo de limón, para intensificar el sabor.

TRES POSTRES FABULOSOS: *(izquierda)* HELADO GARAPIÑADO; *(al centro)* HELADO DE LIMÓN CON SALSA DE VINO TINTO; *(derecha)* HELADO DE VAINILLA CON SALSA DE CHOCOLATE.

BROCHETAS DE FRUTA CON MIEL

Las frutas tropicales y del huerto, marinadas en miel con esencias y aceite de nuez,
constituyen un postre fuera de serie, ideal para días cálidos o fríos.

TIEMPO: 30 MINUTOS PORCIONES: 4

---

1 pera firme

1 plátano pequeño, ligeramente verde

2 aros de piña enlatada o fresca

8 fresas grandes y desinfectadas

1 carambola (o fruta estrella)
pequeña

25 g de avellanas picadas, opcional

Para servir: 150 ml de crema espesa,
endulzada al gusto

Para marinar:

1 limón

2 cucharadas de miel

2 cucharadas de aceite de avellana
o de nuez

1 Para preparar la mezcla para marinar, lave el limón y ralle finamente la cáscara en un recipiente poco hondo. Exprima el jugo de limón en el recipiente y añada la miel y el aceite de nuez. Mezcle.

2 Lave y seque la pera, córtela en cuartos y quítele el corazón; luego parta cada cuarto en dos. Pele el plátano y pártalo en cuatro. Escurra y corte por la mitad los aros de piña. Deseche los extremos de la carambola y elimine las crestas con un pelapapas; luego, pártalo en cuatro rebanadas gruesas. Prepare las frutas, y colóquelas en la mezcla para marinar.

3 Deje marinar las frutas durante 10 minutos. Mientras, caliente el asador a temperatura media.

4 Ensarte la fruta en 4 brochetas de metal de unos 25 cm de largo: empiece con un trozo de piña, luego una fresa, una rebanada de pera, plátano, fresa, pera, y al último con una rebanada de carambola, ensartada horizontalmente.

5 Coloque las brochetas en la rejilla del asador y barnícelas con la mezcla en la que marinó la fruta. Áselas durante 3 minutos, barnícelas de nuevo y áselas 2 minutos más. Voltee las brochetas y repita hasta que la fruta esté dorada.

CONSEJO

La fruta se ablanda al asarla, así que asegúrese de partirla en trozos generosos y ensartarlas por el centro para que no se desprendan al asarlas.

6 Mientras la fruta está en el asador, tueste las avellanas picadas, si se las va a poner. Por último, acomode las brochetas en un platón y espolvoréelas con las avellanas. Sírvalas con crema.

VARIACIÓN
En el verano, estas brochetas se pueden asar en el jardín para una rica parrillada.

INFORMACIÓN NUTRIMENTAL: calorías: 330, hidratos de carbono: 30 g, proteínas: 2 g, grasa: 24 g (grasa saturada: 12 g); buena fuente de vitaminas A, C, E y complejo B.

HIGOS ASADOS

Este generoso postre lleva higos frescos, esencia de agua de rosas y deliciosos jugos de alegre color.

TIEMPO: 20 MINUTOS PORCIONES: 4

15 g de mantequilla, a temperatura ambiente

8 higos frescos grandes

1 limón

Unas gotas de agua de rosas

6 cucharadas de azúcar refinada

6 cucharadas de crema

1 Precaliente el asador a temperatura alta durante 10 minutos. Engrase un refractario con mantequilla.
2 Lave, seque y parta los higos, ya sin rabos, por la mitad.
3 Exprima el limón en un recipiente pequeño y añada el agua de rosas. Revuelque los higos en el jugo y acomódelos, con los lados planos hacia abajo, en una sola capa en el molde refractario. Espolvoree 3 cucharadas de azúcar.
4 Cocine durante unos 3 o 4 minutos. Déles la vuelta y espolvoree con el azúcar restante. Para terminar, áselos 2 o 3 minutos más. En cada plato sirva dos higos calientes y bañados en su jugo, y acompáñelos con crema.

INFORMACIÓN NUTRIMENTAL: calorías: 311, hidratos de carbono: 36 g, proteínas: 2 g, grasa: 18 g (grasa saturada: 12 g); buena fuente de complejo B.

291

PASTEL DE CIRUELA Y AVENA

Dulces ciruelas frescas cocinadas con una cubierta de avena a la mantequilla, nueces picadas, especias y azúcar morena, horneadas para lograr un cálido pudín casero.

TIEMPO: 30 MINUTOS PORCIONES: 4

800 g de ciruelas maduras pero firmes
115 g de azúcar refinada
60 g de mantequilla sin sal
1 cucharadita de especias mixtas
115 g de avena entera
60 g de azúcar mascabada
60 g de nueces mixtas
Para servir: crema batida o helado

1 Precaliente el horno a 230 °C. Parta las ciruelas por la mitad y deshuéselas. Si son grandes, pártalas en cuartos.

2 Coloque las ciruelas en un molde refractario redondo de unos 20 cm de diámetro y 5 cm de fondo. Añada de 2 a 3 cucharadas de agua y el azúcar refinada. Tape y cocine a fuego medio de 8 a 10 minutos, o hasta que las ciruelas se ablanden; mueva de vez en cuando.

3 Mientras, derrita la mantequilla en una sartén, añada las especias, la avena y el azúcar mascabada; pique las nueces, agréguelas y revuelva.

4 Con una cuchara, cubra las ciruelas con la mezcla de avena. Coloque el molde en el horno de 12 a 15 minutos, o hasta que la avena esté dorada, revisando de vez en cuando. Sirva con crema batida o con helado.

INFORMACIÓN NUTRIMENTAL: calorías: 594, hidratos de carbono: 96 g, proteínas: 9 g, grasa: 23 g (grasa saturada: 9 g); buena fuente de vitaminas del complejo B.

CONSEJO

Si no tiene un molde refractario redondo, cocine las ciruelas en una cacerola y después páselas a un molde para hornearlas.

PUDÍN DE FRUTAS

Estas dulces frutas hacen un lujoso y colorido acompañamiento a un postre clásico británico que constituye un cálido final para la comida.

TIEMPO: 30 MINUTOS PORCIONES: 4

---

350 ml de leche entera

---

300 g de fresas, o de zarzamoras o frambuesas, frescas o congeladas

---

50 g de mantequilla, a temperatura ambiente

---

8 rebanadas de pan integral

---

3 cucharadas de azúcar mascabada

---

2 huevos

½ cucharadita de extracto de vainilla

Nuez moscada

Para adornar: 1 cucharadita de azúcar glass

Para servir: crema fresca o yogur natural cremoso

---

1 Precaliente el horno a 220 °C. Entibie la leche; no permita que hierva. Si usa frutas congeladas, extiéndalas en un plato para que se descongelen un poco.

2 Engrase con un poco de mantequilla 4 moldes refractarios de 300 ml.

3 Córteles las orillas a las rebanadas de pan, únteles mantequilla y parta cada una en cuatro triángulos o cuadrados.

4 Ponga unos trozos de pan en el fondo de cada molde, con las esquinas hacia arriba. Añada una cucharada de fruta y un poco de azúcar; repita hasta terminar con el pan y la fruta; finalice con una capa de pan.

5 Bata un poco los huevos; mézclelos con la leche tibia y la vainilla, y revuelva. Bata de nuevo, y vierta con cuidado la mezcla en cada molde.

6 Ponga un poco de nuez moscada sobre los budines, colóquelos en una bandeja para hornear y métalos en el horno durante 15 minutos, o hasta que estén dorados. Cuando

estén cocidos, espolvoréelos con azúcar glass y sírvalos con crema o con yogur.

VARIACIÓN

Utilice dos moldes de 500 ml, desmolde para servir y espolvoree con azúcar glass.

INFORMACIÓN NUTRIMENTAL: calorías: 647, hidratos de carbono: 52 g, proteínas: 15 g, grasa: 44 g (grasa saturada: 25 g); buena fuente de vitaminas A, C, E, complejo B, ácido fólico, calcio, selenio y cinc.

CONSEJO

Puede preparar los budines con anticipación y conservarlos en el refrigerador. Sáquelos 30 minutos antes de hornearlos, para que estén a temperatura ambiente.

UN BOCADO CELESTIAL

MASCARPONE CON CHOCOLATE Y JENGIBRE

Una deliciosa combinación de chocolate oscuro, ron y cremoso queso italiano, salpicada con jengibre dulce.

TIEMPO: 10 MINUTOS PORCIONES: 4

---

2 trozos de jengibre en almíbar

2 cucharadas de almíbar de jengibre

3 cucharadas de ron añejo

100 g de chocolate amargo oscuro

125 g de queso mascarpone

Para servir: 4 canastillas para helado o 4 barquillos

---

1 Parta el jengibre en cubitos y póngalo en un tazón con el almíbar y el ron. Ralle el chocolate y revuelva muy bien.

2 Añada el queso, mezcle bien, tape y refrigere lo más que pueda. Se endurecerá al enfriarse.

3 Con una cuchara, sirva en las canastas de barquillo.

VARIACIÓN

Utilice brandy, jerez dulce o licor de café como sustituto del ron.

INFORMACIÓN NUTRIMENTAL: calorías: 385, hidratos de carbono: 34 g, proteínas: 3 g, grasa: 24 g (grasa saturada: 15 g); buena fuente de vitamina E.

ZABAGLIONE

La esponjada mezcla de huevos, azúcar y Marsala sabe deliciosa caliente.

TIEMPO: 15 MINUTOS PORCIONES: 4

---

4 yemas de huevo

3 cucharadas de azúcar refinada

125 ml de vino de Marsala

---

1 Elija un molde refractario y una cacerola en la que aquél asiente firmemente. Llene la cacerola con unos 7.5 cm de agua, y caliéntela hasta que empiece a evaporarse.

2 Ponga las yemas de huevo en el refractario, añada el azúcar y bata hasta que la mezcla esté ligera y cremosa.

3 Coloque el molde refractario en la cacerola con agua, añada el vino de Marsala y continúe batiendo hasta que la mezcla y esté espesa y a punto de turrón. Con una cuchara, sirva el zabaglione en copas altas y delgadas.

VARIACIÓN

Para preparar un zabaglione sin alcohol, use jugo de naranja fresco en lugar de vino de Marsala.

INFORMACIÓN NUTRIMENTAL: calorías: 177, hidratos de carbono: 12 g, proteínas: 3 g, grasa: 6 g (grasa saturada: 2 g); buena fuente de vitamina E y complejo B.

CREMA DE CASTAÑAS AL BRANDY

Puré de castañas enriquecido con brandy y batido con crema y chocolate.

TIEMPO: 20 MINUTOS PORCIONES: 4

250 g de puré de castañas enlatado, sin endulzar
2 cucharadas de brandy
2 cucharadas de azúcar glass
225 ml de crema espesa
50 g de chocolate amargo oscuro

1 Vacíe el puré en un recipiente. Agregue el brandy, el azúcar y bata hasta que la mezcla esté uniforme; puede utilizar batidora eléctrica o de globo.

2 Bata la crema hasta formar picos suaves, luego incorpórela en la mezcla de puré de castañas.

3 Ralle el chocolate y agregue la mitad a la mezcla. Con una cuchara, sirva la crema en cuatro copas, espolvoree el resto del chocolate encima y refrigere durante 15 minutos antes de servir.

INFORMACIÓN NUTRIMENTAL: calorías: 486, hidratos de carbono: 42 g, proteínas: 4 g, grasa: 32 g (grasa saturada: 19 g); buena fuente de vitaminas A, B_6 y E.

POSTRE DE VAINILLA ENVINADO

La crema espesa y el licor transforman un sencillo pudín en un original postre.

TIEMPO: 12 MINUTOS PORCIONES: 4

Un paquete para pudín instantáneo de vainilla
150 ml de crema espesa
2 cucharadas de amaretto, brandy o licor de naranja
1 clara de huevo
2 galletas Marías

1 Prepare el pudín siguiendo las instrucciones del paquete; colóquelo en un recipiente, y refrigérelo.

2 Bata la crema durante unos 2 minutos, saque el pudín del refrigerador e incorpórela con movimientos suaves. Añada el licor y revuelva suavemente.

3 Bata la clara de huevo a punto de turrón, e incorpórela con movimientos suaves al pudín.

4 Distribuya el postre en cuatro copas y refrigere lo más que pueda. Antes de servir, ponga trocitos de galleta María sobre cada porción.

INFORMACIÓN NUTRIMENTAL: calorías: 299, hidratos de carbono: 30 g (azúcar: 29 g), proteínas: 8 g, grasa: 14 g (grasa saturada: 8 g); buena fuente de vitamina A y ácido fólico.

POSTRES EXQUISITOS: (*izquierda*) MASCARPONE CON CHOCOLATE Y JENGIBRE; (*arriba, centro*) ZABAGLIONE; (*abajo, centro*) CREMA DE CASTAÑAS AL BRANDY; (*derecha*) POSTRE DE VAINILLA ENVINADO.

PIÑA Y PLÁTANOS FLAMEADOS

El alegre sabor de las dos frutas tropicales más gustadas es enriquecido con la fuerte dulzura de ron caliente, para lograr un fácil postre aromático, enfriado con crema batida o con helado.

TIEMPO: 30 MINUTOS PORCIONES: 4

1 piña de (unos 800 g)
25 g de mantequilla sin sal
60 g de azúcar mascabada
3 plátanos grandes maduros firmes
4 cucharadas de ron
Para servir:
crema batida o helado

1 Pele la piña y pártala en rebanadas; deseche los centros y divida las rebanadas en ocho partes; reserve el jugo.

2 En una sartén grande, derrita la mantequilla y el azúcar a fuego moderado.

3 Pele los plátanos, pártalos por la mitad, a lo ancho, y luego a lo largo.

4 Sofría la piña en la mantequilla con azúcar a fuego alto durante 1 o 2 minutos, o hasta que se caliente completamente; luego, agregue los plátanos y fría otros 2 o 3 minutos, o hasta que se calienten bien.

5 Añada el ron a la sartén y caliente unos segundos. Dé algunos pasos hacia atrás para retirarse de la sartén y, con un cerillo, encienda la mezcla de fruta. Deje que el ron se consuma, agitando la sartén ligeramente, hasta que la flama se apague. Añada el jugo de piña que haya sobrado y caliente otro minuto.

6 Coloque la fruta flameada en platos individuales y sirva con crema batida o con helado.

INFORMACIÓN NUTRIMENTAL: calorías: 295, hidratos de carbono: 61 g, proteínas: 2 g, grasa: 6 g (grasa saturada: 3 g); buena fuente de vitamina C, ácido fólico y potasio.

COMPOTA DE PIÑA Y FRESAS

La ácida piña y las coloridas fresas, cocinadas en jugo de naranja, crean una sorprendente combinación de sabores ideales para saborear después de la comida.

TIEMPO: 20 MINUTOS   PORCIONES: 4

---

600 g de piña

---

70 g de azúcar refinada

---

100 ml de jugo de naranja fresco

---

250 g de fresas

Para servir:

200 ml de crema espesa

1   Pele la piña y rebánela. Retire el corazón de las rebanadas y pártalas en trozos medianos.

2   En una cacerola mediana, vierta dos tazas de agua, el jugo de naranja; añada el azúcar y los trozos de piña y póngalos a cocer. Después de que la mezcla suelte el hervor,

cocine a fuego medio durante unos 8 minutos; luego, baje la llama.

3   Mientras cocina la piña, córteles el rabillo a las fresas, lávelas muy bien y póngalas en un recipiente con suficiente agua para cubrirlas, y agregue unas gotas de desinfectante de frutas y verduras. Incórporelas a la cacerola de la piña, y cocine durante unos 4 o 5 minutos más. Sirva con crema espesa.

INFORMACIÓN NUTRIMENTAL: calorías: 285, hidratos de carbono: 46 g, proteínas: 3 g, grasa: 11 g (grasa saturada: 6 g); buena fuente de vitaminas A, C, D, ácido fólico, potasio y calcio.

CONSEJO

Use una cacerola de acero inoxidable o de peltre para cocer la piña. Si no tiene jugo de naranja fresco a la mano, exprima 2 naranjas grandes.

TOSTADAS DE DURAZNO Y FRAMBUESA

Dorados duraznos entre frambuesas rojas, sobre una cama de pasta ligera, traen a la mesa la dulzura del verano.

TIEMPO: 30 MINUTOS PORCIONES: 4

4 duraznos maduros pero firmes
3 cucharadas de mermelada de frambuesa
60 g de mantequilla sin sal
140 g de pasta hojaldrada
85 g de frambuesas frescas
2 cucharadas de azúcar glass
Para servir: crema líquida o espesa

1 Precaliente el horno a 200 °C. Lave y seque muy bien los duraznos, pártalos por la mitad, quíteles el hueso y rebánelos. Derrita la mermelada a fuego bajo y cuélela en una taza o en un molde individual. Ponga a calentar agua en un recipiente y coloque sobre éste el molde o la taza con la mermelada, para mantenerla caliente.

2 Derrita poco a poco la mantequilla, después extienda y parta la pasta en 12 rectángulos que midan unos 25 x 12 centímetros.

3 Barnice ligeramente una bandeja para hornear con un poco de la mantequilla derretida. Ponga un rectángulo de pasta en la bandeja y barnícelo con mantequilla. Ponga otro rectángulo encima y barnícelo; luego haga lo mismo con un tercero para formar la base de una tostada. Repita el proceso para hacer tres bases más.

4 Con las manos, pliegue la pasta partiendo del extremo corto hasta dejarla de unos 15 x 12 centímetros.

5 Acomode las rebanadas de durazno en los pliegues superiores de la pasta. Enjuague y seque las frambuesas y espárzalas sobre la pasta. Barnice las tostadas con la mermelada y hornéelas de 15 a 20 minutos, o hasta que la pasta esté dorada y crujiente. Coloque las tostadas en platos individuales y sírvalas calientes o tibias, espolvoreadas con azúcar glass; puede acompañarlas también con crema o con helado.

INFORMACIÓN NUTRIMENTAL: calorías: 550, hidratos de carbono: 49 g, proteínas: 5 g, grasa: 38 g (grasa saturada: 23 g); buena fuente de vitaminas A, C, E y de complejo B.

PASTEL GALÉS DE MANTEQUILLA

La mantequilla con canela se absorbe en este aromático pastel tan pronto como sale del horno. Si puede resistir la tentación de comerlo mientras esté caliente, encontrará que frío es igualmente delicioso.

TIEMPO: 30 MINUTOS PORCIONES: 8

100 g de mantequilla con sal

85 g de azúcar refinada

3 huevos

175 g de harina

1 ½ cucharaditas de polvos para hornear

50 g de pasitas

1 cucharada de leche

Para la cubierta:

40 g de mantequilla

2 cucharadas de azúcar mascabada

½ cucharadita de canela en polvo

1 Precaliente el horno a 190 °C. Engrase con un poco de mantequilla un molde para hornear redondo de 20 cm, y forre la base con papel encerado.

2 Bata el resto de la mantequilla y el azúcar refinada hasta que esponje. Agregue los huevos, uno por uno, e incorpore la harina y los polvos para hornear con movimientos envolventes. Añada las pasitas y la leche, y mezcle bien. Distribuya la mezcla en el molde. Hornee durante unos 20 minutos, o hasta que el pastel esté esponjado, firme y dorado.

3 Para preparar la cobertura, ponga la mantequilla en un recipiente con el azúcar y la canela, y revuelva.

4 Cuando el pastel esté listo, sáquelo del horno, úntele la mantequilla encima y déjelo reposar hasta que se absorba; luego, sáquelo del molde. Parta en rebanadas triangulares y sirva.

INFORMACIÓN NUTRIMENTAL: calorías: 300, hidratos de carbono: 36 g (azúcar: 20 g), proteínas: 6 g, grasa: 16 g (grasa saturada: 9 g), buena fuente de vitaminas A, E y de complejo B.

BOCADILLOS HECHOS EN CASA

PANECILLOS SENCILLOS

Deliciosos panecillos hechos en casa, con mantequilla o jalea de fresa y crema.

TIEMPO: 30 MINUTOS PORCIONES: 9

225 g de harina
3 cucharaditas rasas de polvos para hornear
Sal
50 g de mantequilla
150 ml de leche, más 2 cucharadas de leche para barnizar

1 Precaliente el horno a 220 °C. En un recipiente, cierna la harina junto con los polvos para hornear y una pizca de sal. Agregue la mantequilla y amase muy bien.

2 Haga un hueco en el centro de la harina, añada la leche y mezcle hasta obtener una pasta suave y ligeramente pegajosa. Amase sobre una superficie enharinada hasta que la masa quede tersa.

3 Forme una bola con la masa y aplánela con un rodillo para obtener un círculo o un cuadrado de unos 2.5 cm de grosor. Con un cuchillo enharinado, parta el cuadrado dos veces por lado, para obtener 9 cuadros; o bien, parta el círculo en 9 triángulos.

4 Ponga los trozos en una bandeja para hornear enharinada y barnícelos con la leche. Hornéelos en el centro del horno durante unos 15 minutos, o hasta que los panecillos estén esponjados, dorados y suenen huecos al momento de darles un golpe suave en la base.

VARIACIONES
Luego de agregarle la mantequilla a la harina, añada 50 g de grosellas o pasitas, o 25 g de azúcar refinada y ½ cucharadita de canela en polvo.

INFORMACIÓN NUTRIMENTAL POR PANECILLO: calorías: 137, hidratos de carbono: 21 g (azúcar: 1 g) proteínas: 3 g, grasa: 5 g (grasa saturada: 3 g); buena fuente de vitamina E y de complejo B.

MUFFINS DE CHOCOLATE

Estos pequeños muffins de chocolate despiden un delicioso aroma al hornearse.

TIEMPO: 30 MINUTOS PORCIONES: 18-20

225 g de harina
90 g de azúcar mascabada
1 cucharadita de polvos para hornear
3 cucharadas de cocoa en polvo
Sal
1 huevo
2 cucharaditas de extracto de vainilla
100 ml de aceite de girasol
250 g de yogur natural semidescremado
125 g de chispas de chocolate

1 Precaliente el horno a 220 °C. Estos muffins son más pequeños que los tradicionales, así que use de 18 a 20 canastitas de papel más pequeñas que las normales y póngalas en moldes para panquecitos.

2 En un recipiente, cierna la harina, el azúcar, los polvos para hornear, 2 cucharadas de cocoa en polvo y una pizca de sal; haga un hueco en el centro.

3 Vierta el huevo en el hueco; añada la vainilla, el aceite y el yogur. Mezcle hasta obtener una masa tersa; agregue las chispas de chocolate, y revuelva.

4 Llene con la masa las canastitas hasta la mitad, y hornee 20 minutos, o hasta que estén esponjados. Sáquelos del horno y espolvoréeles el resto de la cocoa.

INFORMACIÓN NUTRIMENTAL POR MUFFIN: calorías: 162, hidratos de carbono: 20 g (azúcar: 10 g), proteínas: 3 g, grasa: 8 g (grasa sat.: 2 g); buena fuente de vitamina E y complejo B.

CONSEJO
Estos panecillos y pastelitos son ideales para recibir visitas, ya que puede prepararlos en minutos y hornearlos mientras platica.

PASTELITOS ROCOSOS

Cuando lleguen los amigos a tomar café, invíteles uno de estos suaves pastelitos de frutas.

TIEMPO: 30 MINUTOS PORCIONES: 12

225 g de harina
3 cucharaditas de polvo para hornear
115 g de margarina para untar
1 huevo
115 g de frutas secas finas
2 cucharadas de leche

1 Precaliente el horno a 220 °C. Coloque canastitas de papel en un molde para 12 panquecitos.

2 En un recipiente, cierna la harina y los polvos para hornear; agregue la margarina y amásela. Bata el huevo y añádalo a la mezcla de harina con el resto de los ingredientes, y mézclelos bien.

3 Hornee durante 20 minutos, o hasta que los panquecitos estén esponjados y dorados y se sientan firmes al tacto. Retírelos del horno y déjelos enfriar.

VARIACIONES
Para que queden crujientes, espolvoréeles un poco de azúcar mascabada antes de meterlos en el horno.

Las frutas secas se pueden sustituir con alguna de las siguientes mezclas:
• 50 g de nuez picada, 1 manzana rallada y ½ cucharadita de canela en polvo.
• La ralladura de media naranja y 75 g de frutas cristalizadas picadas.
• 75 g de orejones de chabacano picados y 50 g de cerezas picadas.

INFORMACIÓN NUTRIMENTAL POR PASTELITO: calorías: 168, hidratos de carbono: 21 g (azúcar: 7 g), proteínas: 3 g, grasa: 9 g (grasa saturada: 3 g); buena fuente de complejo B.

BOCADILLOS HECHOS EN CASA:
(*arriba, izquierda*) MUFFINS DE CHOCOLATE; (*arriba, derecha*) PASTELITOS ROCOSOS; (*abajo*) PANECILLOS SENCILLOS.

GALLETAS DE ALMENDRA

La sémola y las nueces picadas le dan a estas galletas una deliciosa textura crujiente.

TIEMPO: 25 MINUTOS PORCIONES: 16

15 g de almendras
1 huevo
115 g de azúcar refinada
½ cucharadita de polvos para hornear
50 g de almendras molidas
115 g de sémola
¼ cucharadita de extracto de almendra
Azúcar glass, para espolvorear

1 Caliente el horno a 200 °C. Forre con papel encerado una bandeja grande para hornear galletas. Pique finamente las almendras y reserve.

2 En un recipiente, bata el huevo con el azúcar refinada hasta que la mezcla esté espesa y cremosa. Luego, cierna los polvos para hornear en el recipiente y agregue las almendras molidas, la sémola y el extracto de almendra.

3 Con las manos mojadas, forme 16 bolitas de masa, más grandes que una nuez. Páselas por las almendras picadas y póngalas en la bandeja para hornear, un poco separadas, con las almendras picadas hacia arriba.

4 Hornéelas de 8 a 10 minutos, o hasta que las galletas levanten y estén un poco doradas. Déjelas enfriar y espolvoréelas con azúcar glass.

INFORMACIÓN NUTRIMENTAL POR GALLETA: calorías: 88, hidratos de carbono: 14 g, proteínas: 2 g, grasa: 3 g (grasa saturada: 0.3 g); buena fuente de vitamina E y complejo B.

GALLETAS DE CACAHUATE

Estas crujientes galletitas de crema de cacahuate, con un ligero sabor a naranja y especias, tienen un centro suave.

TIEMPO: 25 MINUTOS PORCIONES: 12

115 g de harina
75 g de azúcar mascabada
60 g de mantequilla, a temperatura ambiente, y otro poco para engrasar
75 g de crema de cacahuate con trocitos
1 huevo
½ cucharadita de especias mixtas, molidas
1 naranja pequeña

1 Precaliente el horno a 190 °C. Engrase ligeramente una bandeja grande para hornear.

2 En un recipiente, mezcle bien la harina, el azúcar, la mantequilla, la crema de cacahuate, el huevo y las especias mixtas. Lave la naranja y ralle finamente la cáscara en el recipiente. Incorpore todos los ingredientes hasta que obtenga una masa tersa.

3 Coloque 12 cucharadas de la masa en la bandeja, dejando espacio entre ellas.

4 Hornee durante 15 minutos, o hasta que estén doradas. Déjelas enfriar en la bandeja unos minutos antes de pasarlas a un recipiente.

INFORMACIÓN NUTRIMENTAL POR GALLETA: calorías: 137, hidratos de carbono: 14 g, proteínas: 3 g, grasa: 8 g (grasa saturada: 3.5 g); buena fuente de vitamina E y complejo B.

CONSEJO

Estas galletitas de crema de cacahuate se congelan muy bien. Si tiene tiempo, haga el doble y congele la mitad.

CRUJIENTES GALLETAS, FÁCILES DE HACER: *(izquierda)* GALLETAS DE CACAHUATE; *(derecha)* GALLETAS DE ALMENDRA.

GALLETAS DE COCO

Galletas de canela sencillas pero con mucho sabor, con un suave aroma creado con las esencias tropicales del coco y la vainilla, resultan el pretexto perfecto para tomarse un café.

TIEMPO: 30 MINUTOS   PORCIONES: 18

140 g de coco rallado, endulzado

85 g de almendras, avellanas o nueces

½ cucharadita de canela en polvo

1 cucharadita de extracto de vainilla o ½ cucharadita de esencia de vainilla

2 claras de huevo

Sal

125 g de azúcar refinada

1   Precaliente el horno a 180 °C, luego forre dos bandejas para hornear con papel de arroz, o papel para hornear, y déjelas aparte.

2   En un recipiente, mezcle el coco, las almendras picadas, la canela y la vainilla. Revuelva bien.

3   En otro recipiente, ponga las claras de huevo con una pizca de sal y bátalas a punto de turrón. Agregue 1 cucharada de azúcar a las claras y bata hasta que se formen picos brillantes.

4   Espolvoree el resto del azúcar sobre las claras e incorpórela suavemente usando una espátula; incorpore con movimientos envolventes la mezcla de coco.

5   Deposite cucharaditas de la mezcla en las bandejas para hornear, dejando unos 2.5 cm de espacio entre ellas. Hornee durante 15 minutos, o hasta que estén doradas.

6   Si utilizó papel de arroz, deje que las galletas se enfríen completamente en las bandejas para hornear, y luego quíteles cualquier pedazo de papel. Si usó papel encerado, deje enfriar durante unos 2 o 3 minutos y luego retire las galletas de las bandejas y déjelas enfriar.

INFORMACIÓN NUTRIMENTAL POR GALLETA: calorías: 97, hidratos de carbono: 10 g, proteínas: 2 g, grasa: 6 g (grasa saturada: 3 g); buena fuente de vitamina E y complejo B.

CONSEJO

Estas galletas se conservan bien y no pierden su sabor durante tres días si las guarda en un recipiente hermético.

BROWNIES

Los brownies oscuros, salpicados de nueces, son una delicia que pocas personas pueden resistir; se pueden servir calientes o fríos. Su fuerte sabor a chocolate es el favorito de chicos y grandes.

TIEMPO: 30 MINUTOS PORCIONES: 24

115 g de mantequilla sin sal
40 g de cocoa en polvo
Sal
200 g de azúcar refinada
2 huevos
50 g de harina
½ cucharadita de polvos de hornear
1 cucharadita de extracto de vainilla
50 g de nueces en trozos

1 Precaliente el horno a 180 °C. Utilice papel encerado para forrar una bandeja para hornear de 30 x 20 x 2.5 cm. Ponga la mantequilla en una cacerola y derrítala lentamente; posteriormente, retírela del fuego.

2 Cierna la cocoa sobre la mantequilla derretida; añada una pizca de sal y azúcar, y mezcle. Agregue los huevos y bata muy bien.

3 Cierna la harina sobre la cacerola, y mezcle bien; añada el extracto de vainilla y las nueces, y revuelva suavemente.

4 Vierta la mezcla en la bandeja. Hornee unos 18 minutos, o hasta que la masa esté cocida pero poco blanda (tomará consistencia al enfriarse). Sáquela del horno y pártala en cuadrados antes de que se enfríe.

INFORMACIÓN NUTRIMENTAL POR BROWNIE:
calorías: 103, hidratos de carbono: 11 g,
proteínas: 2 g, grasa: 6 g (grasa
saturada: 3 g); buena fuente
de vitamina E y
complejo B.

PLANIFICADOR DE MENÚS

Las comidas deliciosas no tienen por qué tomar mucho tiempo. Estos menús combinan maravillosos sabores con ingeniosos contrastes de color y textura ,y a pesar de ello, los tiempos de preparación y de cocción se reducen al mínimo. Hay comidas para toda ocasión, y algunas con opciones vegetarianas. La planeación de una comida nunca había sido tan fácil.

COMIDAS FAMILIARES PARA CUATRO

HUACHINANGO AL HORNO CON PESTO CON PURÉ DE PAPA AL AJO, *página 112*
EJOTES AL VAPOR

PIÑA Y PLÁTANOS FLAMEADOS, *página 296*

Pescado blanco con una sabrosa cubierta, servido con un rico puré y ejotes al vapor, seguido de un suculento postre caliente.

POR ANTICIPADO
• Pele y corte en rebanadas la piña y bata la crema para el postre; tápelas y refrigérelas por separado.
• Pele las papas; cúbralas con agua fría. Prepare los ejotes. Quítele la piel al pescado, si es necesario.

ANTES DE COMER
• Precaliente el horno para el huachinango. Cueza las papas y los ejotes. Prepare el huachinango y métalo en el horno.
• Mientras se cuecen, ponga la mantequilla y el azúcar en una sartén grande, para que estén listas para el postre. Ponga a la mano la piña, los plátanos, el ron y los cerillos.
• Escurra y machaque las papas con el ajo, la mantequilla y la crema; luego, escurra los ejotes.

DESPUÉS DEL PLATILLO PRINCIPAL
• Pele y parta en cubos los plátanos y flaméelos con la piña.

Si realiza algunos procedimientos por anticipado, ahorrará tiempo, pero tenga cuidado cuando refrigere los alimentos para enfriarlos tan rápido como sea posible, y siempre tápelos antes de meterlos en el refrigerador. Las recetas de este libro se pueden preparar para la mitad de porciones o para el doble, sólo hay que ajustar las cantidades.

FABADA, *página 164*
PAN DE CORTEZA CRUJIENTE
ENSALADA VERDE

MANGO BRÛLÉE, *página 282*

A este sofisticado platillo a base de salchichas y frijoles le sigue una fruta jugosa con suave yogur cremoso y una crujiente capa de azúcar acaramelada.

POR ANTICIPADO
• Prepare una ensalada de hojas verdes y un aderezo de vinagreta, y refrigere ambos por separado.
• Prepare el mango Brûlée y refrigérelo.

ANTES DE COMER
• Prepare la fabada. (Si desea, prepárela con anticipación y recaliéntela).
• Añada el aderezo a la ensalada, y sirva.

HAMBURGUESAS DE CERDO CON GUACAMOLE, *página 157*

PERAS AL HORNO, *página 286*

Las hamburguesas condimentadas son un buen contraste para el delicioso postre.

POR ANTICIPADO
• Prepare la mezcla para las hamburguesas; déles forma, y métalas en el refrigerador.
• Prepare las peras; póngalas en una bandeja para hornear con la mezcla de vino blanco, y refrigérelas. Prepare la cobertura de almendras y déjela aparte. Ponga la crema, o el yogur, en un tazón y métalo en el refrigerador.

ANTES DE COMER
• Precaliente el horno.
• Fría las hamburguesas y prepare el guacamole.
• Añada las almendras y el jarabe a las peras, y métalas en el horno mientras come el platillo principal.

POLLO CON SALSA DE CHAMPIÑONES, *página 172*
PAPITAS NUEVAS HERVIDAS
BRÓCOLI AL VAPOR

PASTEL DE CIRUELA Y AVENA, *página 292*

El platillo principal, con su cremosa salsa de champiñones, está bien equilibrado con un crujiente pastel.

POR ANTICIPADO
• Prepare las papas y el brócoli.
• Cueza las ciruelas y prepárelas; haga la cobertura y refrigere ambos por separado.

ANTES DE COMER
• Aplique la cobertura a las ciruelas. Bata la crema y refrigérela.
• Cueza las papitas. Fría el pollo y hornéelo a temperatura mínima; cueza el brócoli; haga la salsa del pollo, y escurra las verduras. Saque el pollo del horno, suba la temperatura y hornee el pastel mientras come el plato principal: la cobertura refrigerada se toma unos 10 minutos más para hornearse.

HUACHINANGO AL HORNO CON PURÉ DE PAPA AL AJO Y EJOTES *(derecha)* Y FRUTA FLAMEADA.

UNA COMIDA FAMILIAR

SOPA DE ELOTE, *página 40*

TORTITAS DE MARISCOS BALTIMORE, *página 107*

ESPECIAL DE CEREZAS NEGRAS, *página 288*

Las crujientes tortitas de mariscos son una buena continuación para la cremosa sopa de elote, y el delicioso postre cierra con broche de oro la comida.

POR ANTICIPADO
• Prepare la sopa hasta el paso 4, tápela y refrigérela. Prepare las tortitas y las hojas de la ensalada, y refrigere ambas por separado.

ANTES DE COMER
• Ponga las cerezas negras y el kirsch en una cacerola pequeña.
• Fría las tortitas de mariscos y póngalas en el horno a temperatura baja. Termine de preparar la sopa, sin dejar que hierva.

DESPUÉS DEL PRIMER PLATILLO
• Tueste el pan con el que vaya a acompañar las hamburguesas, y añada la ensalada y las tortitas.

DESPUÉS DEL PLATILLO PRINCIPAL
• Caliente la salsa de cerezas y arme el postre.

UNA COMIDA FAMILIAR VEGETARIANA

ENCHILADAS DE GARBANZO GRATINADAS *página 231*

HELADO CON SALSA DE MALVAVISCOS, *página 288*

Este platillo principal con especias picantes y envuelto en tortillas, se equilibra bien con la tersa textura y los cremosos sabores dulces.

POR ANTICIPADO
• Prepare el relleno de garbanzos y refrigérelo.
• Corte la lechuga y el cilantro, luego ralle el queso y refrigérelos por separado. Ponga el yogur o la crema agria, en un recipiente para servir.

ANTES DE COMER
• Caliente el relleno de garbanzos, forme las enchiladas y métalas en el asador.
• Coloque los malvaviscos y la crema en un tazón y ponga a hervir agua en un recipiente mientras come el platillo principal.

DESPUÉS DEL PLATILLO PRINCIPAL
• Derrita los malvaviscos para la salsa mientras limpia la mesa.

COMIDAS INFANTILES PARA CUATRO-SEIS

PASTA CON SALSA RÚSTICA, *página 203*

FRAMBUESAS CON AVENA, *página 282*

Esta sencilla salsa para pasta es siempre la favorita de los niños, y ellos disfrutarán al descubrir las capas de yogur, frutas y avena que forman el postre.

POR ANTICIPADO
• Prepare el postre y refrigérelo.
• La salsa de la pasta también se puede preparar por anticipado y volver a calentar, si lo prefiere.

ANTES DE COMER
• Cueza la pasta y cocine o caliente la salsa rústica.

UNA COMIDA INFANTIL VEGETARIANA

HAMBURGUESAS DE HONGOS Y FRIJOLES, *página 242*

HELADO GARAPIÑADO, *página 288*

Estas nutritivas hamburguesas de hongos tienen un delicioso final: un helado que les encantará a los pequeños de la casa.

POR ANTICIPADO
• Prepare el helado y congélelo.
• Prepare hojas para ensalada y refrigérelas.

ANTES DE COMER
• Prepare las hamburguesas y sírvalas en bollos con la ensalada.

OCASIONES ESPECIALES

ALMUERZOS PARA CUATRO

POLLO A LA ESPAÑOLA, *página 171*
UNA HOGAZA DE PAN CRUJIENTE

ZABAGLIONE, *página 294*

La sabrosa cacerola de colores brillantes contrasta bien con la suave textura del zabaglione y el sabor intenso del vino de Marsala.

ANTES DE COMER
• Prepare la cacerola de pollo.
• Mientras, prepare las yemas de huevo y el azúcar para el zabaglione y déjelas aparte. Ponga a hervir agua en una cacerola mientras come el platillo principal.

DESPUÉS DEL PLATILLO PRINCIPAL
• Prepare y sirva el zabaglione.

SOPA FRÍA DE PEPINO, *página 28*

PLAKI DE HUACHINANGO HORNEADO, *página 111*

ARROZ

ENSALADA VERDE CON ACEITUNAS Y QUESO FETA

Esta sopa fría de yogur y pepino es un gran preludio para el platillo principal de pescado horneado.

POR ANTICIPADO
• Prepare la sopa de pepino, luego tápela y refrigérela hasta 8 horas.
• Prepare algunas hojas para ensalada; escurra y pique el queso feta; prepare un aderezo para ensalada, y refrigérelos por separado.

ANTES DE COMER
• Precaliente el horno a temperatura baja y ponga a hervir agua en un recipiente para el arroz. Prepare el plaki de huachinango. Mientras el pescado se hornea, ponga a hervir un poco de arroz. Cuando ambos estén cocidos, manténgalos calientes en el horno mientras sirve la sopa.

DESPUÉS DEL PLATILLO PRINCIPAL
• Añada el queso feta, algunas aceitunas negras y el aderezo a la ensalada verde y revuelva.

GAZPACHO, *página 29*

MEDALLONES DE CORDERO CON ESPINACAS, *página 151*

PUDÍN DE FRUTAS, *página 293*

El gazpacho frío es un delicioso contraste para los medallones de cordero, servidos en una ligera cama de espinacas, y como postre, un brillante pudín de frutas.

POR ANTICIPADO
• Prepare la sopa y refrigérela.
• Haga los pudines, pero no los hornee; refrigérelos.

ANTES DE COMER
• Precaliente el horno a temperatura baja. Prepare el platillo principal y manténgalo caliente en el horno mientras sirve la sopa.
• Saque los pudines del refrigerador.

DESPUÉS DEL PLATILLO PRINCIPAL
• Saque los medallones de cordero del horno, suba la temperatura y, posteriormente, hornee los pudines.

UNA COMIDA PARA CUATRO

DIP DE QUESO FUNDIDO Y JITOMATE, *página 52*

ATÚN FRITO CON SALSA PICANTE, *página 130*

ENSALADA DE PAPAS ESTILO CAJÚN, *página 102*

Todo un festín de sabor.

POR ANTICIPADO
• Haga el dip y refrigérelo.
• Prepare la ensalada de papas y refrigérela. Aplique la cobertura al pescado y marínelo en el refrigerador.

ANTES DE COMER
• Entibie el dip.
• Precaliente el horno; fría el pescado y manténgalo caliente en el horno mientras sirve el primer platillo. Saque la ensalada de papa del refrigerador para servirla a temperatura ambiente.

COMIDA DE VERANO PARA CUATRO

SANDÍA Y QUESO FETA, *página 58*

ALCUZCUZ CON CAMARONES Y MENTA, *página 217*

HELADO CON SALSA DE LIMÓN, *página 288*

Jugosa sandía y queso salado forman un rico entremés para una platillo principal de mariscos y calabacitas.

POR ANTICIPADO
• Prepare la sandía y las hojas para la ensalada y refrigérelas. Prepare las calabacitas y refrigérelas.
• Añada la fruta al helado de vainilla y congélelo.

ANTES DE COMER
• Escurra el queso feta y arme el primer platillo.
• Prepare el platillo principal y manténgalo caliente.

DESPUÉS DEL PLATILLO PRINCIPAL
• Prepare la salsa de limón.

UNA COMIDA VEGETARIANA PARA CUATRO

VERDURAS CON SALSA DE FRIJOL, *página 235*
(prepare el doble para 4)

TARTA DE CHABACANOS CON CREMA, *página 285*

La dulce tarta añade peso al ligero platillo principal de verduras frescas con aderezo de frijoles molidos.

POR ANTICIPADO
• Prepare las verduras hasta el final del paso 2; prepare la salsa de frijol, y refrigérelas por separado.
• Prepare los chabacanos en el molde; prepare la masa y la cubierta de mantequilla y déjelos aparte.

ANTES DE COMER
• Precaliente el asador y el horno. Ase las verduras y caliente el pan.
• Vierta la masa sobre los chabacanos. Hornee mientras come el platillo principal.

PARRILLADAS PARA CUATRO

PATÉ DE SALMÓN, *página 76*

———•———

KEBABS DE CORDERO CON PAN PITA,
página 154

———•———

BROCHETAS DE FRUTA CON MIEL,
página 290

El entremés prepara el paladar para las kebabs mientras éstas se cuecen. El toque refrescante del postre de frutas es el final perfecto.

POR ANTICIPADO
• Prepare el paté de salmón y refrigérelo.
• Arme las kebabs de cordero; prepare el aderezo de yogur y la ensalada, y refrigérelos.
• Prepare la mezcla para marinar, arme las brochetas y báñelas con la mezcla, tápelas y refrigérelas. Tueste las avellanas.

ANTES DE COMER
• Sirva el paté de salmón.
• Ase las kebabs de cordero. Envuelva el pan pita con papel de aluminio y caliéntelo. Aderece la ensalada.

DESPUÉS DEL PLATILLO PRINCIPAL
• Ase las brochetas de fruta.

UNA PARRILLADA VEGETARIANA

CREMA DE AGUACATE Y BERROS,
página 76

———•———

HAMBURGUESAS DE HONGOS Y FRIJOLES,
página 242

———•———

PASTEL GALÉS DE MANTEQUILLA,
página 299

La deliciosa crema se puede disfrutar mientras las hamburguesas están listas.

POR ANTICIPADO
• Prepare la crema de aguacate, cubra la superficie con envoltura autoadherible transparente, para evitar que se oscurezca, y métala en el refrigerador.
• Mezcle los ingredientes de las hamburguesas y fórmelas; prepare el condimento, y refrigere ambos por separado.

• Prepare la mezcla para el pastel, viértala en el molde y refrigérela.

ANTES DE COMER
• Precaliente el horno. Prepare la cubierta de mantequilla, tápela y déjela reposar a temperatura ambiente.
• Sirva la crema de aguacate y berros mientras se asan las hamburguesas; caliente el condimento de cebolla y el pan pita.
• Meta el pastel en el horno.

DESPUÉS DEL PLATILLO PRINCIPAL
• Unte la mantequilla sobre el pastel caliente y después sírvalo.

ALMUERZO PARA CUATRO

PIZZAS DE SALMÓN CON YOGUR
Y ENELDO, *página 108*

LOCKET'S SAVOURY, *página 58*

EJOTES, FRIJOLES Y TOCINO, *página 263*

COMPOTA DE PIÑA Y FRESAS, *página 297*

Disponga este menú estilo buffet para que los invitados se sirvan ellos mismos. El fuerte sabor de los ejotes con frijoles es un buen contraste para los otros dos apetitosos platillos, y la compota de sabor puro da un dulce equilibrio.

POR ANTICIPADO
• Arme las pizzas de salmón.
• Prepare la compota y refrigérela.

ANTES DE COMER
• Prepare los ejotes con frijoles y tocino.
• Hornee las pizzas.
• Prepare el Locket's savoury.

CENA EN CHAROLA

ARROZ A LA ESPAÑOLA CON CHORIZO
Y SALVIA, *página 224*

———•———

POSTRE DE VAINILLA ENVINADO,
página 295

Un llenador platillo principal de arroz, equilibrado con un postre cremosamente suave.

POR ANTICIPADO
• Prepare el postre de vainilla, tápelo y refrigérelo.

ANTES DE COMER
• Prepare el arroz a la española.

MOÑITOS CON PESTO Y TOCINO,
página 202

———•———

COULIS DE FRAMBUESA, *página 288*

El sustancioso platillo principal, con el sabor del tocino y una salsa de albahaca, sólo necesita un postre fresco y sencillo.

POR ANTICIPADO
• Prepare la salsa coulis de frambuesa, cuélela y refrigérela.

ANTES DE COMER
• Prepare la pasta.
• Pase la nieve de frutas al refrigerador para que se ablande mientras come el platillo principal.

SOPA Y UN SÁNDWICH PARA DOS

(use la mitad de las cantidades, si es necesario)

SOPA AROMÁTICA DE ZANAHORIA,
página 35

———•———

SÁNDWICHES DE PAVO, AGUACATE
Y PESTO, *página 72*

La deliciosa combinación de sabores de los croissants no opacan a la sopa aromática.

SOPA DE CHÍCHAROS Y ESPÁRRAGOS,
página 36

———•———

BAGUETTE DE QUESO BRIE CON UVAS,
página 72

La aterciopelada sopa se equilibra con la crujiente textura de la baguette.

SOPA DE CALABACITAS Y BERROS,
página 39

———•———

PAN PITA CON HUMMUS Y DÁTILES
NATURALES, *página 72*

Cremoso hummus y jugosos dátiles naturales en pan pita conforman un sándwich para complementar la sopa ligera.

• Prepare la sopa que desee y déjela cocer a fuego bajo, mientras arma el sándwich que la acompaña.

INVITADOS

CENAS PARA CUATRO

ENSALADA TROPICAL CON ADEREZO DE LIMÓN, *página 49*

PECHUGAS DE PATO CON SALSA DE ZARZAMORA, *página 187*

PAPITAS NUEVAS CON CREMA

SOUFFLÉS DE CHOCOLATE AL RON, *página 280*

El entremés contrasta con las deliciosas pechugas de pato bañadas con salsa de moras y el rico soufflé de chocolate cierra con broche de oro la comida.

POR ANTICIPADO

• Prepare los berros, la papaya y el aderezo de limón para la ensalada, y refrigérelos por separado.
• Lave las papitas, póngalas en una cacerola y cúbralas con agua fría.
• Prepare la mezcla para el soufflé de chocolate hasta el paso 5.

ANTES DE COMER

• Precaliente el horno a una temperatura baja.
• Añada sal a las papas y póngalas a hervir. Cocine el pato y prepare la salsa de zarzamora. Escurra las papas y mantenga caliente el platillo principal en el horno.
• Prepare los aguacates; acomode la ensalada en platos individuales, y báñela con el aderezo.

DESPUÉS DEL PRIMER PLATILLO

• Cuando saque el platillo principal del horno, suba la temperatura para los soufflés de chocolate.
• Añada la crema a las papas.

DESPUÉS DEL PLATILLO PRINCIPAL

• Termine de preparar los soufflés, y hornéelos mientras limpia la mesa.

TRUCHA AHUMADA CON PERAS, *página 56*

BROCHETAS DE RES CON DOS CEBOLLAS, *página 143*

PURÉ DE PAPA

ZANAHORIAS TIERNAS A LA NARANJA, *página 256*

NUBES DE FRESA, *página 282*

Una ensalada ligera prepara el camino para las brochetas de res, servidas con una novedosa guarnición de zanahorias. Un postre ligero y delicado es un gran final.

POR ANTICIPADO

• Haga el postre y refrigérelo.
• Prepare la trucha, la ensalada, el aderezo y la salsa de raíz fuerte y refrigérelos por separado.
• Prepare y arme las brochetas de res. Cocine las zanahorias, y pele y corte en cubitos las papas; luego, cubra ambas con agua fría. Tueste las semillas de ajonjolí.

ANTES DE COMER

• Precaliente el asador a temperatura alta, y el horno, a baja.
• Prepare las peras; termine de hacer la ensalada de trucha, y refrigérelas hasta que vaya a servirlas.
• Ponga a cocer las papas. Prepare la salsa de naranja para las zanahorias y cuézalas. Ase las brochetas de res. Ponga las brochetas y las zanahorias en el horno mientras prepara la salsa de vino. Escurra y machaque las papas, póngalas en el horno mientras come el primer platillo.

SOUFFLÉS DE QUESO DE CABRA, *página 50*

ENSALADA

ATÚN CON MANTEQUILLA NEGRA, *página 114*

PAPITAS NUEVAS AL VAPOR

DURAZNOS FLAMEADOS CON QUESO CREMA, *página 287*

Los soufflés de queso de cabra son el preludio ideal para el atún. Los duraznos constituyen un delicado final para este rico menú.

POR ANTICIPADO

• Prepare los soufflés, las hojas para la ensalada; fría el tocino y, luego, haga el aderezo; refrigérelos.
• Prepare el postre.

ANTES DE COMER

• Precaliente el horno y el asador. Cueza las papas al vapor y cocine el pescado. Mantenga el atún y las papas calientes en el horno, mientras llega la hora de servirlos.
• Arme la ensalada y, con cuidado, voltee los soufflés encima.
• Termine de preparar el postre y sírvalo al finalizar el platillo principal.

SOUFFLÉS DE CHOCOLATE AL RON (*izquierda*); ENSALADA TROPICAL CON ADEREZO DE LIMÓN (*entro*); PECHUGAS DE PATO CON SALSA DE ZARZAMORA Y PAPITAS NUEVAS CON CREMA (*derecha*).

UNA CENA VEGETARIANA

SOPA DE PIMIENTO ROJO Y NARANJA, *página 31*

❖

TARTA DE PORO Y QUESO CHEDDAR, *página 237*

ENSALADA DE ESCAROLA Y PEPINO, *página 98*

❖

HIGOS ASADOS, *página 291*

Esta sopa ligera y llena de sabor prepara al paladar para darle la bienvenida a la tarta de poros y a la ensalada con pepinos. Los higos asados con su dulce jugo son un refrescante final.

POR ANTICIPADO

• Lave y corte en rebanadas los pimientos para la sopa y métalos en el refrigerador.
• Cueza los poros, escúrralos bien y refrigérelos. Haga la base para la tarta y refrigérela.
• Prepare los higos frescos, revuélquelos en jugo de limón y agua de rosas y colóquelos en un refractario engrasado.

ANTES DE COMER

• Prepare la sopa.
• Precaliente el horno. Arme la tarta de poros y queso, y hornéela mientras come el primer platillo.

DESPUÉS DEL PRIMER PLATILLO

• Arme la ensalada de escarola
• Precaliente el asador.

DESPUÉS DEL PLATILLO PRINCIPAL

• Espolvoree los higos con el azúcar y métalos en el asador.

CENA ROMÁNTICA PARA DOS

(use la mitad de las cantidades de cada receta cuando sea necesario)

OSTIONES A LA PARRILLA, *página 60*

❖

CERDO AL JENGIBRE CON BERROS, *página 159*

❖

NIEVE DE FRUTAS CON SALSA DE VINO TINTO, *página 288*

Los ostiones a la parrilla son el preludio del cerdo al jengibre, mientras que la nieve con salsa de vino es una delicia para cerrar con broche de oro la ocasión.

POR ANTICIPADO

Prepare los ostiones, haga la cubierta de migas y añádala a los ostiones; luego, refrigérelos.
Pele las papas y cúbralas con agua fría. Prepare el cerdo, mézclelo con el jengibre rallado, tápelo y refrigérelo. Prepare los berros; tueste las semillas de ajonjolí; haga la omelette, y refrigérelos por separado. Prepare la salsa de vino.

ANTES DE CENAR

Precaliente el asador y el horno. Ponga la omelette en el horno para que se caliente. Cocine el cerdo y su salsa y manténgalos calientes en el horno. Ponga a hervir las papas y deje que se cuezan a fuego bajo mientras come el primer platillo. Meta los ostiones en el asador.

DESPUÉS DEL PRIMER PLATILLO

Escurra las papas, corte la omelette en tiritas y arme el platillo principal. Pase la nieve al refrigerador para que se ablande un poco.

DESPUÉS DEL PLATILLO PRINCIPAL

Vuelva a calentar ligeramente la salsa de vino y bañe con ella la nieve.

HIGOS CON JAMÓN SERRANO, *página 58*

❖

PATÉ DE QUESO Y JEREZ, *página 69*

❖

FILETES CON CHALOTES EN VINO TINTO, *página 138*

PURÉ DULCE DE CAMOTE, *página 256*

Para un buen entremés, sólo se requiere que usted compre buenos ingredientes. La original botana de queso se puede preparar con mucha anticipación, y el tentador platillo principal se puede servir con una sencilla guarnición.

POR ANTICIPADO

• Acomode el primer platillo en platos individuales, y refrigérelos.
• Haga el paté de queso y jerez.
• Prepare el puré de camote, y refrigérelo.

ANTES DE CENAR

• Caliente el puré en el horno a temperatura baja.

DESPUÉS DEL PRIMER PLATILLO

• Fría los filetes, manténgalos calientes y prepare la salsa de vino.

UN FESTÍN ORIENTAL PARA OCHO

(use cantidades dobles de cada receta)

ENSALADA TAILANDESA CON COCO,
página 88

**ENSALADA DE FIDEOS
ESTILO TAILANDÉS,** *página 210*

VIEIRAS ESTILO TAILANDÉS, *página 129*

ENSALADA DE CARNE ESTILO TAILANDÉS,
página 86

*Una ensalada de verduras contrasta
con las vieiras y con la carne
condimentada, en este delicioso y
original menú tailandés.*

POR ANTICIPADO

• Prepare las verduras para la
ensalada; haga el aderezo de coco, y
refrigérelos por separado.
• Prepare la ensalada de fideos;
reserve chícharos japoneses adicionales para el platillo de vieiras, y
refrigérelos por separado.
• Prepare la carne y los ingredientes
para su ensalada, y refrigérelos.
• Incorpore los otros ingredientes en
grupos separados por cada receta.

ANTES DE COMER

• Precaliente el horno a temperatura
baja. Añada el aderezo a la ensalada.
• Saque la ensalada de fideos del
refrigerador.
• Prepare las vieiras y póngalas en
el horno.
• Fría rápidamente a fuego alto la
carne;, prepare el aderezo, y añádalo
a los ingredientes calientes.

UN FESTÍN HINDÚ PARA OCHO

(use cantidades dobles de cada receta)

CROQUETAS DE PAPA, *página 74*

BALTI DE RES, *página 142*

CURRY DE POLLO Y ESPINACAS,
página 179

CAMARONES MASALA, *página 133*

ARROZ

*Las crujientes croquetas de papa
introducen a los platillos principales,
donde la salsa de coco, ligeramente
dulce, de los camarones contrasta con
el fuerte sabor del balti de res y el
ligero curry de pollo.*

POR ANTICIPADO

• Prepare las croquetas de papa y
refrigérelas.
• Prepare las verduras y la carne
para el balti y refrigérelas.
• Prepare la cebolla, el ajo, el
cilantro y el jengibre para los
camarones, y refrigérelos.
• Mida las especias para cada
platillo en platitos separados.

ANTES DE CENAR

• Ponga a hervir agua en un
recipiente para cocinar el arroz;
después, precaliente el horno a
temperatura baja.
• Prepare el balti y el curry de pollo,
y manténgalos calientes en el horno.
• Mientras, cueza el arroz y prepare
los camarones.
• Escurra el arroz y manténgalo
caliente en el horno, junto con los
camarones, mientras sirve las
croquetas de papa.

ENSALADA DE FIDEOS *(arriba);* ENSALADA
TAILANDESA CON COCO *(centro);* ENSALADA
DE CARNE ESTILO TAILANDÉS *(abajo,
izquierda);* VIEIRAS ESTILO TAILANDÉS
(abajo, derecha).

ÍNDICE

TALLARINES CON MIGAS DE PAN

D

HUEVOS CON CANGREJO

TRUCHA AHUMADA CON PERAS